W0233331

Michael Müller /
Andreas Kanonenberg

Die RAF-Stasi-
Connection

Rowohlt · Berlin

1. Auflage Januar 1992
Copyright © 1992 by Rowohlt · Berlin GmbH, Berlin
Alle Rechte vorbehalten
Umschlaggestaltung Walter Hellmann
Satz aus der Times (Linotronic 500)
Gesamtherstellung Clausen & Bosse, Leck
Printed in Germany
ISBN 3 87134 038 3

Inhalt

Das Ende der 77er-Generation

Vorwort

Als im Juni 1990 kurz hintereinander zehn der meistgesuchten RAF-Terroristen in der damals noch existierenden DDR festgenommen wurden, war die deutsche Öffentlichkeit entsetzt. Das Stasi-Regime hatte westdeutschen Terroristen Unterschlupf gewährt, die seit mehr als einem Jahrzehnt von den bundesdeutschen Behörden vergeblich gesucht worden waren. Alle waren überrascht, niemand hatte etwas geahnt, niemand etwas gewußt. Die Politiker sonnten sich im Erfolg der eilig erfundenen Fahndungsunion, und der damalige DDR-Innenminister Peter Michael Diestel bescheinigte seinen Behörden hervorragende Ermittlungsarbeit in Zusammenarbeit mit den westdeutschen Dienststellen.

Bei unseren nunmehr fast zweijährigen Recherchen zu den Hintergründen dieser «historischen» Sensation stellten wir bald fest, daß die überraschten Gesichter, die in den Diensten und Behörden gemacht wurden, wohl doch eher eine für die Öffentlichkeit bestimmte Inszenierung gewesen sein müssen und die Fahndungserfolge keineswegs von ungefähr kamen. Im komplexen Geflecht bundesdeutscher Geheimdienste und Kriminalämter hatte es schon Jahre vorher sehr konkrete Hinweise auf den Verbleib von RAF-Mitgliedern in der DDR gegeben. Die deutsche Öffentlichkeit hatte davon allerdings nie etwas erfahren. Wir stellten uns natürlich die Frage, warum dies verschwiegen worden war. Warum in allen öffentlichen Einrichtungen nach wie vor Personen auf Fahndungsplakaten ausgeschrieben wurden, die doch längst im Arbeiter-und-Bauern-Paradies vermutet werden mußten. Und warum die bundesdeutschen Dienste es eher vorgezogen hatten, sich an den Spekulationen zu beteiligen, wer von den Top-Terroristen im Nahen Osten untergetaucht sein könnte, als den Hinweisen auf ihren Aufenthalt im realsozialistischen Weimar oder Erfurt nachzugehen. Nicht nur, daß solchen Hinweisen nicht in einer Weise nachgegangen wurde, wie man es bei Personen hätte erwarten dürfen, die doch schwerer Verbrechen beschuldigt wurden, im weiteren Verlauf unserer Recherchen verstärkte sich immer mehr der Eindruck, daß man diesen Hinweisen auch gar nicht nachgehen *wollte*. Sie wurden liegengelassen, nicht bearbeitet, verschleppt, ignoriert oder abgestritten. Als wir an einem entsprechenden Beitrag für das Fernsehmagazin «Monitor» 1990 arbeiteten und kurz vor Ausstrahlung der Sendung Waldemar Schreckenberger – Mitte der achtziger Jahre im Kanzleramt zuständig für die Koordinierung der Geheimdienste – dazu befragten, stritt dieser am Telefon ab, jemals Hinweise auf Terroristen in der DDR bekommen zu haben.

Im Sommer 1990 begannen Beamte des Bundeskriminalamtes, unterstützt vom Zentralen Kriminalamt in Ost-Berlin, mit Ermittlungen zu einem Komplex, der den Vorwurf der Beherbergung von Terroristen noch weit übertraf: Es ging den Ermittlern um die Frage, ob es eine *aktive* Unterstützung seitens des Ministeriums für Staatssicherheit der DDR für die Terroristen gegeben hatte. Wieder erfuhr die Öffentlichkeit nichts von den konkreten Vorgängen und Ermittlungsergebnissen. In aller Stille vernahmen die Beamten des Bundeskriminalamtes ehemalige MfS-Offiziere zu so ungeheuerlichen Vorwürfen wie der Ausbildung von RAF-Terroristen an Sprengstoffen, Maschinenpistolen und Panzerfäusten. Nach diesen «Zeugenvernehmungen» durften die Beteiligten allerdings aus «polizeitaktischen Gründen» wieder ihrer Wege ziehen. Erst durch eine weitere Fernsehveröffentlichung von uns, in der wir die Ausbildung an der Panzerfaust, die Christian Klar, Adelheid Schulz, Brigitte Mohnhaupt und andere in der DDR von der Stasi erhalten hatten, auf das Jahr 1981 datierten – und damit *vor* dem

Anschlag auf den Nato-General Frederik Kroesen –, sahen sich die bundesdeutschen Behörden genötigt zu handeln und die entsprechenden verantwortlichen Stasi-Offiziere in Haft zu nehmen. Für ungefähr zwei Wochen machte die «RAF-Stasi-Connection» erneut Schlagzeilen, bis sie wieder aus dem Blickfeld des öffentlichen Interesses rückte.

Ungeachtet der mit Verbissenheit geführten Diskussion um die Stasi-Vergangenheit und ungeachtet der bundesdeutschen Terrorismusphobie, sind die Hintergründe dieser unheiligen Verbindung nicht geklärt – obwohl oder vielleicht gerade weil sich viele weitergehende Fragen und gesamtdeutsche Interessen hinter dieser Terrorallianz zu verbergen scheinen. Niemand – auf *beiden* Seiten – scheint ein ernsthaftes Interesse an der Erhellung dieser Hintergründe zu haben.

Die Vernehmungsprotokolle der zehn in der DDR inhaftierten RAF-Mitglieder addieren sich mittlerweile zu mehreren tausend Seiten Aussagen, mit deren Hilfe sich die Tatvorgänge des Deutschen Herbstes 1977 und der ersten Hälfte der achtziger Jahre weitgehend aufhellen und rekonstruieren lassen, auch die Geschehnisse um die Entführung und Ermordung von Hanns Martin Schleyer, die wir hier bis in die Einzelheiten hinein zum erstenmal rekonstruieren können. Selbst die bis heute ungeklärte Frage, wer Hanns Martin Schleyer erschossen hat, kann mit sehr hoher Wahrscheinlichkeit beantwortet werden.

Seit dem Deutschen Herbst, als der Versuch, mit der Entführung Schleyers und der Lufthansa-Maschine «Landshut» die «Stammheimer» Baader, Ensslin, Raspe, Möller und Co. freizupressen, scheiterte, war der Weg der RAF-Generation von 1977 gepflastert mit Niederlagen, Verhaftungen und Toten. Einen Teil der Gruppe trieb diese Entwicklung in den Ausstieg, zu dem der «kleine Bruder», wie die DDR im RAF-Jargon hieß, hilfreich die Hand reichte, der «harte Kern» aber bombte und mordete weiter und rieb sich dabei selber auf. Doch die Selbstzerstörung der Rote Armee Fraktion war nicht zuletzt in der mit dem Aussteigerprogramm legitimierten Stasi-Connection begründet. Die Selbstüberschätzung eines verlorenen Häufchens von Terroristen, die sich am Ziel ihrer Träume wähnten, als sie vom DDR-Staat als Partner im internationalen Klassenkampf vermeintlich akzeptiert wurden, erhielt von diesem «Partner», als es ihm opportun erschien, eine gnadenlose Quittung.

Wie es zu dieser unseligen Allianz zwischen der DDR und dem westdeutschen Terrorismus überhaupt hatte kommen können, ist bis heute weitgehend ungeklärt. Und die Bemühungen um Aufhellung, zum Beispiel in den Prozessen um die ausgestiegenen Ex-Terroristen, bleiben an der Oberfläche. Es werden Tatbeteiligungen und Strafmaße gesucht, nicht Erklärungen für politische Zusammenhänge. Zu bequem scheint die Mußmaßung, der böse Krake Stasi sei eben zu allem fähig gewesen – was ja auch stimmt –, als daß noch jemand die Frage stellen mag, welches konkrete Interesse denn in dieser Verbindung gelegen haben könnte.

Unsere Recherchen legten nach und nach erst den perfiden Kern der RAF-Stasi-Connection frei – eine Liaison, in die die RAF hineintappte, weil sie den letzten Ausweg aus einem Zustand tiefster Orientierungslosigkeit zu bieten schien, während die DDR die West-Terroristen mit strategischer Präzision einfing, aushorchte und für ihre Interessen instrumentalisierte. Die Analyse der Geschehnisse und der Aussagen der Terror-Rentner aus der DDR sowie ihrer ehemaligen Stasi-Genossen läßt sich in einer langen Kette von Hinweisen und Indizien verdichten, die den Schluß zulassen: Vieles an den Niederlagen der RAF bis zu den Verhaftungen des harten Kerns, Adelheid Schulz, Brigitte Mohnhaupt und Christian Klar, Ende 1982 war – allem Anschein nach – weder Zufall noch Ergebnis der Aufklärungsarbeit westdeutscher Ermittlungsbehörden, sondern vom Staatssicherheitsdienst der DDR und anderen Gruppierungen gesteuert und herbeigeführt. Eine zentrale Rolle in diesem Geschehen spielten Inge Viett (Deckname «Maria»), die auch die

RAF-Stasi-Connection auf den Weg brachte und die entscheidenden Verhandlungen einfädelte, die «palästinensischen Freunde», zu denen sich die RAF immer wieder zurückzog, und zwei bundesdeutsche Frauen, die zeitweilig ebenfalls im Nahen Osten ihre Zelte unter den Fittichen der PFLP aufgeschlagen hatten. Doch die Schlüsse, die wir in diesem Buch ziehen, stoßen bis heute bei fast allen verantwortlichen Kriminalisten oder Nachrichtendienstlern auf Unglauben oder erschreckte Abwehr. Nachfrage – insbesondere nach den beiden erwähnten bundesdeutschen Frauen – ist nach wie vor unerwünscht. Einige unserer Gesprächspartner scheinen auch einfach Angst zu haben, es könnten weitere Fakten ans Tageslicht kommen, die noch mehr Ungeheuerlichkeiten über diesen ohnehin schon ungeheuren Terror-Deal aufdecken. Und diese Angst betrifft Personen aus beiden Teilen des heutigen Gesamtdeutschlands.

Dieses Buch ist der Versuch, eines der mysteriösesten Kapitel der jüngsten deutsch-deutschen Geschichte zu beschreiben und seine Hintergründe aufzuzeigen. Unsere Darstellung beruht auf Akten, Ermittlungsergebnissen verschiedenster Stellen und Recherchen bei Behörden und Nachrichtendiensten. Ein solches Projekt ist nicht möglich ohne die Mithilfe von Menschen, die im Besitz erstklassiger Einblicke und Informationen sind und diese – aus unterschiedlichen Gründen – der Öffentlichkeit zugänglich machen wollen. Die meisten dieser «Quellen» können hier nicht genannt werden, da sie sonst persönliche oder berufliche Nachteile zu befürchten hätten. Aber sie werden sich hier wiederfinden.

Die Hintergründe des Terror-Deals zwischen RAF und Stasi – und vielleicht auch noch anderer Dienste – werden nicht vollkommen lückenlos beschrieben werden können. Viele Akten sind nicht zugänglich oder vernichtet. Bis zur Drucklegung dieses Buches war es nicht möglich, Einblick in die Aktenbestände der Behörde des Sonderbeauftragten der Bundesregierung, Gauck, zu erhalten. Die gesetzlichen Grundlagen für die Aufarbeitung der schriftlichen Zeugnisse der Stasi-Herrschaft bestehen zwar mittlerweile, doch der Zugang zu den Terrorakten der DDR-Staatssicherheit ist nach wie vor strengen Restriktionen unterworfen und steht in erster Linie Strafverfolgern und Diensten offen, die an einer Veröffentlichung der meisten Vorgänge kein Interesse zeigen. Dennoch ist vieles zu beweisen und zu belegen, vieles kann erhärtet werden, einiges bleibt These, Spekulation oder offene Frage. Insbesondere was die mögliche Involvierung bundesdeutscher Dienste, namentlich des Bundesnachrichtendienstes, in die hier geschilderten Vorgänge anbetrifft, der auch 1985, nach den ersten Hinweisen auf RAF-Aussteiger in der DDR, die Mithilfe bei der Ermittlung verweigerte, weil er seine eigenen «Quellen» nicht gefährden wollte. Daß auch der BND den Nachrichtenumschlagplatz Naher Osten in den hier in Frage kommenden Jahren «abzuschöpfen» wußte und daß ihm dabei möglicherweise die Freundschaft von Inge Viett mit einer der zwei bundesdeutschen Frauen, der sogenannten «Schönen Frau» (Deckname: Wolf) sehr gelegen kam, liegt auf der Hand. Was über den Umweg Aden in die bundesdeutschen Nachrichtenkanäle geflossen sein könnte, vielleicht sogar unter aktiver Steuerung der Stasi, und was dieses in puncto Zeitpunkt und Umfang der «Erkenntnisse» der bundesdeutschen Behörden bedeutet haben mag, auch diesen Fragen geht dieses Buch nach.

Daß das Bild des Staatsfeindes Nummer eins, Rote Armee Fraktion, heute relativiert werden muß, ist nur eines seiner Ergebnisse. Auch wenn Christian Klar und Genossen dies sicher nicht gerne hören werden, so lassen unsere Recherchen kaum einen anderen Schluß zu als den, daß sie mehr und mehr in die Rolle eines Stasi-Mündels gerieten. Sie wurden nicht nur schon viel früher, als die offiziellen Kontakte zur Staatssicherheit sie glauben machen sollten, von der Stasi «abgeschöpft» und unter den Operativvorgängen «Stern», «Stern I» und «Stern II» erfaßt – auch dazu hat dieses Buch einiges zusammengetragen –, sondern sie waren ein zeitweilig willkommener Büttel der Stasi, genauer: der DDR-Interessen in der politischen Großwetterlage. Als diese sich änderte, änderte sich auch das Verhältnis des Waffenbruders zu den Terroristen, deren unbezähmbarer Wille, weitermachen zu wollen, zunehmend lästig wurde.

Der Mythos «RAF», der nach dem Deutschen Herbst von 1977 nicht zuletzt durch die bundesdeutschen Sicherheitsbehörden und die Politik ins Überlebensgroße stilisiert wurde, wird in diesem Buch seine realsozialistische Brechung erfahren. Von seiten der RAF war die Stasi-Connection Ausdruck der Flucht eines geschlagenen Häufleins, das sich «Armee» nannte, in internationale staatliche Zusammenhänge, die helfen und schützen sollten. Was daraus entstand, war ein alptraumhaftes Dreiergespann: die RAF, die DDR und die Palästinenser. Für eine Partei sollte sich das, was als unschlagbare Allianz gedacht war, als lebensgefährliche Illusion erweisen. Profitiert hat von dieser «Troika» hauptsächlich ein Vierter. Bei aller polemischen Propaganda gegen die DDR als Terroristenherberge kann es den bundesrepublikanischen «Diensten» doch nicht unlieb gewesen sein, daß ein Teil der Top-Terroristen in der kleinbürgerlichen Idylle des DDR-Staates domestiziert und eingegliedert worden war und der andere ihnen – wenngleich unter so mysteriösen Umständen, daß nicht einmal das Bundeskriminalamt selbst an das Wunder glauben mochte – in den jungfräulichen Fahndungsschoß fiel.

Die RAF-Stasi-Connection – eine unglaublich deutsche Geschichte.

Die Wende

Eine Anzeige

Der junge Mann, der am 13. Juni 1985 die Polizeiwache in dem kleinen schwäbischen Ort Möglingen betritt, macht einen unsicheren Eindruck. Er schaut sich zögernd um, ehe er sich einen Ruck gibt und an einen der diensthabenden Beamten wendet. Seine Scheu ist verständlich. Der Mann ist Anfang Zwanzig und ehemaliger DDR-Bürger. Der Umgang mit der Staatsmacht kostet ihn Überwindung. In der Bundesrepublik verbringt er seine Tage vorwiegend in einem Übergangswohnheim in Nürtingen, einem kleinen Nachbardorf. Doch er will sich nicht über Streitereien mit seinen Mitbewohnern beschweren. Die Meldung, die er an diesem Tag machen will, ist für die Beamten geradezu sensationell.

Der Übersiedler deutet auf das Fahndungsplakat, das seit Jahren in jeder Polizeistation der Republik hängt, und das jeder Bürger kennt. «Terroristen», «Vorsicht Schußwaffengebrauch» – Schlagworte, die den Staatsfeind Nummer eins der Bundesrepublik charakterisieren sollen: die Mitglieder der Rote Armee Fraktion. Die Beamten in Möglingen erhalten eine Mitteilung, von der die bundesrepublikanischen Fahndungsbehörden seit Jahren nur träumen können. Der Krankenpfleger aus der DDR erklärt, er wisse, wo sich Silke Maier-Witt aufhalte.

Die mutmaßliche Terroristin der RAF, gesucht wegen des Anschlags auf die Generalbundesanwaltschaft in Karlsruhe und der Entführung Hanns Martin Schleyers 1977, lebe unter einem falschen Namen in Erfurt. Über ein Jahr lang habe er Silke Maier-Witt jede Woche an der Medizinischen Fachschule «Walter Krämer» in Weimar getroffen. Sie sei dort in eine Klasse mit ihm gegangen, um sich zur staatlich examinierten Krankenschwester ausbilden zu lassen. Der so plötzlich aufgetauchte Zeuge gibt den staunenden Beamten eine exakte Personenbeschreibung der Gesuchten. Als besondere Kennzeichen war ihm in den Diskussionen an der Fachschule aufgefallen, daß Silke Maier-Witt leicht aufbrausend war und bei Erregung schnell rote Flecken im Gesicht und am Hals bekam. Sie sei oft unsachlich und cholerisch gewesen. Der Übersiedler kann ihre Statur, ihr Alter und ihre Größe präzise beschreiben. Für ihn gibt es keinen Zweifel, daß die Frau auf dem Fahndungsplakat die gleiche ist, mit der er in Weimar die Schulbank gedrückt hat.

Obwohl die Beamten alles protokollieren, was er erzählt, beschleicht ihn der Eindruck, nicht ernst genommen zu werden. Die Vorstellung, eine der meistgesuchten Terroristinnen der Rote Armee Fraktion könnte sich in der DDR aufhalten und dort ein ganz normales Leben führen, dürfte die Beamten in Möglingen allerdings auch überfordert haben. Die Personalien des Hinweisgebers werden aufgenommen, und mit dem freundlichen Hinweis der Beamten, er möge sich zur Verfügung halten, schickt man ihn nach Hause.

Was sich daraufhin in den folgenden Wochen abspielte, war durchaus geeignet, den Neu-Bundesbürger an der Effizienz der Ermittlungsbehörden West zweifeln zu lassen. Es geschah nämlich erst einmal gar nichts.

Kaum ein halbes Jahr, nachdem ein Kommando der RAF den MTU-Manager Ernst Zimmermann in seinem Haus in Gauting erschossen hatte, braucht der Hinweis auf ein gesuchtes RAF-Mitglied mehr als zwei Wochen, bis er beim Bundeskriminalamt in Wiesbaden eingeht. Dort überprüfen die Fahnder am übernächsten Tag erst einmal die Personalien des Zeugen, bevor sie weitere sechs Tage später zwei Beamte in das Übergangswohnheim nach Nürtingen schicken, um eine erneute Vernehmung durchzuführen. Sie bringen Fotos von Silke Maier-Witt mit und sprechen mit dem Zeugen nochmals alle Details der Personenbeschreibung durch. Obwohl sich die Beschreibungen in allen Punkten decken und der junge Mann felsenfest dabei bleibt, es handele sich bei seiner Mitschülerin um Silke Maier-Witt, hat er immer noch das Gefühl, man würde ihm nicht glauben. Die Vernehmung dauert den ganzen Vormittag, dann fahren die Fahnder des BKA zurück nach Wiesbaden.

Am 25. Juli 1985 treffen sich Mitarbeiter des Bundeskriminalamts mit Angehörigen des Bundesnachrichtendienstes, der für die Aufklärung im Ausland zuständig ist. Nachrichtendienstlich war die DDR zu dieser Zeit Ausland, und die Beamten des Bundeskriminalamts durften und konnten dort keine eigenen Ermittlungen durchführen. Die Beamten des Bundesnachrichtendienstes werden gebeten, über ihre Arbeitsbereiche «operative Beschaffung» und «rezeptive Aufklärung» den Hinweisen auf Silke Maier-Witt nachzugehen. Auf gut deutsch: Sie sollten ihr Agentennetz nutzen, um die Terroristin zu finden.

Doch da hatten die Kriminalisten in Wiesbaden aufs falsche Pferd gesetzt, denn der Bundesnachrichtendienst war ganz und gar nicht gewillt, für die Terroristenfahnder die Kastanien aus dem Feuer zu holen. Volle sechs Monate später kam der Ermittlungsauftrag aus Pullach zurück, mit dem lakonischen Hinweis versehen, daß die Ermittlungen ergebnislos verlaufen seien und das BKA sich doch auf dem offiziellen Weg an die Behörden der DDR wenden solle, worauf dieses nach Rücksprache mit der Bundesanwaltschaft in Karlsruhe aber vorerst verzichtet.

In ihrer Ermittlungsnot beschließen die BKA-Fahnder, den Zeugen ein weiteres Mal aufzusuchen und ihn zu fragen, ob er nicht noch einmal in die DDR fahren könne, um die neue Identität der angeblichen Silke Maier-Witt herauszufinden. Der

Mann glaubt seinen Ohren nicht trauen zu dürfen. Seinen zaghaften Einwurf, daß dies für ihn reichlich gefährlich werden könne, lassen die Beamten nicht recht gelten. Man könne ihn doch mit falschen Papieren ausstatten, schlagen sie vor. Er lehnt ab, macht aber einen anderen Vorschlag. Über seine in der DDR lebende Braut glaubt er, den Namen von Silke Maier-Witt herausfinden zu können.

Dem Übersiedler und seiner Freundin haben es die bundesdeutschen Behörden zu verdanken, daß sie schließlich am 9. Mai 1986 – fast ein Jahr nach dem ersten konkreten Hinweis – den Alias-Namen von Silke Maier-Witt erfahren: Angelika Gerlach, wohnhaft in Erfurt.

Inzwischen haben die Beamten mit weiteren Übersiedlern aus der DDR gesprochen, die ihnen bestätigen, daß sich eine Person ähnlich der Silke Maier-Witt in Erfurt und Weimar aufhalte. Das BKA muß davon ausgehen, daß die Hinweise auf die mutmaßliche Terroristin in der DDR zutreffend sind. Zu eindeutig, zu konkret und übereinstimmend sind die Personenbeschreibungen. Besonders die roten Flecken im Gesicht waren auch einer weiteren Zeugin aufgefallen, die mit Silke Maier-Witt an der Medizinischen Akademie in Erfurt gearbeitet hat.

Doch trotz dieser Meldungen kommen die BKA-Beamten nicht weiter. Weitere Ermittlungen über Bundesnachrichtendienst und Verfassungsschutz verlaufen im Sande. Am 26. Mai 1986 schreibt ein Beamter des BKA in einem zusammenfassenden Ermittlungsbericht: «Aufgrund der hier aufgezählten Fakten sollte der Hinweis weiter verfolgt werden. Die Fahndungs- und Ermittlungsmöglichkeiten in der Bundesrepublik Deutschland sind in dieser Sache ausgeschöpft.» Und weiter, mit einem deutlichen Seitenhieb auf die Kooperationswilligkeit und die Effektivität des Bundesnachrichtendienstes: «Eine erneute Abgabe der Spur an den BND wird für wenig sinnvoll gehalten. Zurückliegend hat der BND kein brauchbares Ergebnis erbracht. Es wurden vielmehr die Ermittlungsmaßnahmen um ca. neun Monate verzögert. Hier entstand der Eindruck, daß der BND nicht gewillt ist, sein in der DDR bestehendes Ermittlungsnetz wegen der Recherchen nach einer Person, von der nur die Vermutung besteht, daß es sich um eine Zielperson handelt, zu gefährden.»

In der Bundesrepublik wird derweil hinter den politischen Kulissen der Besuch des Staatsratsvorsitzenden der DDR, Erich Honecker, vorbereitet.

Ein Ermittler des BKA kommt auf die Idee, bei der Fahndung nach Silke Maier-Witt den bayerischen Ministerpräsidenten Franz Josef Strauß einzuschalten, dessen hervorragende Kontakte zu offiziellen Stellen und Vertretern der DDR ja wohl bekannt seien. Ob solche Kontakte im Vorfeld oder während des Honecker-Besuchs wirklich zustande gekommen sind, läßt sich heute nicht mehr feststellen.

Die Erfolglosigkeit des Bundesnachrichtendienstes bei der Suche nach Terroristen in der DDR aber hatte Methode, wie sich auch anhand späterer Vorfälle noch zeigen sollte.

Eine Flucht

An einem Tag im Februar 1986 herrscht in einer kleinen Einraumwohnung in Erfurt hektische Aktivität. Ein Mann und eine Frau sind den ganzen Abend und die Nacht über damit beschäftigt, alle Einrichtungsgegenstände der Behausung zu verpacken. Doch hier handelt es sich nicht um einen normalen Umzug. Sorgfältig werden alle handschriftlichen Unterlagen der Bewohnerin zusammengesucht, einige Materialien über ihre letzten Jahre in der DDR werden vernichtet. Dann beginnen die beiden, die Wohnung zu säubern. In der Bleibe in Erfurt dürfen nicht einmal Fingerabdrücke zurückbleiben, die verraten könnten, wer hier sein Domizil hatte. Am Nachmittag dieses Tages war der Mann ganz plötzlich aufgetaucht und hatte der verschreckten Bewohnerin kategorisch Order erteilt, sie müsse ihre Sachen packen. Es gäbe konkrete Hinweise, daß ihre wahre Identität aufgeflogen sei.

Der Mann heißt Gerd Zaumseil, Major des Staatssicherheitsdienstes der DDR. Seine Aufgabe wird inoffiziell als Betreuungsoffizier definiert. Die Dame, die er zu betreuen beziehungsweise in diesem Falle schnellstmöglich aus Erfurt wegzuschaffen hat, heißt Angelika Gerlach. Seit 1982 arbeitete sie an der Medizinischen Akademie Erfurt in der Augenabteilung als Hilfskrankenschwester und versuchte gleichzeitig, in einem Lehrgang an der Fachschule «Walter Krämer» im benachbarten Weimar ihren Abschluß als Krankenschwester nachzuholen. Ihr wahrer Name allerdings ist Silke Maier-Witt, geboren am 21. Januar 1950 in Nagold in der Bundesrepublik als Tochter eines Schiffsbauingenieurs, im gesamten westeuropäischen Ausland gesucht als Mitglied der Rote Armee Fraktion. Ihre wahre Identität war Gerd Zaumseil natürlich bekannt. Doch er und das Ministerium für Staatssicherheit der DDR wußten noch viel mehr. Während die bundesdeutschen Ermittlungsbehörden teils vergeblich, teils gar nicht den Hinweisen auf den Aufenthalt der mutmaßlichen Top-Terroristin in der DDR nachgehen, handelt das Ministerium für Staatssicherheit der DDR sofort. Durch «Quellen», wie sie es nennen, war den Stasi-Offizieren bekannt geworden, daß die bundesdeutschen Ermittlungsbehörden von Übersiedlern aus der DDR exakte Hinweise erhalten hatten. Alarmstufe eins für die Stasi.

Silke Maier-Witt und Gerd Zaumseil verbringen die Nacht in der Erfurter Wohnung. Am nächsten Morgen meldet sich Silke Maier-Witt bei ihrer Arbeitsstelle und bittet um Urlaub, dann setzen sie und Gerd – man redet sich nur mit den Vornamen an – sich ins Auto und fahren in die Hauptstadt der DDR, nach Ost-Berlin. Dort begeben sie sich unverzüglich in ein Objekt der Staatssicherheit, wo sie von zwei weiteren Offizieren erwartet werden: Oberst Günter Jäckel, stellvertretender Leiter der Abteilung XXII, «Internationale Terrorabwehr und Sondertruppen zur Bekämpfung von Demonstranten», sowie Hans

Petzold, stellvertretender Unterabteilungsleiter. Die vier sind sich schnell einig. Silke Maier-Witt muß Erfurt sofort verlassen und unter einer neuen Identität an einen anderen Ort gebracht werden. Unverzüglich werden Vorbereitungen dazu getroffen. Gemeinsam mit den Stasi-Offizieren wird überlegt, welche neue Legende man Silke Maier-Witt verschaffen könnte. Es ist klar, daß sie nicht mehr als Krankenschwester arbeiten kann, nachdem diese Tarnidentität einmal aufgeflogen ist. Doch zunächst reisen sie und Gerd Zaumseil noch einmal nach Erfurt. Maier-Witt kündigt ihre Stelle an der Medizinischen Akademie und ihren Lehrgang an der Weimarer Fachschule, angeblich aus privaten Gründen. Ihre ehemaligen Kolleginnen bekommen sie nicht mehr zu Gesicht.

Zurück in Berlin, beginnt eine fieberhafte Suche nach der Lücke im System, durch die der Aufenthalt des RAF-Mitgliedes in der DDR auffliegen konnte. Es gelang dem Staatssicherheitsdienst auch relativ schnell, den in Frage kommenden Personenkreis sicher einzugrenzen.

Gerd Zaumseil widmete sich im folgenden der Aufgabe, alle Spuren von Silke Maier-Witt in Erfurt zu beseitigen. Dies allerdings recht schlampig: Noch im Juli 1990 befand sich das Personalblatt der Gesuchten in den Unterlagen der Medizinischen Akademie. Zu dem Zeitpunkt, als der Bundesnachrichtendienst in der Bundesrepublik meldete, es gäbe keine Erkenntnisse, hielt sich Silke Maier-Witt noch in Erfurt auf. Hätte das MfS gewußt, welch geringen Einsatz die bundesdeutschen Dienste bei der Fahndung nach ihr aufwendeten, hätten sie sich die umfangreiche und kostspielige Umsiedlungsaktion sparen können.

So wird die angebliche DDR-Bürgerin zunächst in einer Wohnung am Prenzlauer Berg, in der Chodowieckistraße, untergebracht. Die Suche nach einem neuen Wohnort gestaltet sich schwierig. In den nächsten Monaten wechselt sie in Ost-Berlin mehrfach die Wohnung. Sie erhält von Gerd Zaumseil einen vorläufigen Ausweis auf den Namen Sylvia Beyer, außerdem monatlich 600 Mark Unterstützung durch das MfS. Während dieser Zeit steht sie in Diensten des Ministeriums für Staatssicherheit: Sie übersetzt Zeitschriften, Aufsätze, Ausarbeitungen und Teile von Büchern zum Thema Terrorismus. Derweil arbeitet das MfS an ihrer weiteren Zukunft. Sie braucht eine neue Wohnung, eine neue Arbeitsstelle, einen neuen Lebenslauf und einen ungefährdeten Wohnort. Ende 1987 ist es soweit: Die mutmaßliche Top-Terroristin der RAF erhält eine neue, zweite DDR-Identität. So lange wartet Silke Maier-Witt alias Sylvia Beyer. Die von den bundesdeutschen Fahndern gesuchte Angelika Gerlach hat sich inzwischen aus der DDR abgesetzt. Sie ist von einem Ungarn-Urlaub nicht wiedergekommen, so die Version der Staatssicherheit.

Eine Verhaftung

Neubrandenburg ist eine der typischen DDR-Städte, deren schöne Ecken der Besucher gleich wieder verdrängt, weil ihn der Rest so deprimiert. Von Berlin aus führt nur eine schlecht ausgebaute Landstraße in die 130 Kilometer nördlich gelegene 90000-Einwohner-Stadt im Mecklenburgischen. Man erkennt sofort, daß Neubrandenburg mit einer Errungenschaft des Sozialismus besonders gestraft ist: mit den Trutzburgen der Plattenbau-Satellitenstädte, von denen gleich mehrere den historischen Stadtkern umschließen – die sozialistische Leichtbauversion von Berlin-Gropiusstadt. Genauso häßlich, aber zugiger. Einzig als Kaderschmiede der erfolgreichen DDR-Sprinterinnen genießt die Stadt einen Ruf, der sie über die DDR-Grenzen hinaus bekanntmacht.

Am 18. Juni 1990 aber liegt die Stadt nicht im Blick der Sportpresse, sondern im Fadenkreuz der Fahnder des Zentralen Kriminalamts in Ost-Berlin. Nach den politischen Entwicklungen des Vorjahres zeigen sich DDR-Polizisten gegenüber ihren

West-Kollegen vereinigungswillig und fahndungsfreudig. Seit einigen Monaten schon hilft die DDR-Polizei, Fahndungsersuchen aus dem Westen zu bearbeiten. An diesem 18. Juni macht sich eine Einsatzgruppe des Zentralen Kriminalamts auf den Weg nach Mecklenburg, nachdem sie ein ehemaliger hochrangiger Mitarbeiter des Staatssicherheitsdienstes auf die entscheidende Spur gebracht hatte.

Es ist Montag nachmittag, und die Beamten wissen, daß sie an zwei Orten zum Erfolg kommen können. In der Ernst-Alban-Straße 22 in einer der Trabantenstädte oder beim VEB Pharma Neubrandenburg, einer der großen Firmen am Ort. Dort verlangen die Beamten, die Leiterin der Informations- und Dokumentationsstelle des Betriebes zu sprechen. Sie ist noch an ihrem Arbeitsplatz. Die Polizisten weisen sich aus und bitten die Frau, ihnen zu folgen. Sie ist eher resigniert als überrascht oder entsetzt. Ohne ein Zeichen des Widerstandes folgt sie der Aufforderung der Beamten.

Silke Maier-Witt alias Angelika Gerlach alias Sylvia Beyer ist verhaftet, das zehnjährige DDR-Exil einer der vermeintlich gefährlichsten Terroristinnen der Bundesrepublik geht zu Ende. Seit Oktober 1987 hatte Silke Maier-Witt unter ihrem neuen Namen Sylvia Beyer in Neubrandenburg gelebt. Die Staatssicherheit der DDR sorgte dafür, daß in ihrer zweiten DDR-Legende die bundesrepublikanische Vergangenheit keine Rolle mehr spielte. Die alleinstehende Sylvia Beyer erhielt die Wohnung in der Ernst-Alban-Straße, deren Einrichtung die Stasi finanzierte. Ihr neuer Job war ihr schon früh avisiert worden, so daß sie sich schon in Berlin auf ihre neue Aufgabe vorbereiten konnte. In den letzten Jahren ihres DDR-Exils gab es keine weiteren Komplikationen mit Nachbarn oder Kollegen, die in bezug auf ihre wahre Identität Verdacht hätten schöpfen können. Die erneute Normalisierung des Lebens als DDR-Bürgerin ging soweit, daß Sylvia Beyer sogar wagte, sich politisch zu organisieren. Sie trat in die SED ein und diskutierte über die Mißstände in ihrem Betrieb mit Kollegen und ihrem

Stasi-Betreuer. Erst die Wende in der DDR und die Wiedervereinigung zerstörten ihren Traum vom endgültigen Bruch mit dem Terrorismus und vom Aufbau des Sozialismus im Arbeiter-und-Bauern-Staat. Am 26. Juli 1990 erklärt Silke Maier-Witt in einem handschriftlichen Vermerk ihre Bereitschaft, sich in die Bundesrepublik Deutschland überstellen zu lassen, um dort auf ihren Prozeß zu warten.

Der Deutsche Herbst

Die Entführung von Hanns Martin Schleyer

Am Montag, dem 5. September 1977, hält sich Silke Maier-Witt in einer konspirativen Wohnung der RAF in Düsseldorf auf. In der kleinen Einzimmerwohnung in der Witzelstraße 1 befinden sich außer ihr noch drei weitere Gruppenmitglieder der Rote Armee Fraktion: Rolf Heißler, Adelheid Schulz und Angelika Speitel. Um 19.23 Uhr verbreitet das ZDF in den «Heute»-Nachrichten eine Meldung, die die Bundesrepublik in den kommenden Wochen in Atem halten und in den Ausnahmezustand versetzen wird: Arbeitgeberpräsident Hanns Martin Schleyer ist von einem Kommando der RAF entführt worden. Der «Deutsche Herbst» hat begonnen – die kommenden sechs Wochen werden das Gesicht der Bundesrepublik verändern.

Während die Meldung von der Entführung Schleyers Bürger und Staat erschüttert, sind die vier Terroristen in der Witzelstraße in Düsseldorf nicht besonders überrascht. Sie wußten zwar, daß diese Aktion bevorstand, über den genauen Zeitpunkt und den Ablauf waren sie jedoch nicht informiert.

Gegen 17.10 Uhr verläßt Hanns Martin Schleyer an diesem Tag sein Büro bei der Bundesvereinigung der Deutschen Arbeitgeberverbände. Er fährt in einem ungepanzerten blauen Mercedes 450, sein Fahrer Heinz Marcisz ist unbewaffnet. Dem Schleyer-Wagen folgt ein weißer Mercedes 280 E, in dem die drei bewaffneten Polizeibeamten Reinhold Brändle, Helmut Ulmer und Roland Pieler das Begleitkommando bilden.

Gegen 17.28 Uhr biegt die Kolonne in die Vincenz-Statz-Straße in Köln-Braunsfeld ein. Es ist nicht mehr weit bis zu Schleyers Wohnung, wo die Besatzung des Funkstreifenwagens «Arnold 13/14» darauf wartet, die Bewachung Schleyers zu übernehmen. Als die beiden Fahrzeuge um die Kurve biegen, geht alles rasend schnell. Sieglinde Hofmann steht in diesem Moment mit einem Kinderwagen am Straßenrand. Sie schiebt ihn auf die Straße, während von der anderen Seite ein gelber Mercedes auf die Straße schießt und die Durchfahrt blockiert. Das Ganze sieht aus wie ein Unfall. Heinz Marcisz versucht zu bremsen, doch es ist zu spät. Er touchiert den gelben Mercedes, der den Weg versperrt, das Fahrzeug mit den Begleitpersonen fährt auf den Wagen Schleyers auf.

In dieser Sekunde bricht im Kölner Stadtteil Braunsfeld das Inferno los: Christian Klar, Stefan Wisniewski, Peter Jürgen Boock und Brigitte Mohnhaupt springen auf die Straße und eröffnen das Feuer auf die vier Begleiter Schleyers. Innerhalb kürzester Zeit feuern sie aus zwei bis drei Meter Entfernung, dann aus nächster Nähe mindestens 107 Schüsse ab. Die Polizisten Helmut Ulmer und Roland Pieler können noch ihre Fahrzeugtüren öffnen und acht beziehungsweise drei Schüsse abgeben, bevor sie vom Kugelhagel getroffen werden. Alle Begleiter Hanns Martin Schleyers sterben am Tatort.

Noch während geschossen wird, zerrt Sieglinde Hofmann den unter Schock stehenden Arbeitgeberpräsidenten aus dem Fahrzeug. Als der ihr zu entgleiten droht, kommt ihr eines der Kommandomitglieder zu Hilfe. Die anderen stellen das Feuer ein, tragen Schleyer in einen bereitstehenden VW-Bus und rasen mit ihrem Opfer davon. In der Tiefgarage des Hochhauses Wiener Weg 1 b, wo Friederike Krabbe eine Wohnung und damit auch Stellplätze angemietet hat, wechseln sie das Fluchtauto. In dem zurückgelassenen VW-Bus wird am Abend gegen 20 Uhr die erste Nachricht der Entführer an die Polizei gefunden.

Schleyer wird in den Kofferraum eines von Willy-Peter

Stoll gekauften Mercedes 230 gesteckt. Die Entführer haben diesen vorher entsprechend präpariert, in die Rücklehne und die Rückwand ein großes Luftloch geschnitten und den Kofferraum mit schaumstoffbeschichteten Dämmplatten abgedichtet. In diesem Wagen wird Schleyer dann in die von Monika Helbing am 18.Juli 1977 unter dem Namen Annerose Lottmann-Bücklers angemietete Wohnung in Erftstadt-Liblar gebracht. Sie liegt in der dritten Etage des Hochhauses Zum Renngraben 8. Die Wohnung ist als «Volksgefängnis» hergerichtet: Die Entführer haben einen dreitürigen Wandschrank mit Kette und Schaumstoffmatten zu einer Zelle umfunktioniert. Hier halten sie Hanns Martin Schleyer bis zum 16.September 1977 gefangen.

In Köln ist ein neunjähriger Junge Zeuge des Massakers an der Vincenz-Statz-Straße. Er glaubt, hier würde ein Krimi gedreht, alarmiert aber trotzdem Anwohner und Freunde. Innerhalb weniger Minuten gehen mehrere Alarmmeldungen im Kölner Polizeipräsidium ein. Der Streifenwagen «Arnold 13/14» fährt zum Tatort. Doch die Besatzung kann nur noch den Anschlag melden und eine vorläufige Beschreibung des Tatortes und der Geschehnisse geben. In der «Heute»-Sendung um 19.23 Uhr wird unter anderem mitgeteilt, daß die Polizei nach einem weißen VW-Bus mit dem amtlichen Kennzeichen «K–C3849» fahndet, der bei der Entführung als Fluchtfahrzeug benutzt worden sei. Wenig später meldet sich der Hausmeister eines Wohnblocks am Wiener Weg 1 b und erklärt, der gesuchte Wagen befinde sich in der Tiefgarage des Wohnblocks. Ein Polizeikommando begibt sich zum Fundort und öffnet den Wagen aus Angst vor versteckten Sprengfallen mit einer Seilwinde. Im Inneren finden die Beamten einen Brief:

»an die bundesregierung,
sie werden dafür sorgen, dass alle
öffentlichen fahndungsmassnahmen
unterbleiben –

oder wir erschiessen schleyer sofort
ohne dass es zu verhandlungen über
seine freilassung kommt.
raf.»

Ein weiteres Zeichen der Entführer geht am nächsten Tag bei dem evangelischen Dekan Neuschäfer in Wiesbaden ein. Er findet ein «an die bundesregierung» adressiertes Schreiben in seinem Briefkasten.

Inhalt: ein Familienfoto Schleyers, das dieser bei seiner Entführung bei sich hatte, sowie ein Polaroidbild, das ihn mit einem Plakat mit der Aufschrift «7. 9. 77 Gefangener der RAF» zeigt; eine handschriftliche Erklärung Schleyers und ein Schreiben der RAF, unterzeichnet mit «Kommando Siegfried Hausner».

RAF-üblich hat die Gruppe für ihre Terroraktion den Namen eines toten Genossen gewählt. In diesem Fall Siegfried Hausner, der bei der Besetzung der deutschen Botschaft in Stockholm 1975 getötet worden war.

Der blutige Überfall an der Kölner Vincenz-Statz-Straße war der vorläufige Höhepunkt in der Auseinandersetzung zwischen der Rote Armee Fraktion und dem Staat Bundesrepublik Deutschland. Der Kampf hatte begonnen am 14. Mai 1970. An diesem Tag befreiten mehrere Frauen und ein Mann – darunter Ulrike Meinhof, Gudrun Ensslin, Ingrid Schubert und Irene Goergens – den wegen Brandstiftung in der Berliner Strafanstalt Tegel einsitzenden Andreas Baader. Mit dieser Aktion vollzog eine größere Gruppe von gewaltbereiten Mitgliedern der linken und anarchistischen Protestszene den Sprung in den Untergrund.

Doch der Weg hin zu diesem entscheidenden Schritt war lang gewesen. Begonnen hatte es mit politischen Protesten der Studenten in der zweiten Hälfte der sechziger Jahre, die sich gegen autokratische Strukturen der Hochschulen («Unter den Talaren der Muff von tausend Jahren») richteten, aber auch gegen die Decke des Schweigens, die über die faschistische Vergangenheit gezogen worden war, gegen das militärische Engagement der Supermacht Amerika im Vietnamkrieg und gegen die Amoral eines Staates, der den Diktator eines Polizeistaats wie den Schah von Persien mit allen protokollarischen Ehren empfing. Als bei diesem Staatsbesuch die deutsche Polizei, unterstützt von Mitgliedern des persischen Geheimdienstes, auf den politischen Protest mit Knüppeln reagierte, eskalierte die Situation. Am Ende stand der Tod des Studenten Benno Ohnesorg, der von einer Kugel aus einer Polizeipistole in den Kopf getroffen wurde. Der Tod von Ohnesorg war eine der Initialzündungen, die den politischen Protest in Gewalt umschlagen ließen.

Bereits im Mai war es in einem Brüsseler Kaufhaus zu einem folgenschweren Brandanschlag gekommen, der mehr als 300 Menschen das Leben kostete. Die Mitglieder der Berliner Kommune I verfaßten daraufhin Flugblätter, von denen eines die Überschrift trug: «Wann brennen die Berliner Kaufhäuser?» und mit dem berühmt gewordenen Satz «burn, warehouse, burn» endete. Im März 1968 wurden die Kommunarden um Rainer Langhans und Fritz Teufel vom Vorwurf der Anstiftung zu Brandanschlägen freigesprochen. Am 2. April 1968 detonierten in Frankfurt in den Kaufhäusern «Schneider» und «Kaufhof» Brandsätze, die erheblichen Sachschaden verursachen. Unter den Tätern waren Andreas Baader und Gudrun Ensslin, die bereits am nächsten Tag nach einem Tip, den die Polizei bekommen hatte, festgenommen wurden.

Genau eine Woche später schoß der Münchner Anstreicher Josef Bachmann Rudi Dutschke in Berlin nieder. Die Spirale der Gewalt nahm an Tempo zu. Viele waren mittlerweile bereit, ihren Protest auch gewaltsam zum Ausdruck zu bringen. Der Weg in den bewaffneten Kampf der RAF war damit vorgezeichnet. Doch dieser Weg führt alle, die den Staat mit der Waffe in der Hand in die Knie zwingen wollen, entweder in den Tod oder in die Einsamkeit bundesdeutscher Hochsicherheitstrakte, von denen Stuttgart-Stammheim zum Symbol und

Trauma für den Staat wie für die Terroristen werden sollte. So wie die Terroristen letztlich Stammheim schufen, so schuf Stammheim letztlich immer nur neue Terroristen.

Am 8. Februar 1977 wird Brigitte Mohnhaupt aus der Haftanstalt Bühl entlassen. Sie hat von Baader, Ensslin und den anderen mittlerweile einsitzenden RAF-Mitgliedern den Auftrag, den Kampf neu zu organisieren. Und sie macht ihre Aufgabe gut. Genau drei Wochen vor den lebenslänglichen Urteilssprüchen gegen die Angeklagten Andreas Baader, Gudrun Ensslin und Jan Carl Raspe wird Generalbundesanwalt Siegfried Buback von der RAF ermordet. Drei Monate später, am 30. Juli, folgt der Mord an Jürgen Ponto, doch der größte Schlag der Offensive 1977 soll die Entführung von Hanns Martin Schleyer werden. Sie dient nur einem einzigen Ziel: dem Sieg über den Mythos Stammheim, der Befreiung der RAF-Gefangenen.

In ihrem Schreiben an den Wiesbadener Dekan Neuschäfer stellen die Schleyer-Entführer ihre Forderungen: Sie wollen den Entführten im Austausch gegen die RAF-Gefangenen Andreas Baader, Gudrun Ensslin, Jan-Carl Raspe, Verena Becker, Werner Hoppe, Karl-Heinz Dellwo, Hanna Krabbe, Bernd Rößner, Ingrid Schubert und Irmgard Möller freilassen und fordern außerdem die Aufhebung des Haftbefehls gegen Günter Sonnenberg, der seit seiner Festnahme aufgrund einer Schußverletzung haftunfähig ist. Die Gefangenen sollen in ein Land ihrer Wahl ausreisen dürfen. Bis Mittwoch morgen 8 Uhr, so die Forderung, sollen die Häftlinge am Flughafen Frankfurt am Main zusammengeführt werden. Um 10 Uhr habe einer der Gefangenen das Kommando der Entführer per Fernseh-Direktübertragung über den korrekten Verlauf des Abflugs zu informieren. Jeder der Gefangenen soll 100 000 DM mit auf den Weg bekommen. Des weiteren fordern die Entführer die Begleitung des Austauschs durch Pfarrer Martin Niemöller und den Genfer Anwalt Denis Payot, den sie fälschlicherweise für einen offiziellen Vertreter der UNO halten. In Wirklichkeit

war Payot Präsident der «Schweizerischen Liga für Menschenrechte». Der gesamte und unverfälschte Wortlaut der Erklärung soll an diesem Dienstag abend um 20 Uhr in der Tagesschau veröffentlicht werden. Die handgeschriebene Erklärung ihres Opfers hat folgenden Wortlaut:
«Mir wird erklärt, daß die Fortführung der Fahndung mein Leben gefährde. Das gleiche gelte, wenn die Forderungen nicht erfüllt und die Ultimaten nicht eingehalten würden. Mir geht es soweit gut, ich bin unverletzt und glaube, daß ich freigelassen werde, wenn die Forderungen erfüllt werden. Das ist jedoch nicht meine Entscheidung.
6. 9. 77 Hanns Martin Schleyer»
Die Entführer gehen in ihrem Brief vom 5. September 1977 davon aus, «dass schmidt, nachdem er in stockholm demonstriert hat, wie schnell er seine entscheidungen fällt, sich bemühen wird, sein verhältnis zu diesem fetten magnaten der nationalen wirtschaftscreme ebenso schnell zu klären».

Die von den Terroristen geforderte schnelle Entscheidung fällt, doch sieht sie ganz anders aus, als diese erwartet haben. Helmut Schmidt gibt die Marschrichtung aus: Die Geisel Hanns Martin Schleyer soll lebend befreit werden, die Entführer sind zu verhaften, die Handlungsfähigkeit des Staates ist zu wahren, und die Gefangenen dürfen auf keinen Fall freigelassen werden. Unnachgiebigkeit soll demonstriert werden, wie schon beim Überfall auf die Botschaft in Stockholm. Die Verantwortlichen verhängen eine Nachrichtensperre für die Presse, und diese wird freiwillig befolgt.

Die RAF hatte dem Staat endgültig und ultimativ den Krieg erklärt, und der Staat reagierte. Die Gefangenen in Stammheim wurden unter totale Kontaktsperre gestellt, selbst Verteidigerbesuche waren untersagt. Die Zukunft erst sollte zeigen, daß alle diese Maßnahmen nichts nützten. In vielen Punkten begann der Rechtsstaat umsonst, seine Prinzipien aufzugeben.

Die Devise hieß: «Zeit gewinnen». Doch der für beide Seiten nervenzerreißende Poker um das Leben Hanns Martin Schleyers hatte gerade erst begonnen. Er sollte noch 43 Tage dauern und in einer Katastrophe enden.

Die Nachfolger von Andreas Baader, Ulrike Meinhof und Gudrun Ensslin haben die Operation «Spindy» ebenso exakt wie brutal geplant. Die Bezeichnung «Spindy» entlehnten sie dem Wort Spindel, eine zynische Anspielung auf die Figur Hanns Martin Schleyers, der alles andere als spindeldürr war. «Spindy» soll die große finale Befreiungsaktion für die Stammheimer Gefangenen, die Mentoren der zweiten RAF-Generation, sein, mit deren Erfolg die Terroristen fest rechnen. Ein Taktieren und Verzögern, mit der die Bundesregierung auf die Entführung reagiert, hat keiner von ihnen eingeplant.

Fast zwanzig RAF-Mitglieder sind in irgendeiner Form an der Aktion «Spindy» beteiligt. Das Maß der Beteiligung und Verantwortung der einzelnen Gruppenmitglieder allerdings ist höchst unterschiedlich. Die Gruppe, die sich in der Witzelstraße in Düsseldorf aufhält, wird unmittelbar nach der Entführung in den Fortgang der Aktion eingebunden. Sie verschickt Erpresserbriefe, übermittelt der Bundesregierung Ultimaten und übernimmt wichtige logistische Aufgaben.

Auf Anordnung von Willy-Peter Stoll sollen sie auch wenige Tage später einen Wagen beschaffen: «Schleyer muß ins Ausland gebracht werden», erklärt er kategorisch. Es entspinnt sich eine Diskussion darüber, wie dies wohl am besten zu bewerkstelligen sei, doch schließlich übernimmt Rolf Heißler als «Experte» die Aufgabe, einen passenden Wagen zu besorgen und zu präparieren. Silke Maier-Witt ist heilfroh, daß sie damit nichts zu tun hat. Sie hat Angst, in einer Situation, da so ziemlich jeder Polizeibeamte der Republik nach den Schleyer-Entführern fahndet, in einem gestohlenen Wagen herumzufahren.

Nur wenige RAF-Mitglieder wissen zu dieser Zeit, wo

Schleyer gefangengehalten wird. Den Worten Stolls ist lediglich zu entnehmen, daß seine Bewacher befürchten, die Wohnung könnte auffliegen. In der Tat ist es nur der katastrophalsten Panne während der gesamten Entführung zu verdanken, daß das «Volksgefängnis» in Erftstadt-Liblar nicht entdeckt wird. Ein entsprechender Hinweis lag der Polizei vor. Man wußte, unter welchem Namen die Wohnung angemietet und daß die erste Miete bar bezahlt worden war. Sogar der Deckname Annerose Lottmann-Bücklers war als Tarnname von Monika Helbing im Fahndungscomputer «PIOS» des BKA registriert. Doch die entsprechende Meldung erreichte Wiesbaden nicht. Die Entführer blieben unentdeckt.

Am 16. September 1977 wird Schleyer nach Den Haag gebracht, wo er allerdings nur drei Tage bleibt. In Den Haag hat Angelika Speitel erst drei Tage zuvor unter dem Namen Karola Stöhr ein Neun-Zimmer-Reihenhaus in der Stevinstraat 266 angemietet. Sie und Silke Maier-Witt ziehen kurz nach der Entführung von Düsseldorf nach Mannheim in eine weitere konspirative Wohnung um, wo sie die Ultimaten der Entführer, die ihnen Rolf Heißler überbringt, eintüten, adressieren und dann verschicken oder persönlich einwerfen.

Silke Maier-Witt begibt sich auch mindestens zweimal nach Köln, wo sie aus einer Telefonzelle am Hauptbahnhof mit Denis Payot in Genf telefoniert, der seit dem 10. September mit einem Mandat der Bundesregierung vermittelt. Ansonsten ist sie viel mit dem Zug unterwegs, um die Ultimaten an Tageszeitungen, Agenturen und Personen des öffentlichen Lebens zu überbringen. Auf einer dieser Reisen trifft sie im Intercity die an der Entführung Schleyers direkt beteiligte Sieglinde Hofmann – die beiden Frauen haben nur kurz Blickkontakt und wenden sich dann schnell wieder ab.

Christian Klar versucht derweil, die Behörden auf eine falsche Spur zu locken. Er fährt mit einem von Knut Folkerts gekauften VW-Bus nach Lörrach-Salzer und stellt das Auto in unmittelbarer Nähe der Schweizer Grenze ab. Der Wagen ist mit der Krawatte und dem Schlüsseletui Hanns Martin Schleyers präpariert, um den Eindruck zu erwecken, die RAF habe den Arbeitgeberpräsidenten in die Schweiz verschleppt.

Mit jedem Tag, den die Bundesregierung ihre Entscheidung über eine Freilassung der Stammheimer Gefangenen weiter hinausschiebt, wird die Situation für die RAF unübersichtlicher und gefährlicher. Und damit auch immer gefährlicher für Hanns Martin Schleyer, der damit rechnen muß, von seinen Entführern getötet zu werden.

Die RAF hatte mittlerweile ein perfektes System der Arbeitsteilung entwickelt. Vor dem Anschlag waren von einigen weniger bedeutsamen Gruppenmitgliedern, wie Friederike Krabbe und Monika Helbing, Wohnungen in Köln und Erftstadt angemietet worden, die als Versteck für den Entführten und als Rückzugswohnungen für die Entführer dienen konnten. Den Anschlag selbst führte der harte Kern der RAF durch: Brigitte Mohnhaupt, Christian Klar, Stefan Wisniewski, Peter Jürgen Boock und Sieglinde Hofmann.

Diesem Führungskader der Rote Armee Fraktion war es auch vorbehalten, nach der Entführung zunächst die Bewachung Schleyers im Erftstädter «Volksgefängnis» zu übernehmen. Brigitte Mohnhaupt und Peter Jürgen Boock setzten sich jedoch schon bald nach der Aktion nach Bagdad ab, wo sich bereits Susanne Albrecht aufhielt, die nach der gescheiterten Entführung des Vorsitzenden der Dresdner Bank, Jürgen Ponto, der im Verlauf der Aktion ermordet wurde, über Holland in den Irak gebracht worden war. Kurz nach dem Anschlag übernahm auch Sieglinde Hofmann andere logistische und strategische Aufgaben. Also mußten diese drei ersetzt werden, um genügend Aktivisten für die Bewachung Schleyers zur Verfügung zu haben. Die Ersatzmannschaft bestand aus Angelika Speitel und Willy-Peter Stoll. Zusammen mit Christian Klar und Stefan Wisniewski waren sie bis zu Schleyers Tod seine Wegbegleiter.

In ihrem «Volksgefängnis» führten sie «Interviews» mit ihrer Geisel: über das kapitalistische System, den Repressionsapparat und die Aktivitäten der Daimler-Benz AG. Die Gespräche wurden auf Tonbändern aufgezeichnet, um sie später als Politpropaganda zu verwenden. Zwischen Entführern und Opfern entwickelte sich mit der Zeit eine Art persönlicher Beziehung. Hanns Martin Schleyer siezte seine Bewacher irgendwann nicht mehr, einige von ihnen sprach er sogar mit ihrem Namen an. Auch diese Tatsache sollte später innerhalb der Gruppe als Begründung für seinen Tod herhalten.

Währenddessen verschärft sich die Situation zusehends: Die Bundesregierung verlangt immer neue Lebenszeichen von dem Entführten, die Geduld der Terroristen neigt sich dem Ende zu. Als Begründung für die Dauer der Verhandlungen wird der RAF erklärt, es ließe sich kein Land finden, das bereit sei, die Stammheimer Gefangenen aufzunehmen. Andreas Baader hatte dem BKA-Beamten Alfred Klaus als mögliche Aufnahmeländer unter anderem Algerien, Irak, Jemen, Libyen und Vietnam genannt.

Am späten Nachmittag des 17. September 1977, einem Samstag, fliegt Staatsminister Hans-Jürgen Wischnewski nach Aden und Bagdad. Er ist nicht der einzige, der sich zu diesem Zeitpunkt dort aufhält: neben Susanne Albrecht befinden sich auch Brigitte Mohnhaupt und Peter Jürgen Boock im Irak. Im Verlauf der Entführung werden immer mehr Mitglieder der Gruppe angesichts des zunehmenden Fahndungsdrucks in der Bundesrepublik in den Irak reisen. Darüber hinaus droht ein Zwischenfall in Holland die Aktion «Spindy» ernsthaft zu gefährden.

Am 19. September kommt es in Den Haag zu einer Schießerei mit der Polizei: Christian Klar und Angelika Speitel schießen sich den Weg frei, um einer Verhaftung zu entgehen. Für die Gruppe Anlaß genug, Schleyer schnellstens aus seinem Versteck in der Stevinstraat in Den Haag wegzuschaffen. Noch am selben Tag bringen sie ihn zu seinem nächsten und letzten Versteck.

Nur drei Tage später kommt es in Utrecht zu einer weiteren Katastrophe. Bei dem Versuch, ein Auto zu beschaffen, wird Knut Folkerts in Begleitung einer Frau von holländischen Polizeibeamten gestellt. Folkerts zieht seine Waffe, es kommt zu einer wilden Schießerei. Ein Polizist wird getötet, zwei weitere schwer verletzt, ehe Folkerts verhaftet werden kann. Die Frau kann entkommen. Es ist Elisabeth von Dyck. Auch sie wird nach diesem Zwischenfall von der Gruppe nach Bagdad geschickt. Zum einen soll sie aus dem Blickfeld der Fahnder verschwinden, zum anderen wird Kritik an ihr geübt. Sie soll bei der Verhaftung von Folkerts nicht geschossen haben, um diesem zu helfen, ein Verhalten, daß nach den Gesetzen der RAF nicht toleriert wird. Doch auch andere Gruppenmitglieder, die das Konzept und den Ablauf der Aktion «Spindy» stören könnten, werden nach Bagdad abgeschoben: Gert Schneider, Christoph Wackernagel und Monika Helbing finden ebenfalls bei den Palästinensern Unterschlupf. Sie werden alle von einem Palästinenser am Flughafen abgeholt und in einem kleinen Haus in Bagdad untergebracht. Später ziehen sie dann in ein zweistöckiges Haus mit Dachgarten um, das in einem anderen Stadtteil liegt.

Hier entsteht schon bald eine Art Operationsbasis. Das obere Stockwerk bauen die RAF-Mitglieder zu einer Werkstatt um: In einem verdunkelten Zimmer werden in der Folgezeit Papiere verschiedener Nationalitäten für die Gruppenmitglieder gefälscht, die sich weiterhin in Europa aufhalten. Lebensmittel und andere Dinge des täglichen Bedarfs besorgen die Palästinenser, zu denen enge und regelmäßige Kontakte bestehen. Zeitweilig hielt sich in diesem Haus auch Walid Haddad auf, einer der Zahlmeister des internationalen Terrorismus, dessen Kontakte zu westdeutschen Terroristen, aber auch zu den Killern des internationalen Top-Terroristen Iljitsch Ramirez Sanchez, genannt Carlos, jeden westeuropäischen Geheimdienstler vor Neid erblassen ließen. Walid Haddad besorgte Waffen und Geld für viele Terroraktionen in Europa, so auch für den Überfall auf die OPEC-Konferenz in Wien 1975. Wenige Jahre später, 1978, starb Haddad und wurde in Bagdad in einer offiziellen Zeremonie beigesetzt.

Die RAF-Mitglieder verlassen während ihrer Zeit im Irak kaum das Haus. Lediglich für Arztbesuche oder Besorgungen in einem Schreibwarengeschäft, um den Fälscherbetrieb aufrechtzuerhalten, gehen sie in Begleitung palästinensischer Aufpasser auf die Straße. Einer, der in dieser Zeit ständig Medikamente benötigt, ist Peter Jürgen Boock. Hartnäckig behauptet er, an Krebs erkrankt zu sein und fordert permanent neue Medikamente von seinen Gastgebern. Das führt auf die Dauer zu Unstimmigkeiten zwischen der RAF und den Palästinensern, die Boocks Krankengeschichte auch nicht so recht zu glauben scheinen. Zu Recht: Der Schleyer-Entführer, Fahrer des Fluchtwagens beim Ponto-Mord und Konstrukteur der «Stalin-Orgel» beim Anschlag auf die Generalbundesanwaltschaft, ist schlicht und ergreifend schwer drogensüchtig. Es ist kaum vorstellbar, wie er unter diesen Umständen das Leben in der Illegalität durchhält und es außerdem noch schafft, die Gruppe lange Zeit über seine Sucht im unklaren zu lassen. Erst später kommt sie ans Tageslicht, doch da hat sie die Gruppe schon Opfer gekostet. Als sein Verhalten die Palästinenser so sehr nervt, daß es die Beziehungen empfindlich stört, wird seine «Hochzeit» mit Brigitte Mohnhaupt organisiert, die von den Palästinensern als Wortführerin akzeptiert wird, um ihn in den Augen der arabischen Gastgeber aufzuwerten.

Mohnhaupt und Boock sind es auch, die unter Ausschluß der anderen Gruppenmitglieder die Gespräche mit den Palästinensern zur Vorbereitung und Koordinierung einer Aktion führen, die die Bundesregierung endlich zum Nachgeben bewegen soll. Am Ende der Aktion «Kofre Kaddum», benannt nach einem zerstörten palästinensischen Dorf, sind weitere acht Menschen tot, und der Deutsche Herbst ist zu Ende.

Mogadischu und die Toten von Stammheim

Mittlerweile hat sich das Tauziehen um immer neue Ultimaten, Lebenszeichen und angebliche Austauschmodalitäten in die ersten Oktobertage hineingezogen. Den RAF-Mitgliedern, die Schleyer in ihrer Gewalt haben, und den Stammheimer Gefangenen wird langsam klar, daß ein Austausch Schleyers immer unwahrscheinlicher wird. Der Bundesregierung muß allerdings eins ebenso klar sein: Die Chance, den Arbeitgeberpräsidenten lebend aus den Händen der Rote Armee Fraktion zu befreien, wird zusehends geringer. Es gibt keinen Hinweis mehr auf einen möglichen Aufenthaltsort der Geisel, und darüber hinaus ist den Verantwortlichen vor allem eins nicht entgangen: Die Stammheimer Häftlinge stehen in ständiger Verbindung untereinander. Der Bundestag verabschiedet am 30. September 1977 das Kontaktsperregesetz und legitimiert damit eine Praxis, die die Regierung schon seit Beginn der Entführung ohne Rechtsgrundlage anwendet: Jeder Kontakt nach innen oder außen ist den Inhaftierten untersagt. Seit dem Tag des Anschlags in Köln hat kein Verteidiger seinen Mandanten mehr gesehen. Dennoch gelingt es den Gefangenen, durch selbstgebaute technische Einrichtungen ständig miteinander zu kommunizieren. Es bleibt niemandem verborgen, daß die Vorschläge betreffend der möglichen Zielländer untereinander abgestimmt sind.

Am 5. Oktober stellen Baader, Ensslin, Raspe und Möller vier fast gleichlautende Anträge auf Aufhebung der Kontaktsperre. Am 8. Oktober droht Baader dem BKA-Beamten Klaus, die Gefangenen würden selbst entscheiden, wenn die Bundesregierung dazu nicht in der Lage sei. Am nächsten Tag gebraucht Gudrun Ensslin in einem Gespräch eine ähnliche Formulierung und gibt zu, von der Unterredung Baaders am Vortag erfahren zu haben. Wie die Drohung, selbst eine Entscheidung herbeizuführen, gemeint ist, wissen alle Verantwortlichen nur zu genau. Alfred Klaus informiert seinen Chef Horst

Herold über diese Androhung eines kollektiven Selbstmordes, auch der Anstaltsleiter von Stammheim, Nusser, ist im Bilde. Er berichtet an das Stuttgarter Justizministerium. Dennoch werden keine Maßnahmen zur Verhinderung der Selbsttötung eines oder mehrerer Gefangener ergriffen.

Am Donnerstag, dem 13. Oktober, startet gegen 13 Uhr in Palma de Mallorca der Lufthansaflug LH 181 nach Frankfurt. An Bord der Maschine «Landshut» befinden sich 82 Passagiere und fünf Besatzungsmitglieder. Unter den Passagieren sind auch vier Iraner, zwei Frauen und zwei Männer, die sich in den Tagen zuvor in Palma eingemietet und getrennte Plätze in der «Landshut» gebucht hatten.

Kurz nach dem Start wird der Heimflug für Urlauber und Besatzung zum Horrortrip. Die beiden angeblichen Iraner rennen durch den Gang ins Cockpit und zerren den Copiloten aus dem Sitz. Die Frauen stehen mit Handgranaten in den Händen zwischen den Sitzreihen. Der Anführer der Luftpiraten gibt bekannt, er heiße Captain Martyr Mahmud und habe das Kommando über das Flugzeug übernommen. Die Operation trage den Namen «Koffre Kaddum», durchgeführt vom Kommando «Martyr Halimeh». In Wirklichkeit heißt der Mann Zohair Youssif Akache und ist Mitglied der «Volksfront für die Befreiung Palästinas/PFLP». Fast genau ein halbes Jahr vor der Entführung der «Landshut» hatte er in London den ehemaligen Präsidenten des Nord-Jemen und zwei Begleiter erschossen. Danach konnte er aus England fliehen. Und zwar nach Bagdad, wo er von der PFLP für weitere Aktionen trainiert wurde. Der Leiter dieser PFLP-Abteilung war Walid Haddad. Auch die übrigen Mitglieder des Kommandos «Martyr Halimeh» erhielten von ihm ihre Ausbildung.

Die RAF-Mitglieder, die sich in Bagdad aufhalten, erfahren von der Entführung der Lufthansa-Maschine über ihre Weltempfänger. Brigitte Mohnhaupt und Peter Jürgen Boock sind nicht im mindesten überrascht – kaum verwunderlich, haben sie doch mit den Palästinensern lange und geheime Verhandlungen geführt. Die «Landshut» landet am späten Nachmittag auf dem römischen Flughafen Fiumicino. Der inzwischen informierte Bundesinnenminister Werner Maihofer telefoniert mit seinem italienischen Amtskollegen Cossiga und bittet ihn, einen Weiterflug der Maschine unter allen Umständen zu verhindern. Doch die Italiener wollen kein Blutbad auf römischem Boden: Die «Landshut» wird aufgetankt und fliegt weiter nach Larnaka auf Zypern.

Die Entführer haben in Rom mitgeteilt, daß sie die Freilassung der in Deutschland inhaftierten Genossen fordern. Das blutige Finale zeichnet sich ab. Für den Krisenstab in Bonn ist klar, daß es auch bei einer Eskalation keinen Kompromiß geben wird. Die Marschrichtung ist vorgegeben: Befreiung der Geiseln durch Verhandlungen oder Polizeieinsatz ohne Freilassung gefangener RAF-Mitglieder.

Auf dem Flughafen Köln-Bonn nimmt am späten Abend eine Lufthansa-Maschine eine Gruppe der Anti-Terror-Einheit GSG 9 unter der Leitung ihres Kommandeurs Ulrich Wegener an Bord.

In der Nacht zum 14. Oktober 1977, gegen 2 Uhr früh, melden sich die Entführer Schleyers bei Rechtsanwalt Denis Payot in Genf. Sie geben eine lange, zweiteilige Nachricht durch, die am nächsten Morgen auch schriftlich 51 Adressaten im In- und Ausland, darunter Schleyers Sohn, zugestellt wird. Darin wird neben der Freilassung der RAF-Gefangenen auch die Freilassung von zwei in der Türkei inhaftierten Palästinensern gefordert. Außerdem verlangen die Entführer 15 Millionen US-Dollar Lösegeld. Die Mitteilung des deutschen Kommandos ist eindeutig:

> «...das ultimatum der operation koffre kaddum des
> kommandos «martyr halimeh» und das ultimatum des
> kommandos «siegfried hausner» der raf sind identisch.
> das ultimatum läuft am sonntag, den 16. oktober 1977,
> um 8 uhr g. m. t. ab. wenn bis zu diesem zeitpunkt die
> elf geforderten gefangenen ihr ziel nicht erreicht

haben, wird hanns martin schleyer erschossen. nach 40 tagen gefangenschaft von schleyer wird es eine verlängerung des ultimatums nicht mehr geben, ebenso keine weiteren kontaktaufnahmen. jegliche verzögerung bedeutet den tod schleyers... nachdem wir die bestätigung erhalten haben, wird schleyer innerhalb von 48 stunden freigelassen. freiheit durch bewaffneten antiimperialistischen kampf! kommando siegfried hausner raf»

Zu diesem Zeitpunkt hat Hanns Martin Schleyer noch vier Tage zu leben.

Inzwischen ist die «Landshut» in Dubai gelandet, wo Staatsminister Hans-Jürgen Wischnewski mit der dortigen Regierung über einen Einsatz der GSG 9 verhandelt. Doch der Verteidigungsminister von Dubai lehnt ab: Er will seine eigenen, von Engländern ausgebildeten Fallschirmjäger einsetzen. GSG 9-Chef Ulrich Wegener beginnt am 16. Oktober mit den Arabern zu trainieren.

In der Bundesrepublik läuft derweil ein zutiefst unwürdiges Spiel mit dem verzweifelten Sohn des Entführten, Hanns Eberhard Schleyer, ab. Er soll nach dem Willen der Terroristen die 15 Millionen Dollar Lösegeld übergeben. Im Hotel «Intercontinental» in Frankfurt soll er mit drei Koffern voller Geld auf einen Abgesandten der RAF warten. Die Regierung besorgt das Geld, doch schon am nächsten Morgen wird das geplante Treffen über dpa bekannt. Wie sich später herausstellt, war es die Bundesregierung selbst, die dafür gesorgt hat, daß der Ort des Treffens öffentlich bekannt wurde. Ergebnis dieser Glanztat: Am Samstag mittag belagert eine Meute von Journalisten das Hotel, die Geldübergabe ist geplatzt. Vater dieser glorreichen Idee ist wieder einmal BKA-Präsident Horst Herold, der der Bundesrepublik damit die Summe von 15 Millionen US-Dollar rettet.

Hanns Eberhard Schleyer sieht nur noch einen Weg, seinen Vater zu retten: Er versucht noch am selben Tag über eine einstweilige Anordnung des Bundesverfassungsgerichts, die Bundesregierung und die beteiligten Länderregierungen zur Freilassung der Stammheimer Gefangenen im Austausch gegen seinen Vater zu zwingen. Das Bundesverfassungsgericht, von der Regierung über die bevorstehende gewaltsame Befreiung der Passagiere der «Landshut» informiert, lehnt den Antrag des Schleyer-Sohnes noch in der Nacht ab. Es sieht sich außerstande, den staatlichen Organen angesichts dieser Situation eine bestimmte Entscheidung vorzuschreiben. Bekanntgegeben wird diese Entscheidung erst am nächsten Morgen. Hanns Martin Schleyer hat noch zwei Tage zu leben.

Mittlerweile ist den Gefangenen in Stammheim durch den BKA-Beamten Klaus ein Fragebogen vorgelegt worden, der wieder einmal den Willen der Gefangenen, sich ausfliegen zu lassen, zum Thema hat. Darin ist auch von dem Kommando «Martyr Halimeh» die Rede. Keiner der Gefangenen wundert sich darüber. Keiner stellt eine Frage oder heuchelt Unwissen. Sie sind alle bestens im Bilde über die Ereignisse im fernen Nahen Osten.

An Bord der «Landshut» drohen den Entführern die Nerven durchzugehen. Bei einer Zwischenlandung in Aden dreht der Anführer der Luftpiraten durch. Nach einer Inspektion der Maschine von außen kehrt Flugkapitän Jürgen Schumann, der den Behörden per Funk mehrfach verschlüsselte Hinweise über die Entführer gegeben hatte, in die Kanzel zurück. «Captain Mahmud» weiß von Schumanns Mitteilungen, er bleibt zu lange weg. Er ist vermutlich von den Jemenitern, die das Flugzeug umstellt haben, aufgehalten worden. Mahmud rast vor Zorn. Kurze Zeit später ist Schumann tot. Mahmud hat ihn erschossen. Copilot Jürgen Vietor steuert die «Landshut» daraufhin zu ihrem letzten Ziel, dem Flughafen der somalischen Hauptstadt Mogadischu. Es ist 5.30 Uhr morgens deutscher Zeit, als die Maschine dort aufsetzt.

An diesem Tag finden in Stuttgart ein weiteres Mal Gespräche mit den Gefangenen Baader und Ensslin statt. Am Schluß

seiner Unterredung mit dem Ministerialdirigenten Dr. Hege-
lau, der in Vertretung des Staatssekretärs im Kanzleramt, Man-
fred Schüler, nach Stammheim gekommen ist, sagt Andreas
Baader: «Freigelassene Häftlinge sind im Verhältnis zu toten
Gefangenen auch für die Bundesregierung das kleinere Übel.»
Die Bundesregierung sieht das anders. Wischnewski verhan-
delt mit der somalischen Regierung über einen Einsatz der
GSG 9.

Bundeskanzler Helmut Schmidt erhält die dazu unbedingt
notwendige Genehmigung nach einem Telefongespräch mit
dem somalischen Ministerpräsidenten Siad Barre. Der Countdown für die Passagiere und Besatzungsmitglieder der «Landshut» und für Hanns Martin Schleyer läuft. Durch die angebliche Einwilligung in die Bedingungen der Entführer erreichen
die Verhandlungsführer in Mogadischu eine erneute Verlängerung des Ultimatums, während sich die Männer der GSG 9 vorbereiten. Den Terroristen wird erklärt, man könne die auszu-
tauschenden Gefangenen nicht so schnell von Deutschland
nach Mogadischu bringen. Wenige Minuten nach Mitternacht,
am 18. Oktober 1977, detonieren mitten in einem Gespräch
zwischen «Captain Mahmud» und einem deutschen Vertreter
die Blendgranaten der GSG 9. Die Entführer sind für einen
kurzen Moment kampfunfähig. Das reicht den Spezialisten der
GSG 9, um durch die Türen in die Maschine zu stürmen. Sie
schießen erst mit Platzpatronen, dann scharf. Augenblicke später sind drei der Entführer tot, eine Frau überlebt schwerverletzt. Von den Geiseln wird nur die Stewardeß Gaby Dillmann
am Bein verwundet. Nach wenigen Minuten ist die Aktion
«Feuerzauber» vorbei.

Rund eine halbe Stunde später verbreitet der Deutschland-
funk die Nachricht von der geglückten Erstürmung der «Landshut». Die ARD-Anstalten melden es wenig später in ihrem gemeinsamen Nachtprogramm. In Stammheim ist alles ruhig.
Andreas Baader und Jan Carl Raspe haben gegen 23 Uhr nochmals Medikamente ausgehändigt bekommen. Als die Vollzugs-

beamten am nächsten Morgen die Zellen öffnen, sind Andreas Baader und Gudrun Ensslin tot. Jan Carl Raspe erliegt seinen schweren Verletzungen nur wenig später im Krankenhaus, nur Irmgard Möller überlebt die Nacht von Stammheim. Was in dieser Nacht in den Zellen geschah, wird wohl nie geklärt werden. Die späteren Ermittlungen halten – lange Zeit umstritten – das Ergebnis Selbstmord der Gefangenen fest, das durch die Aussage von Susanne Albrecht nach ihrer Verhaftung 1990 endgültig bestätigt wurde. Andreas Baader und Jan Carl Raspe hatten sich in den Kopf geschossen. Gudrun Ensslin hat sich mit einem Stück Lautsprecherkabel erhängt und Irmgard Möller sich mit einem Anstaltsmesser mehrfach in die Herzgegend gestochen. Die Häftlinge müssen über ein Transistorradio Raspes von der Befreiung der Geiseln in Mogadischu erfahren haben. Dann, so die offizielle Version, haben sich die vier mit Hilfe ihres selbstgefertigten Kommunikationssystems über den kollektiven Selbstmord verständigt.

Am folgenden Tag ruft ein weibliches Mitglied der RAF beim Stuttgarter dpa-Büro an. Angelika Speitel meldet sich und diktiert folgende Meldung:

«Wir haben nach 43 Tagen Hanns Martin Schleyers klägliche und korrupte Existenz beendet. Herr Schmidt, der in seinem Machtkalkül von Anfang an mit Schleyers Tod spekulierte, kann ihn in der Rue Charles Péguy in Mühlhausen in einem grünen Audi 100 mit Bad Homburger Kennzeichen abholen. Für unseren Schmerz und unsere Wut über die Massaker von Mogadischu und Stammheim ist sein Tod bedeutungslos. Andreas, Gudrun, Jan, Irmgard und uns überrascht die faschistische Dramaturgie der Imperialisten zur Vernichtung der Befreiungsbewegungen nicht. Wir werden Schmidt und der daran beteiligten imperialistischen Allianz diese Blutbäder nie vergessen. Der Kampf hat erst begonnen. Freiheit durch bewaffneten antiimperialistischen Kampf. Kommando Siegfried Hausner.»

Bei der französischen Tageszeitung «Liberation» geht am selben Nachmittag ein gleichlautendes Kommuniqué der RAF ein. Wenig später finden Polizisten in Mühlhausen die Leiche Hanns Martin Schleyers im Kofferraum des Audis. Zerschunden, die grauen Haare kurzgeschoren, ist Hanns Martin Schleyer nur wenige Stunden zuvor von zwei Bewachern mit drei Schüssen aus unterschiedlichen Waffen ermordet worden. Es war Christian Klar, der vier Tage zuvor, am 15. Oktober 1977, in Neu-Anspach bei Frankfurt unter dem Namen Hans-Georg Schmied den grünen Audi 100 gekauft hatte. Und es war Angelika Speitel, die in diesem grünen Audi 100 am 18. Oktober mit drei Beifahrern in der Schweiz unterwegs war. Auf der Strecke zwischen Kreuzlingen und Schaffhausen, in der Nähe von Mammern, überholte sie ein Auto mit eidgenössischem Kennzeichen derart rüde, daß die völlig erbosten Schweizer Angelika Speitel wenig später an einem Bahnübergang zur Rede stellten. Die beiden Schweizer sagten später aus, daß sich außer der Fahrerin noch drei weitere Personen in dem grünen Audi befunden hätten. Susanne Albrecht hatte bei einem Gespräch in Bagdad zwischen Brigitte Mohnhaupt und Peter Jürgen Boock – und dieses Gespräch war ganz sicher nicht für ihre Ohren bestimmt –, aufgeschnappt, daß Stefan Wisniewski und Willy-Peter Stoll bis zum Schluß bei Hanns Martin Schleyer waren. Damit bleibt nur noch ein Platz in dem grünen Audi 100 zu vergeben. Diesen vierten Platz auf der letzten Fahrt Schleyers nahm Christian Klar ein, der in der Hierarchie der RAF ganz oben stand. Während Mohnhaupt und Boock in Bagdad verhandelten, bereitete Klar sich auf eine ganz andere Rolle vor. Denn Verhandlungen waren nicht die Sache des Aktionisten Christian Klar. Er beschaffte statt dessen lieber ein Auto für Hanns Martin Schleyers letzte Fahrt. Und wer von den vier Insassen des grünen Audi 100 nun letztendlich die Finger am Abzug krümmte und dreimal schoß, läßt sich heute auch ziemlich sicher eingrenzen.

Betrachtet man die Attentate, die kurz vor der Entführung des Arbeitgeberpräsidenten verübt wurden, wird eines ganz deutlich: Zwei Personen spielten bei der Offensive 1977 neben dem strategischen Kopf Brigitte Mohnhaupt eine herausragende Rolle. Diese beiden Personen waren Christian Klar und Stefan Wisniewski.

Am Tag des Anschlags auf den damaligen Generalbundesanwalt Siegfried Buback wartete Christian Klar in einem silberfarbenen Alfa Romeo auf die zwei Männer, die von ihrem Motorrad aus Buback erschossen. Als die beiden an diesem 7. April 1977 auftauchten, stiegen sie zu Klar ins Auto und setzten ihre Flucht fort. Die beiden Männer waren Günter Sonnenberg und Stefan Wisniewski.

Beim Attentat auf den Bankier Jürgen Ponto am 30. Juli 1977 wurde Susanne Albrecht von den Aktivisten als Türöffner bei den Pontos mißbraucht, da sie die Familie aus früheren Tagen gut kannte. Zum engeren Führungskreis der RAF hat sie nie gehört. Auch hier war Christian Klar mit dabei: Er und Brigitte Mohnhaupt ermordeten Jürgen Ponto.

Bei der Aktion «Spindy» schließlich waren wieder zwei Männer von Anfang an dabei: bei der Entführung, der Bewachung und der Ermordung Schleyers. Die beiden Männer waren Christian Klar und Stefan Wisniewski.

Und diese beiden werden wohl für immer schweigen.

Mit der Entführung Hanns Martin Schleyers hatten die 44 Tage des «Deutschen Herbsts» begonnen, mit seinem Tod endeten sie. Alle, die insgeheim hofften, durch ihre Unnachgiebigkeit der RAF eine vernichtende Niederlage beigebracht zu haben, hatten beinahe recht. Doch das konnten sie damals nicht wissen. Für die Bundesrepublik war die Zeit des Nach-Herbstes die Zeit der Trauer, des Hasses und der Legenden.

Auf der Beerdigung Schleyers am 25. Oktober 1977 bat Bundespräsident Walter Scheel die Angehörigen im Namen aller deutschen Bürger um Vergebung. Doch von Vergebung wollten beide Seiten nichts wissen. Bürger protestierten gegen die Beisetzung der Stammheimer Toten auf einem öffentlichen Friedhof. Und die Sympathisanten des Terrors kultivierten den Mythos um die «Morde von Stammheim».

Die Bundesregierung leistete den Legenden Vorschub. Die Aufklärung der Tode von Stammheim war fehlerhaft, teilweise schlampig und lückenhaft. Widersprüche wurden mit dem Stempel «Geheim» zugedeckt. Man hatte gewußt, daß die Gefangenen sich verständigen konnten. Man hatte gewußt, daß sie mit Toten im «toten Trakt» gedroht hatten. Man hatte nichts unternommen. Das Für und Wider der Selbstmord- oder Mordtheorie ist in den Jahren nach 1977 ausführlich diskutiert worden. Tatsache bleibt, daß die offizielle Schlußdokumentation Fragen offenließ. Jeder glaubte in Zukunft das, was er glauben wollte.

Die Toten der letzten zehn Jahre zeigen, daß der Herbst 1977 nicht das Ende des Terrorismus bedeutete. Der Herbst 1977 läutete nur eine neue Phase in der Geschichte der RAF und ihres sinnlosen Kampfes ein. Eine Phase, die zur Auflösung der Rote Armee Fraktion hätte führen können und dann doch in der unheiligen Allianz zwischen der Staatssicherheit der DDR und dem westdeutschen Terrorismus und schließlich den Morden der jüngsten Vergangenheit mündete. Das aber konnten die Verlierer von 1977 nicht wissen. Oder besser: das konnten sie damals *noch nicht* wissen.

Die Mitglieder der Rote Armee Fraktion, deren militanter Kampf gegen den Staat soeben an dessen Unnachgiebigkeit gescheitert ist, erleben den Ausgang von Mogadischu an unterschiedlichen Orten. Silke Maier-Witt befindet sich mit Sieglinde Hofmann in Hattersheim bei Frankfurt, wo beide gerade eine konspirative Wohnung räumen, als sie die Nachricht von den Ereignissen im Nahen Osten und in Stammheim im Radio hören. Schockiert nicht vom Mord an Hanns Martin

Schleyer, sondern von dem Scheitern der Befreiung ihrer gefangenen Genossen, bringen sie ihre Arbeit hinter sich. Sie habe von Anfang an gewußt, daß Mogadischu nichts bringe, sei Sieglinde Hofmanns Kommentar zum Ende des Kommandos «Martyr Halimeh» gewesen, so sagt Silke Maier-Witt später aus.

Am nächsten Tag fährt Silke Maier-Witt mit dem Zug nach Hamburg, wo sie sich in einer Wohnung am Eilbecker Weg mit Adelheid Schulz trifft. Der Tod der Gefangenen ist das zentrale Gesprächsthema innerhalb der Gruppe, wobei tiefe Unsicherheit herrscht, ob es sich um Selbstmord oder Mord gehandelt hat. Sie glauben an Mord. Die letzten Tage Schleyers hingegen sind ein Thema, über das nicht gesprochen wird. Wo er gefangengehalten wurde, wie er starb und vor allem durch wen: das wissen nur ganz wenige. Und sie schweigen auch gegenüber den anderen Gruppenmitgliedern.

«RAF sein», das hieß nie, daß alle alles wissen. Der Führungskader hatte das Sagen, die anderen hatten mitzuarbeiten und sich im Sinne des revolutionären Kampfes verantwortlich zu fühlen. Das Prinzip der Kollektivität ist nie mehr gewesen als hehre Philosophie. Der Alltag der Guerilla war bestimmt durch hierarchische Strukturen und gegenseitiges Mißtrauen. Wer Zweifel zu äußern wagte, wurde ausgegrenzt und unter Druck gesetzt. Die Führungsebene sorgte dafür, daß Themen wie die Selbstmorde von Stammheim, die Drogensucht Boocks und die wahren Hintergründe des Mordes an Jürgen Ponto – der sich mitnichten gegen seine Entführung zur Wehr gesetzt hatte – tabuisiert wurden.

Besser als die Mitglieder, die sich in Deutschland aufhalten, sind die Gruppenmitglieder um Mohnhaupt und Boock in Bagdad informiert. Sie verfolgen die Ereignisse am 18. und 19. Oktober 1977 ebenfalls am Radio. Doch hier wird nicht über die «Morde» von Stammheim diskutiert. Spätestens als Brigitte Mohnhaupt – sie kennt als einzige die Stammheimer Gefangenen aus ihrer Haftzeit persönlich und hat von ihnen den Auftrag erhalten, die Gruppe nach ihrer Haftentlassung neu zu formieren – das Wort von der «suicide action» ausspricht, ist allen in Bagdad klar, daß die Gefangenen ihrem Leben selbst ein Ende gesetzt haben. Doch auch sie werden später schweigen. Die Mordtheorie ist schließlich ein willkommenes Instrument zur Rekrutierung von Sympathisanten. Sie erlaubt es, die Stammheimer mit der Legende von Märtyrern auszustatten, die im Kampf gegen einen Staat «gefallen» sind, der vor keinem Mittel zurückschreckt.

In Bagdad befinden sich zu diesem Zeitpunkt Mohnhaupt, Boock, Albrecht, von Dyck, Helbing, Krabbe und zeitweilig Wackernagel und Schneider. Eines Tages erhalten die Mitglieder der RAF in ihrem Haus in Bagdad, das mittlerweile eine gut funktionierende Fälscherwerkstatt geworden ist, Besuch von einer deutschen Frau, die aber nur zu einigen der Gruppenmitglieder, zu Brigitte Mohnhaupt und Peter Jürgen Boock, Kontakt haben darf, von den anderen aber sorgsam ferngehalten wird. Diese Frau lebt seit einiger Zeit im Nahen Osten, wo sie als Nahtstellenperson zwischen der palästinensischen Volksbefreiungsbewegung PFLP und der RAF eine exponierte Rolle einnimmt. Sie ist verheiratet mit dem militärischen Führer der PFLP/Special Command, Zaki Helou. Die «Schöne Frau», wie sie im RAF-Jargon ironisch genannt wird, ist den bundesdeutschen und ausländischen Geheimdiensten wohlbekannt. Sie kennt das terroristische Umfeld der Rote Armee Fraktion durch ihr Engagement in Unterstützungskreisen in der Bundesrepublik. Nach ihrer Heirat und Übersiedlung in den arabischen Raum wird sie zu einer der bedeutendsten Kontaktpersonen zwischen den Palästinensern und der RAF. Ein Leckerbissen für die Geheimdienste dieser Welt. Doch angeblich – nach Aussagen der bundesdeutschen Dienste – gelingt es niemandem, die «Schöne Frau» zu einer Quelle umzufunktionieren. Die besagte Dame, die heute wieder unter ihrem bürgerlichen Namen in der Bundesrepublik lebt, avanciert zu einer der Schlüsselfiguren für die weitere Entwicklung der RAF-

Stasi-Connection. Sie wird noch häufig auf weiteren Etappen der Geschichte der RAF auftauchen.

Die Gruppenmitglieder um Mohnhaupt und Boock bleiben auch nach den Tagen von Mogadischu und Stammheim noch einige Wochen in Bagdad, wo in dieser Zeit auch eine militärische Ausbildung an leichten Waffen mit einigen Gruppenmitgliedern durchgeführt wird, ehe diese nach Europa zurückkehren.

Die direkt an der Bewachung und Ermordung Schleyers Beteiligten halten sich währenddessen vorwiegend in Frankreich oder Belgien auf. Einige Zeit später werden die Interviewbänder, die die Bewacher Schleyers mit ihm während seiner Zeit im Erftstädter «Volksgefängnis» aufgenommen haben, aus den Erddepots geholt. Sie sollen abgeschrieben werden, um ihren Inhalt propagandistisch ausschlachten zu können. Silke Maier-Witt erhält diesen Auftrag und ist entsetzt über Form und Inhalt der Gespräche. Als naiv und die Gruppe bloßstellend bezeichnet sie die Aufnahmen. Ihre Veröffentlichung werde die Gruppe blamieren, beschwört sie ihre Genossen, die daraufhin das Unternehmen abbrechen. Noch mehr entsetzt Silke Maier-Witt aber die Tatsache, daß ausgerechnet Klar und Speitel, die an ihrem schwäbischen Akzent leicht zu identifizieren sind, einen Teil dieser Gespräche geführt haben.

In diesen Tagen, Ende 1977, sind die Mitglieder der RAF, über drei oder vier Länder verteilt, ihrer Perspektive beraubt. Rache für die Toten von Stammheim ist der einzige Ansatzpunkt für ein Weitermachen. Eine Strategie gibt es nicht. Statt dessen schlägt sich die Gruppe mit einem Problem herum, das gar nichts mit dem antiimperialistischen Kampf gegen einen imaginären Weltfeind zu tun hat. Das Problem heißt Peter Jürgen Boock, ein Problem, das bis Mitte des darauffolgenden Jahres acht Gruppenmitglieder ins Gefängnis gebracht haben wird.

Doch auch der Feind auf der anderen Seite hat im Deutschen Herbst verloren. Der Staat hat nicht nachgegeben und steht trotzdem da, wo die RAF ihn haben wollte: an der Wand. Was die Rote Armee Fraktion immer in ihm sehen wollte, durch ihre Aktionen ist er es erst ein Stück weit geworden. Ein fragwürdiges Kontaktsperregesetz, Antiterrorgesetze, ein gigantisch aufgeblähter Ermittlungsapparat und eine innenpolitische Polarisierung waren die Folgen. Der Überwachungsstaat war Ende 1977 in den Augen vieler Realität geworden, und es hat lange gedauert, diesen Eindruck beim Bürger wieder zu relativieren. RAF und Staat bewegten sich in ihrer Vorstellungswelt langsam aufeinander zu. Der technikgläubige und sammelwütige Horst Herold revolutionierte die Kriminalistik. In den Computern «PIOS», «Nadis» und «Inpol» stapelten sich Millionen von Daten von Bürgern und Organisationen. Horst Herolds High-Tech-Fahndung prägt die Methoden der Kriminalisten bis heute. Zu entscheidend mehr Effizienz hat diese Technologisierung letztlich auch kaum geführt: Die Erfolge der Ermittler sind auch in Zukunft meistens noch von Fehlern der Gesuchten oder von Kommissar Zufall abhängig gewesen.

Oder von anderen wachsamen Institutionen.

Der Zerfall der RAF

Das angebliche Darmkarzinom von Peter Jürgen Boock beschäftigt die Gruppe im November 1977 weit mehr als die politische Aufarbeitung des Schleyer-Attentats. Boock benötigt zu dieser Zeit immer größere Mengen Morphium. Christoph Wackernagel und Gert Schneider fliegen Anfang November nach Europa, um Medikamente zu besorgen. Doch sie geraten schnell in das Visier holländischer Zivilfahnder, die eine verdächtige Wohnung in Amsterdam beschatten. Als die beiden am 10. November von einer Telefonzelle aus Kontakt zu anderen Gruppenmitgliedern aufnehmen wollen, sprechen die Beamten sie an. Im nächsten Augenblick ziehen Wackernagel und Schneider ihre Waffen. Es fallen Schüsse, eine Splittergranate explodiert. Sekunden später liegen fünf Schwerverletzte auf dem Gehsteig vor der Telefonzelle: die beiden gesuchten RAF-Mitglieder und drei holländische Fahnder. Wackernagel und Schneider waren die ersten Gruppenmitglieder, die bei dem Versuch, Drogen für Boock zu beschaffen, in die Hände der Polizei fielen.

Mittlerweile hat ein Teil der RAF um Stefan Wisniewski, Rolf Clemens Wagner, Angelika Speitel und dem neu hinzugestoßenen Ralf Friedrich damit begonnen, eine Infrastruktur in Paris aufzubauen: Sie suchen Wohnungen. Später hat die Gruppe neben den konspirativen Wohnungen in der Bundesrepublik und in Belgien bis zu sechs Wohnungen in Paris.

Anfang 1978 fliegt Rolf Heißler dann nach Bagdad und holt Boock, Mohnhaupt, Albrecht, von Dyck und Helbing zurück nach Europa und geht mit ihnen nach Frankreich. Friederike Krabbe bleibt im Nahen Osten, wo sie bis heute lebt. Rolf Heißler erzählt den RAF-Mitgliedern noch im Irak, man habe in Europa diskutiert und hätte endlich eine neue Strategie gefunden, um die Aktion Schleyer erfolgreich zu wiederholen. Es wird an die Entführung eines amerikanischen oder eines deutschen Politikers gedacht, den die Bundesregierung nicht so einfach sterben lassen könne wie damals Schleyer. Ein Opfer, das die Gruppe im Auge hat, ist Hans-Dietrich Genscher.

Doch vorerst sind die Terroristen weiterhin mit der Betreuung ihres angeblich schwerkranken Genossen Boock beschäftigt. Diskussionen um den Zustands Boocks werden von Brigitte Mohnhaupt, Sieglinde Hofmann und Stefan Wisniewski augenblicklich mit dem Hinweis auf angebliche Untersuchungen unterbunden, die sein Krebsleiden bestätigt hätten. Die Gruppe nimmt Kontakt zu Ärzten in Paris auf, die ihr eine Adresse in Südfrankreich nennen. Daraufhin reisen Sieglinde Hofmann und Ralf Friedrich, der als eines der wenigen RAF-Mitglieder gut Französisch spricht, nach St. Jean Luc in der Nähe von

Bayonne. Ein Arzt, der dort eine Lungenfachklinik betreibt, gibt ihnen die benötigten Medikamente. Daraufhin muß Friedrich sich alle zwei bis drei Wochen auf die Reise machen, um Boock das benötigte Dolossal oder Dolantin zu besorgen. Jedesmal zwischen 40 und 50 Ampullen.

Aber auch andere gesuchte Terroristen sind in diesen Wochen als Drogenkuriere unterwegs. So erscheint Silke Maier-Witt plötzlich bei einem Hals-Nasen-Ohren-Arzt in Hamburg, den sie noch aus ihrer Zeit beim «Komitee gegen die Folter an politischen Gefangenen» kennt. Der Arzt weiß sofort, wen er da vor sich hat. Völlig entsetzt und zitternd hört er Silke Maier-Witt die Geschichte über einen schwererkrankten Freund erzählen, der dringend Medikamente benötige. Es ginge ihm wirklich sehr schlecht. Der Arzt zögert, doch schließlich gibt er die gewünschten Arzneien heraus.

Am 21. Januar 1978 wird Christine Kuby in Hamburg bei dem Versuch, Medikamente zu beschaffen, gestellt und verhaftet. Die Gruppe dezimiert sich selbst. Anfang des Jahres ziehen Silke Maier-Witt, Angelika Speitel, Adelheid Schulz, Willy-Peter Stoll und Stefan Wisniewski nach Düsseldorf in die Witzelstraße, wo ein Teil der Gruppe sich schon während der Schleyer-Entführung aufgehalten hatte. Sie wollen mit der Ausspähung Hans-Dietrich Genschers beginnen.

Nach dem Vorfall mit Christine Kuby kommt Wisniewski von einem Besuch aus Paris zurück. Ihm reißt der Geduldsfaden. «Es geht nicht mehr so weiter», verkündet er voller Zorn. «Die Gruppe ist kein Drogenbeschaffungsinstitut, es müssen Aktionen gemacht werden!» – so geben später die Aussteiger bei ihren Vernehmungen nach der Verhaftung zu Protokoll. Ab sofort versucht die RAF beides: Aktionen zu machen, aber wie? Und nebenbei ihren schwerkranken Genossen zu versorgen, der mittlerweile mit Selbstmord droht und sich jeder Untersuchung mit Anfällen oder einer Überdosis Dolantin zu entziehen versucht.

Die Gruppe hat die Situation nicht mehr im Griff. Sie flüchtet sich in blinden Aktionismus. Speitel, Wisniewski und Maier-Witt fahren fast jeden Morgen gegen vier Uhr früh mit dem Zug von Düsseldorf nach Bonn und dann mit der S-Bahn nach Bad Godesberg. Dort steigen sie in den Bus um und fahren zur Kreuzung Am Stadtwald/Freier Weg. Als Spaziergänger oder Berufstätige getarnt, marschieren sie in die Nähe von Genschers Haus, um zu beobachten, ob sich irgendwelche Regelmäßigkeiten in bezug auf ankommende oder abfahrende Fahrzeuge ergeben. Ab und zu ziehen sie sich in einem Waldstück um und laufen als Jogger durch den Wohnbereich. Einer der Hauptakteure bei dieser Ausspähung Genschers ist der Dackelmischling «Rudi Ratlos». Die Gruppe besorgt sich den Hund aus einem Tierheim, damit er die nicht minder ratlosen Terroristen auf ihrem Weg als Spaziergänger begleitet. Das Ganze zieht sich rund sechs Wochen hin, Beschäftigungstherapie, weil die anderen in Paris sowieso nur Ärger mit Boock haben. Die Aktion versandet, «Rudi Ratlos» landet wieder im Tierheim.

Aber auch weniger possierliche Einfälle haben die Frauen und Männer, die noch vor wenigen Wochen die ganze Republik in Atem gehalten haben. Es ist die Zeit der «Blutbaddiskussion», wie Silke Maier-Witt es später nennt. Wisniewski oder Stoll wollen das Haus eines hohen amerikanischen Offiziers überfallen und «einfach alle umlegen». Einige aus der Gruppe sind entsetzt: Das habe nichts mehr mit Gefangenenbefreiung oder RAF-Strategie zu tun. Nach einigen Diskussionen, in denen sich die Abweichler harsche Kritik von denen «mit den Hüten», dem absoluten Führungskern der Aktiven, anhören müssen, ist diese brutale Racheaktion vom Tisch.

Wenig später eskaliert die Situation in Paris. Mit Peter Jürgen Boock soll etwas geschehen, seine Drogensucht ist für die Gruppe mittlerweile untragbar geworden. Die Notwendigkeit, immer größere Mengen Medikamente auf illegalem Wege beschaffen zu müssen, bindet zu viele Energien der RAF. Außerdem ist das Risiko nach den Verhaftungen der letzten Monate nicht mehr kalkulierbar. In Paris entscheidet die Gruppe, daß Boock in ein anderes Land gebracht werden soll, um dort untersucht zu werden. Boock kann sich diesem Beschluß nicht mehr entziehen. Ralf Friedrich besorgt im Auftrag der Gruppe Flugtickets nach Jugoslawien und setzt Fernschreiben nach Bagdad ab. Es soll versucht werden, die Behandlung Boocks in einem arabischen Krankenhaus sicherzustellen. Doch dazu kommt es nicht.

Brigitte Mohnhaupt, Rolf Clemens Wagner und Sieglinde Hofmann machen sich mit Boock auf den Weg nach Jugoslawien. Stefan Wisniewski, der die Verlegung Boocks in ein arabisches Krankenhaus organisieren will, soll den vieren mit Drogennachschub für Boock nach Zagreb hinterherfliegen. Damit bahnt sich für die RAF eine Katastrophe an.

Was niemand ahnt: Zielfahnder des Bundeskriminalamts haben sich an die Fersen Wisniewskis geheftet. Durch einen gestohlenen österreichischen Paß, den er benutzt, sind sie ihm auf die Spur gekommen. Während seiner Reise über die Bundesrepublik und Österreich nach Paris wird Wisniewski unaufhörlich beschattet. Am 11. Mai 1978 will er von Orly aus nach Zagreb fliegen. In diesem Moment schlagen die Beamten des Bundeskriminalamts zu. Sie lassen Wisniewski von der französischen Polizei verhaften. Auch die Spur der Gruppenmitglieder in Jugoslawien haben die deutschen Fahnder verfolgt: Noch am gleichen Tag werden sie von den jugoslawischen Behörden in Haft genommen. Wieder hat die RAF eines ihrer wichtigsten Führungsmitglieder verloren. Es ist das letzte Opfer, das ihnen Boocks Drogensucht abverlangt.

Boock, Mohnhaupt, Hofmann und Wagner werden dann allerdings auf Druck der Palästinenser von den jugoslawischen Behörden nicht ausgeliefert. Sie kommen im November frei, reisen in den Jemen, um sich in einem Lager in der Nähe von Aden erst einmal von dem Schreck der Verhaftung zu erholen.

Die Meldung von der Verhaftung Wisniewskis und der Festnahme der vier Gruppenmitglieder in Jugoslawien ist für die in Paris verbliebenen Aktivisten ein Schock. Sie befürchten, ihre Verstecke könnten hochgehen, da Wisniewski für die Fahrt zum Flughafen ein Taxi benutzt hatte und es für die Polizei ein leichtes sein müßte, über den Taxifahrer den Weg zu ihrer konspirativen Wohnung zurückzuverfolgen. Sie sind wie gelähmt. Die einzigen, die in dieser Situation in der Lage wären, eine Marschroute vorzugeben, befinden sich in der Bundesrepublik.

Bislang hatten immer Wisniewski, Mohnhaupt und Hofmann den Kontakt zwischen den einzelnen Gruppen gehalten. Jetzt müssen die Aktiven in Paris selber ran. Ihre Entschlußunfähigkeit ist so groß, daß sie erst nach einem Telefonat mit Christian Klar und Willy-Peter Stoll in der Lage sind, die extrem gefährlich gewordene Wohnung in Paris zu räumen und in einen anderen Unterschlupf umzuziehen. Klar und Stoll scheinen zu begreifen, daß die Lage für die übriggebliebenen RAF-Mitglieder nahezu apokalyptisch zu werden droht. Sie reisen auf der Stelle nach Paris, um den orientierungslosen Haufen einigermaßen zusammenzuhalten. Sie beschließen, eine «Vollversammlung» der RAF im belgischen Ostende zu organisieren. Alle erreichbaren Mitglieder der Gruppe versammeln sich in einem Ferienhaus am Strand. Sie diskutieren, wie es nach den Verhaftungen weitergehen kann.

Das Ergebnis steht schnell fest: Die Durchführung weiterer Aktionen – an die Entführung eines Nato-Generals wie Alexander Haig wurde damals schon gedacht – ist ohne die Verhafteten, insbesondere ohne Stefan Wisniewski, nicht möglich. Man beschließt, die Gruppe zu teilen: Ein Teil der RAF soll sich darum kümmern, über die vorhandenen Strukturen in Paris und Brüssel internationale Kontakte zu knüpfen, so zum Beispiel zu den «Roten Brigaden» in Italien, die gerade durch die Entführung und Ermordung Aldo Moros für Schlagzeilen gesorgt haben, aber auch durch die Intensivierung der Kontakte zur «Bewegung 2. Juni», der zweiten großen deutschen Terrororganisation.

Der andere Teil der Gruppe soll versuchen, Stefan Wisniewski aus der Justizvollzugsanstalt in Frankenthal zu befreien. Zu dieser Fraktion gehören Christian Klar, Willy-Peter Stoll, Adelheid Schulz und Monika Helbing. Allein die Idee eines solchen Kamikaze-Unternehmens macht die völlig desolate Situation der RAF im Frühsommer 1978 deutlich. Hier wird keine umfangreiche Gefangenenbefreiung mehr geplant, kein politisches Fanal mehr gesetzt durch die Entführung eines hohen Staatsrepräsentanten oder die Freipressung einer großen Gruppe von Aktivisten wie bei Schleyer. Die RAF will und muß die Befreiung eines einzelnen Kämpfers riskieren, um die Funktionsfähigkeit der Untergrundgruppe überhaupt gewährleisten zu können. Ohne ihre strategischen Köpfe ist die RAF hilflos. Kein homogener Zusammenschluß von fanatischen Terroristen, die in der Lage wären, sich zu reorganisieren, sondern ein Haufen, dem ohne die Führung derer «mit den Hüten» jede Orientierung fehlt.

Doch für die Gruppe ist noch ein weiterer Aspekt von großer Bedeutung. Die Aktivisten der RAF spüren auch eine Verpflichtung gegenüber Stefan Wisniewski, Solidarität gegenüber einem Genossen. Wisniewski ist für die Gruppe ein echter «Fighter», ein Kämpfer, dem sie viel zu verdanken hat und der bei den Attentaten auf Buback und Schleyer bewiesen hat, daß man sich auf ihn verlassen kann. Jetzt steht die RAF unter dem Druck, daß sie etwas für ihn tun muß. Es ist das Gefühl, dem Mitstreiter im antiimperialistischen Kampf etwas schuldig zu sein.

Die geplante Befreiung Wisniewskis wird zu einer der größten Pannen und Blamagen der deutschen Ermittlungsbehörden im Kampf gegen die Rote Armee Fraktion. Das Befreiungskommando fährt nach Deutschland und macht Frankfurt zu seinem Hauptstützpunkt. Zunächst ist es notwendig, mit Wisniewski in Kontakt zu treten, um ihn von der geplanten Befreiung zu informieren und mögliche Fluchtwege mit ihm abzusprechen. Zu diesem Zeitpunkt wird Werner Lotze, der zu dieser Zeit noch nicht zum illegalen Kern der RAF gehört, sondern Unterstützerarbeit in einer der zahlreichen Antifa-Gruppen leistet, in das Unternehmen eingebunden. Es geht um die Kommunikation mit dem Gefangenen. Vieles wird über den Schriftverkehr abgewickelt, den Stefan Wisniewskis in Köln lebende Schwester mit ihrem Bruder führt. Sie weiß zwar augenscheinlich nicht, daß er befreit werden soll, nimmt aber bestimmte, für Wisniewski bedeutsame Informationen in ihre Briefe mit auf.

Der Erfindungsreichtum der Gruppe kennt keine Grenzen. Die verwendeten Briefmarken auf der Klebeseite zu beschriften, ist nur einer der Tricks, um sich mit dem Inhaftierten auszutauschen. Weitere Hinweise erhält Wisniewski durch die Übermittlung von Musiktiteln, deren Texte er nur wörtlich zu nehmen braucht. So wird ihm seine bevorstehende Befreiung mit dem Stones-Titel «2000 Lichtjahre von zu Hause» übermittelt. Viel später, als das Bundeskriminalamt ein Depot der RAF findet und seinen Inhalt analysiert, stoßen die Ermittler auch auf einen Kassiber Wisniewskis, in dem er verschiedene Möglichkeiten für seine gewaltsame Befreiung aufzeigt.

Werner Lotze soll in dieser Phase den Kontakt zu Wisniewskis Anwalt Graindorge aus Brüssel herstellen und ihn dazu bringen, bei einem seiner Besuche seinem Mandanten einen bestimmten Satz zu übermitteln. Lotze trifft den Anwalt auf der Fahrt von Brüssel zur JVA Frankenthal im Zug. Er ist skeptisch und mißtrauisch und läßt sich von Lotze seinen Ausweis zeigen. Aber er hört sich an, was Lotze ihm zu sagen hat. In Frankenthal werden die beiden von Mitgliedern der Fantasia-Druckerei in Stuttgart, die ebenfalls zum Kreis der sogenannten legalen Unterstützer der RAF gehört, erwartet. Die Fantasia-Leute bestätigen dem Anwalt, daß es sich bei Lotze um einen zuverlässigen Unterstützer handelt. Damit ist das Mißtrauen Graindorges beseitigt. Er bestätigt Lotze später, Wisniewski bei seinem Besuch in der Haftanstalt eine entsprechende Mitteilung gemacht zu haben. Wisniewski ist also über den Stand der Befreiungsaktion informiert.

In der Zwischenzeit haben Klar, Stoll und Schulz bereits mit den konkreten Vorbereitungen für die Aktion «Familienausflug» begonnen. Aus mehreren Varianten haben sie die Befreiung per Hubschrauber ausgewählt. Gut gekleidet, adrett frisiert, darüber hinaus intelligent und sehr wohl in der Lage, sich anständig zu benehmen, ist es für die drei Top-Terroristen ein leichtes, sich die Legende smarter Jung-Journalisten zuzulegen, die einen Dokumentarfilm drehen wollen. Ausgestattet mit Videokamera, Tonband und allem, was dazugehört, erscheinen sie bei verschiedenen Helikopter-Verleihfirmen und mieten Hubschrauber samt Piloten für Rundflüge in der Umgebung der Justizvollzugsanstalt. Bald ist ihnen ständig ein Fahndungskommando des Bundeskriminalamts auf den Fersen. Jeder ihrer Schritte wird beobachtet.

Als sie bei der Motorflug GmbH in Baden-Baden eine «Bell Jet Ranger» mieten und zu einem Rundflug starten, wundert sich der erfahrene Pilot über die für ein professionelles Team eher dürftige Kameraausrüstung. Außerdem fragen ihn die drei, ob man einen Hubschrauber auch ohne Piloten mieten und selber fliegen könne und ob ein solches Gerät in der Lage sei, auf einem vier mal acht Meter großen Schloßhof zu landen. Der Mann wundert sich zu Recht. Kaum haben die drei sich nach dem Flug verabschiedet, steht die Kriminalpolizei vor seiner Tür. Die Beamten waren schon vorher von einem Hubschraubereigner, dem die reichlich dilettantische Filmarbeit der angeblichen Journalisten ebenfalls aufgefallen war, informiert worden. Inzwischen ist es den Beamten sogar gelungen, herrlich scharfe Fotos ihrer Observationsobjekte zu schießen. Daß es dennoch nicht zur Verhaftung von Klar, Stoll und Schulz kam, hatte nur einen einzigen, aber fraglos entscheidenden Grund: Die Polizisten wußten gar nicht, wen sie da vor sich hatten. Noch heute treibt diese Tatsache den Fahndern in

Wiesbaden die Schamesröte ins Gesicht, sie sprechen von einer taktischen Fehleinschätzung.

In Wirklichkeit war es schlichtweg katastrophale kriminalistische Arbeit. Die Beamten der Observation hatten nämlich uralte Fahndungsfotos von langhaarigen, ungepflegten Hobby-Revoluzzern. Die mittlerweile als Gentleman-Terroristen gestylten Top-Leute der RAF haben sie einfach nicht erkannt. Die Beamten dachten tatsächlich, Unterstützer aus dem legalen Umfeld der RAF vor der Linse zu haben, die etwas ausbaldowern. Also wurde weiter beschattet, denn schließlich sollten die vermuteten Unterstützer die Fahnder bis zum harten Kern der Gruppe führen. Doch der war selbst am Werk und baldowerte derweil vor der Nase der Ermittler aus. Erst als die Fotos auf dem schon immer etwas längeren Dienstweg in Wiesbaden entwickelt worden waren, erkannten die Beamten, wen sie da tatsächlich vor sich hatten. Das Entsetzen war groß. Plötzlich hatten die Fahnder es mehr als eilig, die konspirative Wohnung in Mannheim aufzusuchen, die Ausgangsspunkte der Observationen gewesen war. Doch die Wohnung war längst geräumt, als die Beamten dort auftauchten. Durch das offensichtliche Mißtrauen eines Hubschrauber-Piloten erschreckt, hatten Klar, Schulz und Stoll das Weite gesucht. Die Aktion «Familienausflug» war gescheitert.

Nach der Aktion «Familienausflug», bei der er seine Zuverlässigkeit unter Beweis gestellt hat, geht Werner Lotze in den Untergrund. Er trifft sich in Koblenz mit Christian Klar und Monika Helbing und spricht mit ihnen über seine Zukunft. Die Gruppe benötigt eine Wohnung im Ruhrgebiet. Die soll Werner Lotze noch als Legaler anmieten, dann steht seinem Weg in die Illegalität nichts mehr im Wege. Noch ist Lotze ein Sympathisant. Wenige Wochen später ist er ein Mörder.

Zunächst erhält er in Koblenz von der Gruppe eine größere Summe Geld und einen gefälschten Paß. Ein Paßbild hat er schon bei einem der früheren Treffen abgegeben. Mit diesem

Ausweis mietet er dann am 20. Juli 1978 auf eine Zeitungsannonce hin eine Wohnung in Dortmund an, in der sich in der Folgezeit viele RAF-Mitglieder aufhalten. Lotze löst nach dieser Anmietung seine eigene Wohnung auf und trifft sich mit einigen, die bereits im Untergrund leben. Der Termin seines endgültigen Abtauchens soll Anfang August sein. An diesem Tag fährt er auf Schleichwegen nach Neuss und verbrennt unterwegs auf einem Feld seine persönlichen Papiere. Mit öffentlichen Verkehrsmitteln fährt er von dort nach Essen, wo er an einer S-Bahn-Haltestelle Monika Helbing trifft. Sie übergibt ihm von der Gruppe eine Waffe. Jetzt ist Werner Lotze Mitglied der RAF, er hat sich dem bewaffneten Kampf im Untergrund angeschlossen.

Die Wohnung in Dortmund ist für die Gruppe Ausgangspunkt für einen geplanten Einbruch in einem Steinbruch bei Hagen. Dort soll das Sprengstofflager ausgeräumt werden. Lotze besorgt das entsprechende Werkzeug und macht gemeinsam mit Michael Knoll die notwendigen Ausspähungen. Kurz vor dem geplanten Überfall auf das Sprengstofflager erreicht die Gruppenmitglieder dann allerdings die nächste Hiobsbotschaft.

Am 6. September 1978 hält sich Willy-Peter Stoll mit anderen Mitgliedern der Gruppe in der konspirativen Wohnung in der Düsseldorfer Augustastraße auf. Als ihm die Decke auf den Kopf fällt, macht er sich allein auf den Weg in die Stadt. Der 28jährige Steuer- und Revisionsassistent aus Stuttgart gehört mittlerweile zu den Terroristen, die zu den gefährlichsten der Bundesrepublik gezählt werden. Er hat das hinter sich, was oft als die typische Terroristenkarriere bezeichnet wird. Ende der sechziger Jahre faszinieren ihn die Studentenproteste in allen großen deutschen Städten. Er wird zur Bundeswehr eingezogen, verweigert aber in der Kaserne den Wehrdienst und kämpft von dort aus um seine Anerkennung als Kriegsdienstverweigerer. Nach dem Wehrdienst strebt er den Beruf des Steuerberaters an. Doch dann geht er den Weg vieler, die später in die Illegalität abdriften: Er gerät Anfang der siebziger

Jahre in die Kreise des Stuttgarter RAF-Anwalts Klaus Crois-sant, der später selbst abtaucht und dann verhaftet und verur-teilt wird. Stoll engagiert sich im «Komitee gegen die Folter an politischen Gefangenen». Während des Stammheimer Prozes-ses entstehen in vielen deutschen Städten solche Komitees. Auch Susanne Albrecht, Silke Maier-Witt und andere haben ihre Laufbahn in den «Folter-Komitees» begonnen. 1974 be-setzt Stoll zusammen mit Schulz, Klar, Folkerts und Sonnen-berg das Hamburger Büro von «amnesty international», weil diese Organisation sich nicht für die Stammheimer Gefangenen einsetzt.

1977 ist Stoll dann in der Illegalität. Er kauft Waffen, besorgt im Hamburger Wirtschaftsarchiv Informationen über den Ban-kier Jürgen Ponto und Arbeitgeberpräsident Hanns Martin Schleyer und ist später bei der Aktion «Spindy» dabei.

Am 6. September 1978, fast genau ein Jahr nach der Entfüh-rung des Arbeitgeberpräsidenten, will Willy-Peter Stoll chine-sisch essen gehen. Er ist allein unterwegs und wählt das «Shanghai» in der Düsseldorfer Oststraße 156. Das Restaurant ist an diesem Abend so gut wie leer. Stoll bestellt Hummer-krabben und Altbier und liest in einem Buch. Außer den Kell-nern und zwei Gästen ist niemand in dem Lokal, bis eine Frau hereinkommt und Essen zum Mitnehmen bestellt. Ihr kommt der sportlich aussehende junge Mann bekannt vor. Sie fährt zur Polizei und identifiziert Stoll.

Von dem Großeinsatz, der jetzt anläuft, bekommt Stoll nichts mit. Die Polizei schirmt das Restaurant weiträumig ab und beobachtet zunächst. Dann betreten zwei junge Beamte in Zivil das Lokal. Sie setzen sich Stoll schräg gegenüber und be-stellen zwei Cola. Als der Ober zurückkommt, steht einer der beiden vor Stoll.

«Hände hoch! Polizei!» Der Beamte hat seine Pistole gezo-gen und richtet sie auf Stoll. In diesem Moment greift Stoll zur Waffe. Sekunden später sackt er von vier Kugeln getroffen auf seinem Stuhl zusammen. Wenige Minuten danach ist ein großer Teil der Oststraße für den Verkehr gesperrt. Stoll wird ins Krankenhaus gebracht. Doch jede Hilfe kommt zu spät: Um 19.40 Uhr stellen die Ärzte im Operationssaal seinen Tod fest. Die Nachricht vom Tod Willy-Peter Stolls erreicht die Gruppe mitten in den Vorbereitungen zum Einbruch in das Sprengstofflager bei Hagen. Wieder hat die RAF eines ihrer führenden Mitglieder verloren. Ein weiteres Mal ist der Tod eines Terroristen ein Zufallserfolg für die Fahnder, nachdem sie Stoll genau einen Monat zuvor im Zusammenhang mit der geplanten Befreiung Wisniewskis zwar vor die Kamera, nicht aber in die Hände bekommen hatten.

Nach seiner Erschießung fahren Angelika Speitel und Michael Knoll sofort nach Düsseldorf, um die konspirative Wohnung in der Augustastraße zu räumen und zu säubern. In der Gruppe gibt es erhebliche Diskussionen über den Zustand der RAF, der nur als chaotisch bezeichnet werden kann. Ein Sündenbock ist für die Gruppe schnell gefunden: Susanne Albrecht wird für viele Unstimmigkeiten innerhalb der RAF verantwortlich gemacht. Schulz und Speitel werfen ihr vor, mittelbar am Tod Stolls schuld zu haben, da sie durch ihr Verhalten seine Reaktion mitverursacht habe. Sie habe die Trennung vom Bürgerlichen nicht vollzogen, lautet der Hauptvorwurf. Sie habe sich nicht völlig in die Gruppe integriert, trage die Entscheidungen und Strategien nicht aktiv mit, drücke sich vor Aktionen. Sinnlose Diskussionen und Vorwürfe zu einer Zeit, als die RAF weder zu Entscheidungen noch Strategien fähig ist.

Auf jeden Fall aber soll der Einbruch in das Sprengstoffdepot durchgezogen werden. Der Plan ist fertig, und die Aktion soll in der Nacht ablaufen. Als letzte Vorbereitung planen Lotze, Speitel und Knoll ein Übungsschießen an einer Stelle, die sie bei den Ausspähungen gefunden haben. Es ist erst das zweite Übungsschießen von Werner Lotze, seit er in die Illegalität gegangen ist und eine Waffe bekommen hat. Die drei packen am 24. September 1978 ihre Waffen ein und machen sich mit öffentlichen Verkehrsmitteln auf den Weg zu ihrem Übungsplatz, einem kleinen, lichten Wäldchen an der Hellerstraße im Dortmunder Stadtteil Kirchhörde, sowohl an einer Autobahn wie an einer Bahnlinie gelegen.

Sie haben vorher abgecheckt, daß es in der Nähe keine Häuser gibt und sie während der Schießübungen mit einem hohen Lärmpegel durch vorbeifahrende Autos und Züge rechnen können. Als Zielscheibe befestigen sie eine Zeitung an einem Baum und beginnen mit der Übung. Jeder hat zwei Magazine beziehungsweise Trommeln für die Pistolen oder Revolver dabei. Die Schüsse fallen kurz hintereinander, und sie werden trotz des Lärms auf der Autobahn gehört. Knoll, Speitel und Lotze haben das Schießen beendet, laden ihre Waffen nach und wollen sie gerade wegpacken, als sie zwei Polizeibeamte auf sich zukommen sehen. Es sind der 45jährige Polizeihauptmeister Otto Schneider und sein 25 Jahre alter Kollege und Polizeimeister Hans-Wilhelm Hansen. Hansen hat eine Maschinenpistole in der Hand, Schneider seine Pistole. Er richtet sie auf Angelika Speitel, fordert sie auf, die Hände zu heben, und zieht sie weg von Lotze und Knoll. Der jüngere Polizeibeamte steht in der Nähe, zwischen Lotze und Knoll. Die drei Terroristen haben ihre Waffen schon wieder weggesteckt. Sie wissen nicht, was sie tun sollen. Die Katastrophe bahnt sich an, alles geht rasend schnell. Michael Knoll springt nach vorne, Lotze steht genau hinter Hans-Wilhelm Hansen. Er glaubt, das Entsichern einer Waffe zu hören, zieht schnell seine eigene und zielt aus nächster Nähe auf den Rücken des jungen Polizeibeamten. Es fallen noch mehrere Schüsse, der genaue Verlauf ist hinterher nicht mehr zu rekonstruieren. Sicher ist, daß auch Angelika Speitel geschossen hat. Sie selbst wird am Bein getroffen, Polizeihauptmeister Schneider am Oberschenkel und im Gesäß. Er sagt später im Prozeß aus, er habe kurz das Bewußtsein verloren und dann bemerkt, wie eine Frau, es war Angelika Speitel, nach unten, das heißt auf ihn, schoß. Wieder verliert er das Bewußtsein. Als er erneut aufwacht, sieht er eine Gruppe von

64

drei Personen, die sich unterhält. Er entsichert seine Waffe und feuert das Magazin in die Gruppe. Danach sei Ruhe gewesen. Möglich ist dieser Ablauf, obwohl er in einigem den Aussagen der Beteiligten widerspricht.

Michael Knoll wird von mehreren Kugeln in Lunge und Leber getroffen. Er stirbt 14 Tage später im Krankenhaus. Der junge Polizeimeister Hans-Wilhelm Hansen stirbt durch Schüsse in Kopf und Rücken. Angelika Speitel wird verhaftet und ein Jahr später zu lebenslanger Haft verurteilt, 1989 jedoch von Bundespräsident Richard von Weizsäcker begnadigt. Werner Lotze kann nach der Schießerei mit der Polizei unerkannt entkommen. Nach seiner Darstellung müssen die tödlichen Schüsse auf Michael Knoll nach seiner Flucht gefallen sein. Wer Hansen in den Kopf geschossen hat, ist nicht zu klären. Er habe sich bei seiner Flucht nach wenigen Metern erneut auf den Boden geworfen, so sagt Lotze später aus, weil er einen weiteren Polizeibeamten auf die Waldlichtung zukommen sah. Lotze rennt über Bahngleise und entflieht entlang der Autobahn. In einem Waldstück lädt er erneut seine Waffe, bevor er seine Flucht fortsetzt. Er hört weitere Schüsse. Er gelangt irgendwie zum Ruhr-Höhenweg und von da nach Wetter. Auf seiner Flucht sieht er eine Menge Spaziergänger. Einigen fällt der gehetzte Mann auch auf. Außerdem bemerkt Lotze einen Hubschrauber, der über den Ortschaften kreist und Lautsprecherdurchsagen macht, die er aber nicht verstehen kann. Er fährt über Hagen nach Siegen und verbringt dort die Nacht, unter Büschen versteckt, vor den Toren der Stadt. Am nächsten Morgen flüchtet er weiter nach Gießen und dann nach Würzburg, wo er in einer konspirativen Wohnung, die die Gruppe dort besitzt, erst einmal durchatmen kann.

Die Maxime von Andreas Baader: «Eine Erfolgsmeldung über uns kann nur lauten: verhaftet oder tot», war wieder einmal schreckliche Realität geworden. Diesmal fiel ein junger Polizeibeamter der RAF-Strategie des rücksichtslosen Schußwaffengebrauchs zum Opfer. Es sollte in diesem Jahr nicht der letzte bleiben. Und das hatte auch Auswirkungen auf das Verhalten der Polizeibeamten bei Verhaftungen. In Zukunft würden die Beamten lieber einmal weniger fragen und dafür einmal schneller schießen. Jeder Polizeibeamte wußte, daß er bei einem Zusammentreffen mit RAF-Terroristen in akuter Lebensgefahr schwebte.

Folkerts, Wackernagel, Schneider, Kuby, Wisniewski, Mohnhaupt, Boock, Wagner, Speitel wurden in den letzten zwölf Monaten verhaftet, Stoll und Knoll erschossen. Am Ausgang des Jahres 1978, ein Jahr nach dem heißen Herbst in Deutschland, war die RAF am Ende.

Das Trojanische Pferd der Stasi

Inge Viett und die «Bewegung 2. Juni»

Nach den Ereignissen des Jahres 1978 befindet sich die Gruppe psychisch, körperlich und politisch in einer desolaten Lage. Sie führt dazu, daß ein Teil der noch in Freiheit lebenden RAF-Mitglieder beginnt, sich innerlich von der Gruppe zu lösen. Und der andere Teil begreift, daß die RAF ohne wirksame materielle und logistische Unterstützung von außen nicht mehr überlebensfähig ist. Im gleichen Jahr bahnen sich Kontakte zur «Bewegung 2. Juni» an, die bis dahin lediglich losen Kontakt zur RAF pflegt: Zu unterschiedlich sind die Wurzeln und Ziele der beiden Terrororganisationen, die schon zu Zeiten eines Baader oder einer Meinhof nicht miteinander zurechtgekommen waren.

Im Sommer 1978 gibt es dann erste Versuche einer Zusammenarbeit. Die RAF braucht Geld und der «2. Juni» hat davon seit der geglückten Entführung und Erpressung des österreichischen Industriellen Palmers mehr als genug. Silke Maier-Witt begibt sich mit Mitgliedern der vornehmlich aus Frauen bestehenden Gruppe nach Jugoslawien, um ein Gelddepot zu suchen. Doch die Frauen finden das Depot der «Bewegung 2. Juni» nicht. Silke Maier-Witt kann sich des Eindrucks nicht erwehren, daß es auch gar nicht gefunden werden soll – eine der Ungereimtheiten in der Zusammenarbeit zwischen RAF und «2. Juni», von denen es noch eine Menge geben sollte, auch nach der Vereinigung der beiden Terrorgruppen 1979.

Die «Bewegung 2. Juni» hat sich nach dem Todestag des Studenten Benno Ohnesorg benannt, der am 2. Juni 1967 während einer Demonstration gegen den Schah in Berlin von einem Polizisten erschossen wurde. Die Gruppierung, die sich kurz darauf bildet, versteht sich nicht als militante Terror-Avantgarde, die im bewaffneten Kampf ihr eigenes und das Heil der ganzen Welt sucht. Die Aktionen des «2. Juni» sollen sich vielmehr an der Basis orientieren und für die Massen verständlich und nachvollziehbar bleiben. Sie sollen sich am erfahrbaren Lebensbereich derjenigen ausrichten, für die sie gemacht werden. Deshalb wollte sich die «Bewegung 2. Juni» vom ideologisch überfrachteten Marxismus-Maoismus-Konzept der Waffennarren von der Rote Armee Fraktion absetzen. Doch das spontaneistisch-libertäre Selbstverständnis fällt alsbald der Eigendynamik der Gruppe und den sich polarisierenden innenpolitischen Verhältnissen zum Opfer. Die Radikalisierung zu Beginn der siebziger Jahre geht auch am «2. Juni» nicht vorbei. Viele Mitglieder sitzen in Haft, andere werden gesucht. Michael «Bommi» Baumann, der gerade zwei Jahre im Gefängnis verbracht hat, wird 1971 bei einer Großfahndung der Polizei zusammen mit seinem besten Freund – Georg von Rauch, einem der Köpfe der Gruppe – gestellt. Baumann kann fliehen. Von Rauch wird bei dem folgenden Schußwechsel mit der Polizei getötet.

Am 10. Juni 1974 versucht ein Kommando des «2.«Juni», den Berliner Kammergerichtspräsidenten von Drenkmann zu entführen. Der Plan mißlingt, von Drenkmann wird bei dem Handgemenge erschossen. Die RAF-Gefangenen im Stammheimer Hochsicherheitstrakt verfassen eine Erklärung und solidarisieren sich.

Am 27. Februar 1975 erschüttert die Entführung des Berliner CDU-Vorsitzenden Peter Lorenz das Land: Diesmal gelingt der Coup. Im Austausch gegen Lorenz werden die Terroristen Verena Becker, Gabriele Kröcher-Tiedemann, Ingrid Siepmann, Rolf Heißler und Rolf Pohle freigelassen und nach Aden ausgeflogen. Die Freilassung von RAF-Mitgliedern aus Stuttgart wird nicht gefordert. In einer Erklärung heißt es, zur Zeit sei der «2.«Juni» dazu nicht stark genug. Erfolgreicher als die RAF ist die Bewegung zu dieser Zeit allemal.

Am 10. September 1975 werden die mutmaßlichen Lorenz-Entführer Inge Viett, Juliane Plambeck und Ralf Reinders gefaßt. Inge Viett war 1972 schon einmal gestellt und in Untersuchungshaft genommen worden, kurz nach einem Anschlag auf den britischen Yacht-Club in Berlin-Gatow am 2. Februar 1972, bei dem ein Bootsbauer ums Leben kam und mehrere Menschen schwer verletzt wurden. Doch ein Jahr später gelang ihr die Flucht aus dem Gefängnis. In der Folgezeit wurde sie für alles, was in Deutschland an terroristischen Gewaltakten verübt wurde, verantwortlich gemacht. Der Mord an dem Berliner Kammergerichtspräsidenten von Drenkmann, die Entführung des Berliner CDU-Vorsitzenden Lorenz, die Morde an Siegfried Buback, Jürgen Ponto und Hanns Martin Schleyer, die Entführung des Wiener Industriellen Walter Michael Palmers: Jedesmal vermuten die Fahnder Inge Viett unter den Tätern. Die «Honda-Lady», so betitelt sie die Presse aufgrund ihrer Vorliebe für schnelle Motorräder. «Sie schießt sofort», so charakterisieren Fahnder und Journalisten die «Top-Terroristin».

Die meisten dieser Vorwürfe werden sich später als haltlos erweisen, sie entspringen der Ahnungslosigkeit deutscher Ermittlungsbehörden, denen es in den siebziger Jahren, aber auch noch später, zur lieben Gewohnheit wird, bekannte Gesichter aus dem Terrorismus für alles mögliche zur Fahndung auszuschreiben. Dabei scheint es weniger entscheidend gewesen zu sein, ob es dafür nun konkrete Anhaltspunkte gab oder nicht. Sicher ist nur, daß die bald zu den gefährlichsten Terroristen der Republik gezählte Inge Viett eine Meisterin darin ist, sich und andere aus den unangenehmen Bedingungen deutscher Untersuchungsgefängnisse zu befreien. Denn auch nach ihrer Festnahme am 9. September 1975 gelingt es den Behörden nicht, sie mit anderen wegen der Lorenz-Entführung vor Gericht zu stellen. Am 7. Juli 1976 fesselt Inge Viett gemeinsam mit Juliane Plambeck, Gabriele Rollnick und Monika Berberich zwei Gefängnisbeamte und seilt sich in alter Spielfilmmanier mit Bettlaken aus vorher durchgesägten Gitterfenstern der Frauenhaftanstalt in der Berliner Lehrter Straße ab. Was in der Rückschau eher wie ein possenhaftes Husarenstück anmutet, empfindet die Republik 1976 als ganz und gar nicht witzig. In der Bundesrepublik herrscht an diesem Tag Großalarm. Der Berliner FDP-Justizsenator Hermann Oxfort stürzt über die erfolgreichen Ausbrecherinnen. Er muß seinen Hut nehmen. Besonders peinlich ist die Tatsache, daß kurz vor der erfolgreichen Flucht von Inge Viett und Genossinnen dem Berliner Senat eine Analyse über die äußerst mangelhaften Sicherheitsbedingungen in diesem Gefängnis vorgelegt worden war. Von nicht vergitterten Fenstern in dieser Verwahranstalt ist die Rede, von bröckeligem Mauerwerk, aus dem Gitterstäbe ohne größere Kraftanstrengung herausgebrochen werden können und von toten Winkeln, die von den überall installierten Kameras nicht erfaßt werden können. Es sind ausgerechnet diese Schwachpunkte, die von den fliehenden Terroristinnen erbarmungslos ausgenutzt werden. Stimmen, die vermuteten, daß dort ein Zusammenhang bestanden haben muß, sind nie verstummt. Auch heute läßt sich trefflich darüber spekulieren, daß es für die schon damals allgegenwärtigen Schnüffler der Staatssicherheit der DDR ein leichtes gewesen sein dürfte, in den Besitz der Senats-Analyse zu gelangen und dann der Genossin Viett die Flucht zu ermöglichen. Über die Gründe der Stasi, vier einsitzenden Terroristinnen einen solchen Gefallen zu erweisen, läßt sich auch in Zukunft noch trefflich spekulieren. Denn augenscheinlich fängt Inge Viett zu dieser Zeit an, eine Rolle zu spielen, die sich für sie im Laufe der Jahre zu einer regelrechten Hauptrolle entwickelt: die Connection zwischen Stasi und RAF herzustellen.

Ihr Lebenslauf ist eher abweichend von dem anderer Genossen der Terrorszene. Die 1944 im schleswig-holsteinischen Stemwarde, vor den Toren Hamburgs, geborene Inge Viett ist ein uneheliches Kind mit sieben Halbgeschwistern. Bereits mit zwei Jahren beginnt in einem Waisenhaus das, was Soziologen später euphemistisch eine «Heimkarriere» nennen. Realistischer gesehen ist es in den Nachkriegs- und Wiederaufbaujahren wohl eher ein Elendstrip. Dennoch fällt Inge Viett zunächst durch eines auf: überdurchschnittliche Leistungen in der Volksschule. Sie absolviert ebenso erfolgreich eine Kinderpflegerinnenschule und strebt dann ihr Berufsziel Gymnastik- und Ballettlehrerin an. Doch diese Ausbildung wird sie nicht mehr beenden. Ihre Aufsässigkeit zwingt sie abzubrechen. Zum erstenmal kommt ein Wesenszug zum Vorschein, der in allen Beschreibungen über sie einen breiten Raum einnimmt: Sie sei starrsinnig, eigenbrötlerisch, nicht bereit, sich unterzuordnen – Eigenschaften, die im Widerspruch standen zu der Forderung nach fast sklavischer Unterordnung unter Gruppendisziplin und Hierarchien, die in der Rote Armee Fraktion und anderen terroristischen Vereinigungen die Regel sind. Hieraus erklärt sich möglicherweise aber auch die Sonderrolle, die Inge Viett in späteren Jahren, unbemerkt von allen Ermittlern, spielen sollte.

Ihr Weg in den Terrorismus hingegen ist exemplarisch. Nach Jobs im Hamburger Rotlichtviertel, in einer Druckerei und als Hausangestellte kommt sie schließlich nach Düsseldorf. Dort macht sie die Bekanntschaft von zwei Fotografinnen, denen sie nach Berlin folgt. Das Leben dort sei spannender, farbiger, aufregender. Sie engagiert sich politisch und schließt sich der sogenannten «Schwarzen Hilfe» an, die die Betreuung inhaftierter Terroristen organisiert. Susanne Albrecht, Silke Maier-Witt, Werner Lotze und Sigrid Sternebeck: fast die gesamte Nachfolgegeneration der Baaders und Ensslins ist diesen Weg gegangen, ohne daß der Staat, den sie irgendwann anfingen zu hassen, dies erkannt und mit geeigneten Mitteln dagegengesteuert hätte.

Ein Mann namens Harry

Im Frühjahr 1978 kommt dann der Tag, an dem nach heutigem offiziellem Kenntnisstand die Rätsel um Inge Viett beginnen und an dem spätestens der Grundstein zur späteren RAF-Stasi-Conncetion gelegt wird. Auf einer ihrer Reisen für die «Bewegung 2. Juni» kommt Inge Viett auf dem Ostberliner Flughafen Schönefeld an. Als sie die Paßkontrollen passieren will, wird sie von den Beamten des Zolls angehalten. Sie ist bewaffnet. Inge Viett gibt sich zu erkennen und bittet, mit einem höhergestellten Beamten der DDR-Staatsorgane reden zu können. Den Grenzern wird schnell klar, daß es sich hier um einen Fall für die Staatssicherheit handelt. Sofort wird das Ministerium informiert, und innerhalb kürzester Zeit erscheint ein Stasi-Offizier am Flughafen. Doch nicht irgendeiner, sondern Oberst Harry Dahl, Leiter der Abteilung XXII/Terrorabwehr des Ministeriums für Staatssicherheit.

Die Abteilung XXII entstand 1973 anläßlich der Weltfestspiele der Jugend in Ost-Berlin, damals noch in Form einer Arbeitsgruppe innerhalb des Ministeriums für Staatssicherheit. In den Rang einer eigenständigen Hauptabteilung wurde sie erst in der zweiten Hälfte der achtziger Jahre erhoben. 1973 waren die Vorkommnisse bei den Olympischen Spielen des Vorjahres in München noch in aller Munde. Der Überfall auf die israelische Mannschaft im olympischen Dorf und das anschließende Massaker hatten die Gefahr von Anschlägen bei derartigen Großveranstaltungen schlagartig ins Bewußtsein der Öffentlichkeit gerückt. Auch bei den Weltjugendspielen in Ost-Berlin mit ihren internationalen Delegationen rechnete die DDR-Führung mit der Möglichkeit terroristischer Angriffe und richtete eine Arbeitsgruppe ein, die solche Vorkommnisse verhindern sollte. Die Abteilung XXII war, Behörden- und DDR-üblich, in weitere acht Referate unterteilt. So zum Beispiel Unterabteilungen für Linksextremismus, Rechtsextremismus, internationalen Terrorismus, rückwärtige Dienste, Finanzen,

Kader und Auswertung. In der offiziellen Ideologie der Staatssicherheit diente die Abteilung XXII dem Schutz des eigenen Staates vor terroristischen Nachahmungstaten auf dem Gebiet der DDR. Alles über den Terrorismus zu wissen, seine Strukturen und Handlungsweisen zu verstehen, seine Mitglieder zu kennen – das sollte die DDR in die Lage versetzen, dem Terrorismus im Ernstfall zu begegnen. Ob die Mitglieder der Abteilung XXII wirklich an diese hehre Aufgabenstellung geglaubt haben, ist zu bezweifeln. An die Möglichkeit, daß bundesdeutsche Linksextremisten mit ihrer marxistisch-maoistischen, auf jeden Fall jedoch antikapitalistischen Ideologie Terroranschläge gegen die DDR verüben könnten, dürfte auch der von zwanghafter Paranoia geplagte Geheimdienstchef Mielke kaum geglaubt haben.

Der damalige Generalmajor Dr. Gerhard Neiber, Nachfolger von Bruno Beater als Stellvertreter des allmächtigen Mielke und zuständiger Hauptabteilungsleiter, läßt auf einer Tagung mit den Kollegen der sogenannten Bruderorgane in Prag im April 1979 die wahren Motive durchscheinen. Als Leiter einer Delegation des MfS, die den osteuropäischen Geheimdiensten bei der Terrorabwehr sachkundig unter die Arme greifen sollte, formulierte er die Einsicht: «Uns allen ist bekannt, daß der Terrorismus als Kampfform zur Verfolgung politischer Ziele dem Marxismus-Leninismus zutiefst wesensfremd ist. Seine Zunahme in einer Vielzahl nichtsozialistischer Staaten betrachten wir als konkreten Ausdruck der Vertiefung der allgemeinen Krise des Kapitalismus, der Ausweglosigkeit des Ausbeutersystems, insbesondere seiner Unfähigkeit, den Menschen einen Weg in die Zukunft zu weisen.»

Die Verdammung des Terrorismus durch den DDR-Stasi-General muß die anwesenden Geheimdienstler aus Ungarn, der Tschechoslowakei und Bulgarien zu heimlichen Heiterkeitsstürmen hingerissen haben, gehörten doch so harmlose Zeitgenossen wie Iljitsch Ramirez Sanchez, genannt Carlos, zu ihren Durchreisenden und Gästen. Auch in der DDR hatte der gebürtige Venezolaner, einer der meistgesuchten Terroristen der Welt, eine ständige Basis. Neiber ließ über ihn und seine zum Teil deutschen Genossen eine Akte führen. Der Operativvorgang «Separat», wie die Betreuung der Carlos-Gruppe hinterlistig genannt wurde, ist ein Paradebeispiel für den Umgang der DDR mit dem Terrorismus und sollte später einem der beteiligten Offiziere einen Haftbefehl der Bundesrepublik wegen Beihilfe zum Mord einbringen.

Neiber verfügte also über genügend Erfahrungswerte, als er die osteuropäischen Bruderorgane im Umgang mit dem Terror unterwies. Seine Analyse beweist, daß die DDR bereits vor 1979 intensive Kontakte zur westdeutschen Stadtguerilla gepflegt haben muß: «Wir sind bestrebt, politisch und operativ gut durchdachte, alle möglichen Auswirkungen berücksichtigende Entscheidungen zu treffen, um den Eintritt politischen Schadens für die DDR und unsere Bruderstaaten zu vermeiden. Davon wird beispielsweise auch unser Vorgehen bestimmt, wenn im grenzüberschreitenden Reiseverkehr und auf dem Territorium der DDR Personen aus nichtsozialistischen Ländern erkannt werden, die von westlichen Organen verdächtigt werden, an terroristischen Handlungen teilgenommen zu haben bzw. entsprechenden Organisationen oder Gruppierungen anzugehören.»

Der feine General und seine Zuhörer wußten genau, worüber sie redeten. Der terroristische Grenzverkehr gehörte zu den beinahe alltäglichen Erscheinungen im real konspirierenden Sozialismus. Die destabilisierende Wirkung von Terror und Gewalt bei den Feinden jenseits des antiimperialistischen Schutzwalls war etwas, was Honecker und Mielke mit Wohlgefallen beobachteten. Keinesfalls hielten sie es für geboten, einem Rat Neibers zu folgen, den dieser ihnen in Prag gab. Er befürwortete Einreiseverbote durch alle sozialistischen Staaten für bestimmte Mitglieder des Terrorismus. Es hat in der DDR nur einmal ein solches formelles Einreiseverbot gegeben: Carlos benahm sich bei seinen Erholungsstopps in Ostberliner Nobelhotels immer häufiger daneben. Wenn er nicht bombend durch die Welt reiste, stimmte es ihn mehr als fröhlich, sich von Liebesagentinnen der Stasi den stolzen Kamm bürsten zu lassen und sich bei ausschweifenden Rotkäppchensekt-Orgien zu amüsieren. Dabei benahm er sich alles andere als zurückhaltend. Der gewalttätige Großkotz mit deutscher Frau und deutschem Stellvertreter wurde für die Behörden der DDR und anderer osteuropäischer Staaten immer mehr zum Sicherheitsrisiko. Sie wiesen ihn 1984 aus und erteilten ihm und seiner Gruppe Einreiseverbot. Kein anderer derartiger Fall ist bis heute bekannt.

Und ganz so ernst hatte Gerhard Neiber es wohl auch nicht gemeint, wie schnell deutlich wurde: «Dabei übersehen wir nicht, daß es auch weiterhin bestimmte Personen geben wird, ... bei denen aber aus politischen und operativen Gründen die Durchführung von Einreisesperren nicht zweckmäßig erscheint. Bei diesen Personen wäre es nach unserer Auffassung angebracht, zu einem schnellen Informationsaustausch über deren Einreise, Transit bzw. Aufenthalt in unseren Staaten zu kommen und das System des Zusammenwirkens der Sicherheitsorgane bei der Fahndung und Kontrolle dieser Personen weiter zu vervollkommnen und operativ beweglicher zu gestalten.»

Zu dieser Vervollkommnung sollten die DDR-Behörden in den nächsten Jahren reichlich Gelegenheit haben. Auch High-Tech wurde für den terroristischen Datenberg eingesetzt. Man hat der Computertechnologie der DDR nie bahnbrechende Erfolge nachgesagt, doch seit Ende der siebziger Jahre arbeitete sie an dem «System der vereinigten Erfassung von Informationen über den Gegner (Soud)», der Spielzeugausführung der Heroldschen Technikträume. Ideologisch blieb das Verhältnis in genau der Ambivalenz stehen, die Neibers Rede kennzeichnete. Die DDR-Führung und ihre Stasi-Gehilfen sahen sehr wohl, daß die Terroristen und sie selbst den gleichen eingebildeten oder auch realen Feind, das kapitalistische System des Westens, bekämpften. Von dem Eingeständnis dieser Liaison zur direkten Unterstützung des gewaltsamen Klassenkampfes auf dem Boden der Bundesrepublik ist es nur ein Schritt. Auf der anderen Seite litten die Verantwortlichen in der DDR an einer kollektiven und fast schon pathologischen Angst vor Angriffen gegen das eigene System und seine Repräsentanten. Die wirtschaftliche Agonie der DDR und die Realitätsferne der in ihren Kadergettos regierenden Polit-Gerontokratie ließ sie den Angriff auf den Staat hinter jeder Ecke vermuten. Selbst der logische Waffenbruder RAF galt deshalb immer auch automatisch als ein argwöhnisch zu beobachtender potentieller Gegner. Als solcher wurde er von der Stasi unterstützt und ausgehorcht, geschützt und bespitzelt. In einem System, das von Feindbildern lebte, gab es die Unterscheidung in Freund und Feind gar nicht mehr.

Als Inge Viett an diesem Tag im Frühjahr 1978 den nach ihren eigenen Aussagen angeblich ersten Kontakt zu Harry Dahl als einem Vertreter des Ministeriums für Staatssicherheit der DDR hat, sieht sie sich genau dieser Schizophrenie ausgesetzt. Lange unterhalten sie und Harry Dahl sich in den Räumen des Zolls auf dem Ostberliner Flughafen. Er legt ihr in vorgefertigten, gestanzten Sätzen die Haltung der DDR zum Terrorismus dar, um sie im gleichen Atemzug nach dem Kampf des «2. Juni» in der Bundesrepublik zu befragen. Inge Viett trägt immer noch ihre Waffe, aus der sie lediglich die Munition entfernen mußte.

Dieses ganze Gespräch dauert angeblich nur rund eineinhalb Stunden und ist das erste seiner Art. Dennoch faßt man offensichtlich und augenblicklich Zuneigung und Vertrauen. Denn bereits bei dieser Gelegenheit stellt Inge Viett ihrem neuen Stasi-Bekannten eine überaus ungewöhnliche Frage. Sie möchte von ihm wissen, wie die DDR reagieren würde, wenn sie zu einem späteren Zeitpunkt mit zwei oder drei Bekannten am Berliner Grenzübergang Friedrichstraße auftauchen würde. Ob dann eine problemlose Weiterreise möglich sei? Ob Harry Dahl sich gewundert hat, ist nicht überliefert. Sicher ist, daß er Inge Viett eine dementsprechende Zusage macht. Damit sind beide Seiten zufrieden. Inge Viett darf ihre entladene Waffe behalten und ihre Reise fortsetzen. Der Staat, der den Terrorismus auf internationalen Konferenzen immer wieder verdammt, hat seine Zusammenarbeit mit der gesuchten Terroristin Inge Viett begonnen. Man verabschiedet sich mit der hoffnungsfrohen Aussicht, sich bald wiederzusehen.

In einem Bericht der «Welt» von 1976 über die Flucht von Inge Viett aus dem Frauengefängnis Lehrter Straße wird die mutmaßliche Terroristin bereits mit dem Decknamen «Maria» apostrophiert. Niemand wunderte sich, weil niemand wissen konnte, daß es sich hierbei nicht um den Decknamen von Inge Viett innerhalb der «Bewegung 2. Juni» handelte. Dort wurde sie «Zora» genannt. Doch in der DDR wurde sie immer als «Maria» geführt. In ihrem Prozeß gibt Inge Viett Ende 1991 an, sie sei ab 1983 von der Staatssicherheit der DDR als inoffizielle Mitarbeiterin mit dem Decknamen «Maria» geführt worden. Doch wie kann dieser Deckname bereits 1976 auftauchen? Die Erklärung ist einfach: Diese Information stammte von einem ehemaligen CIA- und BND-Agenten, der in Ostberlin tätig gewesen war. Nach seiner Enttarnung und Inhaftierung in Bautzen hatte ihn die Bundesregierung aus der DDR-Haft freigekauft. Er belegte Inge Viett bereits Mitte der siebziger Jahre mit dem Decknamen «Maria». Eine geradezu sensationelle Information, wenn man die Hintergründe kennt. Woher der Ex-Agent seine Information hatte und ob er selbst ihre Bedeutung kannte, ist nicht klar. Doch die einzige logische Erklärung ist die, daß Inge Viett bereits Mitte der siebziger Jahre Kontakte zur Stasi hatte. Erst das wiederum erklärt schlüssig die Tatsache, warum sich der hohe Stasi-Offizier Harry Dahl kein bißchen wundert, als «Maria» 1978 in Schönefeld auftaucht, um sich nach kurzem Gespräch mit ihm zu einem zweiten Besuch in Begleitung anzukündigen. 1978 scheint lediglich das Jahr gewesen zu sein, in dem die Stasi-Kontakte der Inge Viett ihre vermeintlich zufällige Legendierung erhielten. Eine Legendierung, die nur dazu diente, ihre Stasi-Beziehungen gegenüber den Genossen vom «2. Juni» und der RAF glaubwürdig zu machen.

Am 27. Mai 1978 erscheinen zwei Frauen an der Pförtnerloge der Untersuchungshaftanstalt Berlin-Moabit. Die Beamten lassen die beiden Frauen in die Überprüfungsschleuse ein. Sie legen zwei Anwaltsausweise auf die Namen Freund und Siegmund vor, auf denen als Ausstellungsjahr 1976 angegeben ist. Die Justizbeamten kennen die beiden vermeintlichen Rechtsanwältinnen nicht und überprüfen die Ausweise gründlich. Die Personalausweise verlangen sie nicht, sondern öffnen kurz darauf die Schleuse. Die Frauen bewegen sich zielstrebig auf die Sprechzellen zu, in denen gerade Anwaltsgespräche stattfinden. In Zelle 122 spricht Rechtsanwalt Detlev Müllerhoff mit Till Meyer, in der Nachbarzelle sitzen Rechtsanwalt Nicolas Becker und Andreas Vogel. Gegen 8.55 Uhr an diesem Morgen treffen die beiden Anwältinnen unmittelbar vor den Besucherzellen auf den Justizbeamten Horst Mausolf, der sie nach ihren Ausweisen fragt. Dann geht alles blitzschnell.

Die beiden Frauen ziehen ihre Waffen, und eine von ihnen springt in die Zelle, in der sich Anwalt Müllerhoff und das Mitglied der «Bewegung 2. Juni» Till Meyer befinden. Mit gezogener Pistole ruft sie Till Meyer zu: «Los, komm raus!», und befiehlt Müllerhoff, sich zu ducken. Durch den Lärm aufgeschreckt, springt Anwalt Becker aus der Nachbarzelle, just als Till Meyer mit einer Pistole, die ihm die Befreierinnen gegeben haben, aus seinem Raum stürmt, während ein weiterer Justizbeamter mit den Eindringlingen ringt. Dieser Beamte kann einer der Frauen die Pistole entreißen und in die Zelle zu Andreas Vogel springen. Er schließt die Zelle von innen ab und gibt Alarm. Die Situation eskaliert. Auf die Zellentür, hinter der Andreas Vogel und der Justizbeamte stecken, werden mehrere Schüsse abgegeben. Dann treiben die Frauen den Beamten

Mausolf in Richtung der inneren Schleusentür zum Ausgang. Die Tür wird erst geöffnet, nachdem Till Meyer mehrere Schüsse abgegeben hat. Eigentlich sind die Befreier damit selbst gefangen. Denn mit dem Öffnen der inneren Schleusentür schließt sich die äußere automatisch. Das Befreiungskommando sitzt zwischen den beiden Türen fest. Doch als Till Meyer dem Beamten Horst Mausolf ins Bein schießt, öffnet der Pförtner die Schleuse. Die zwei Befreierinnen und Till Meyer rennen zu einem in der Nähe geparkten Wagen, der sofort losfährt. Die Aktion ist gelungen.

Eine der Befreierinnen ist Inge Viett, die anderen beiden sind nie identifiziert worden. Doch es ist sehr wahrscheinlich, daß es sich um Regina Nicolai und Ingrid Siepmann gehandelt hat. Denn dies ist das Trio, das wenig später am Grenzübergang Friedrichstraße auftaucht und nach kurzer Personalienüberprüfung seinen Weg durch die DDR in Richtung Prag fortsetzen kann. Die Zusammenarbeit mit der Stasi hat für Inge Viett Früchte getragen. Es darf spekuliert werden, ob dies nur für die Fluchthilfe über DDR-Gebiet gilt.

Daß Inge Viett zu den Befreiern gehört, kann nicht verwundern, hat sie doch einschlägige Erfahrung im Überwinden von Berliner Gefängnismauern. 1973 und 1976 war es ihr gelungen, aus der Frauenvollzugsanstalt Lehrter Straße zu entkommen. Und auch 1978 nutzt sie wieder die Lücken im Sicherheitssystem, die gerade erst in einer internen Untersuchung der «Arbeitsgruppe für baulich-technische Sicherheitsmaßnahmen in Berliner Vollzugsanstalten» bemängelt worden waren. Erst vor wenigen Wochen hatte sie mit der Stasi eine mögliche Flucht von West- nach Ost-Berlin abgesprochen. Und daß es auch 1978 für die Stasi nicht schwer gewesen sein dürfte, an das entsprechende Untersuchungspapier über Sicherheitsmängel in Moabit heranzukommen, liegt auf der Hand.

Ob die Befreiung von Till Meyer eine von der Stasi gestützte Aktion gewesen ist, darüber läßt sich trefflich streiten. Auffällig aber ist, daß im Mai 1978, ein gutes halbes Jahr nach dem

Deutschen Herbst und der mit ihm eingeleiteten Aufrüstung der Sicherheitsapparate, diese Befreiung ohne massive Hilfe von außen nur als unmöglich bezeichnet werden kann. Inhaftierte Terroristen gelten genau wie ihre Gesinnungsgenossen in Freiheit als die gefährlichsten Staatsfeinde der Bundesrepublik. Es ist die hohe Zeit der festungsartig ausgebauten Hochsicherheitstrakte. Es ist nur eine Theorie, daß die Befreiung Till Meyers von langer Hand vorbereitet war und ganz anderen als den augenscheinlichen Zwecken dienen sollte, doch die Tatsache, daß in dieser Zeit eine solche Befreiung ohne Tote und Geiseln erfolgreich sein konnte, ist Anlaß genug zur Spekulation, vor allem vor dem Hintergrund der anschließenden abgesprochenen Flucht durch die DDR und den nachfolgenden Ereignissen.

Die Befreiung Till Meyers war auf wundersame Art und Weise geglückt. Doch mittlerweile muß bezweifelt werden, daß sie ihm überhaupt gegolten hat. Als am 11. Mai 1978 der RAF-Terrorist Stefan Wisniewski in Paris verhaftet wurde, fand die Beamten bei ihm Pläne für eine Gefangenenbefreiung in Moabit. Der Berliner Justizsenator Baumann bestätigte dies unmittelbar nach der Aktion vom 27. Mai. Doch welchen Sinn hätte es gemacht, daß Wisniewski von einer Befreiung wußte und ihre Pläne hatte, die einem Mitglied der «Bewegung 2. Juni» galt? Damals gab es lediglich lockere Kontakte zwischen diesen beiden Gruppen. Doch am gleichen Tag wie Till Meyer saß auch Andreas Vogel mit seinem Anwalt in der Sprechzelle. Vogel war ein klarer Sympathisant der RAF-Politik und ihrer Art des bewaffneten Kampfes zugeneigt. Die beiden Frauen, die in das Gefängnis eindrangen, führten drei Waffen mit sich. Zwei für sich und eine für den Befreiten. Damit ist so gut wie ausgeschlossen, daß sie beide Gefangenen mitnehmen wollten. Außerdem schossen sie auf die geschlossene Tür, hinter der Andreas Vogel festgehalten wurde. Warum sollten sie dies tun, wenn sie ihr Ziel, die Befreiung Till Meyers, bereits erreicht hatten?

Wenn es stimmt, daß die Befreiungsaktion in Wirklichkeit Andreas Vogel galt, und wenn es stimmt, daß sie von langer

80

Hand vorbereitet war, dann hatte sie ein bestimmtes Ziel: Sie sollte die Beziehungen zwischen dem «2. Juni» und der RAF stärken, indem man einem RAF-Exponenten zur Freiheit verhalf. Das verschaffte nicht nur der «Bewegung 2. Juni» und Inge Viett, sondern auch der Staatssicherheit der DDR eine ganz neue zukunftsweisende Perspektive. Die nachfolgenden Ereignisse werden zeigen, daß diese Theorie durchaus ihre realen Entsprechungen hat.

Doch die Odyssee von Inge Viett geht weiter. Einige Wochen später halten sich Inge Viett, Ingrid Siepmann, Regina Nicolai, Till Meyer, Gabriele Rollnick und Angelika Goder in Bulgarien auf, angeblich mit gefälschten Papieren als Touristen getarnt. Die sechs scheinen aber etwas vorzuhaben. Sie erwarten Gudrun Stürmer, ein Mitglied der «Bewegung 2. Juni», die als Kurier von Berlin nach Bulgarien kommen soll. Meyer, Rollnick und Goder wollen sie abholen. Das Folgende als Schicksal oder Zufall zu bezeichnen, würde den Ereignissen wohl nicht gerecht.

Ein Gefängniswärter aus Berlin-Moabit verbringt nämlich ausgerechnet zu dieser Zeit am Sonnenstrand bei Varna seinen wohlverdienten Urlaub. Und natürlich erkennt er bei dieser Gelegenheit seinen ehemaligen Kunden Till Meyer. So ein Pech für den gerade erst Befreiten. Das Bundeskriminalamt hat diese Geschichte schon damals nicht geglaubt. Doch die Beamten haben auch keine bessere. Die bundesdeutschen Behörden werden – so ein Glück – von den bulgarischen informiert, und ein BKA-Kommando fliegt am 15. Juni nach Bulgarien. In einem Café nehmen vier mit Bademänteln verkleidete Zielfahnder am 21. Juni 1978 Meyer und seine Begleiterinnen Goder, Rollnick und Stürmer fest.

In einem bereitgestellten VW-Bus werden die vier zum schwerbewachten Flughafen gebracht, wo bereits eine Lufthansa-Maschine auf das Kommando wartet. Die Terroristen glauben an eine Entführung. Durch wildes Schaukeln im VW-Bus versuchen sie, das bulgarische Militär auf ihre verzweifelte

Lage aufmerksam zu machen. Die Soldaten beeindruckt dies allerdings wenig, schon gar nicht sehen sie sich zum Eingreifen veranlaßt. Und bald bemerken die vier, daß es sich um eine fast normale Verhaftung handelt.

Für Till Meyer war der Knasturlaub nur von kurzer Dauer: Wenige Wochen nach seiner Befreiung fährt er wieder ins Gefängnis ein. Nach Verbüßung von zwei Dritteln seiner 15jährigen Freiheitsstrafe wegen der Entführung von Peter Lorenz wird er 1986 aus der Haft entlassen.

Die bulgarischen Behörden scheinen hier ganz im Sinne der westdeutschen Polizei kooperiert zu haben. Auffallend ist jedoch, daß sie sich bei den anderen drei Terroristinnen, Inge Viett und den bei ihr weilenden Regina Nicolai und Ingrid Siepmann, die sich zu dem Zeitpunkt der Verhaftung im Hotel aufhalten, ganz anders verhalten. Die drei haben von der Festnahme ihrer Genossen aus dem Radio erfahren. Inge Viett rechnet daraufhin auch mit ihrer Festnahme, doch nichts geschieht. Wie sie später aussagt, habe sie – in der Annahme, die bulgarischen Behörden würden sie decken – der Sache auf den Grund gehen wollen. Die drei hochgefährlichen Terroristen machen angeblich daraufhin das, was doch wohl jeder im Untergrund lebende Mensch tun würde: Sie gehen zur Polizei, um sich zu informieren. Die Beamten am Sonnenstrand sind informiert und teilen den drei Damen mit, man hätte nicht die Absicht, sie zu verhaften. Trotzdem beschließen Viett, Nicolai und Siepmann, ihre Wohnung zu räumen und die seltsame Reise fortzusetzen. Jetzt fühlen sie sich von den bulgarischen Diensten beschattet. Sie fahren nach Sofia und fliegen von dort nach Prag, wo sie postwendend von der Polizei festgenommen werden. In ihrer Zelle äußert Inge Viett den überaus naheliegenden Wunsch, mit dem Ministerium für Staatssicherheit der DDR reden zu wollen. Die Beamten haben, wie es sich so fügt, allem Anschein nach nichts dagegen einzuwenden. Harry Dahl, mit dem Inge Viett bereits vor der Befreiung Till Meyers Kontakt hatte, versteht diesen Anruf aus Prag offensichtlich als

Alarmmeldung. Inge Viett ruft, und der hohe MfS-Offizier fliegt, ohne zu zögern, mit einer weiteren Person, dem Leiter der Abteilung X/Internationale Verbindungen, Generalmajor Damm, nach Prag.

Unter höchsten Sicherheitsvorkehrungen holen die beiden am 28. Juni 1978 die drei Frauen aus dem Gefängnis und bringen sie in einem Lada über die Grenze in eine konspirative Unterkunft der Staatssicherheit. Dort haben Dahl und Viett dann endlich einmal Gelegenheit zu einem ausführlichen Plausch. Mehr als zwei Wochen lang. Die beiden anderen Frauen sollen bei diesen politischen Gesprächen nicht dabeigewesen sein. Nach Beendigung der Gespräche fliegen die drei am 12. Juli von der DDR aus nach Bagdad, wo sie nach eigenem Bekunden ihre Operationsbasis haben. Das alles ereignet sich wenige Monate vor der denkwürdigen Rede des Generalmajors Gerhard Neiber in Prag über die Erfahrungen der DDR mit der Terrorismusbekämpfung.

Diese Vorgänge sind in der Bundesrepublik als der angebliche Beginn der Kontakte des MfS zum westdeutschen Terrorismus aktenkundig, und es hat den Anschein, als sei man gewillt, diese abenteuerliche Geschichte zu akzeptieren. Dementsprechend hätte die RAF-Stasi-Conncetion ihre Anfänge in einer mehr zufälligen Begegnung von Mitgliedern der «Bewegung 2. Juni» während einer Flucht aus West-Berlin gehabt. Geradezu willfährig und ohne das Prinzip Leistung gegen Gegenleistung hätte sich der Staatssicherheitsdienst der DDR zum Schutzheiligen der «Bewegung 2. Juni» oder von Inge Viett im besonderen gemacht. Wie selbstverständlich hätte ein hoher Offizier der Stasi seine internationalen Kontakte genutzt, um Terroristen aus dem Gefängnis eines Bruderstaates zu befreien. Und das alles nach ein paar mehr oder weniger belanglosen politischen Gesprächen, um diese dann, in aller Ruhe, jedoch ebenso belanglos, fortzusetzen. Ganz im Dienste der internationalen Terrorismusbekämpfung hätten die bulgarischen Behörden vier westdeutsche Terroristen ins Visier genommen, Kriminalbeamte eines westeuropäischen Staates einreisen und die vier festnehmen lassen. Warum aber haben sie die drei anderen, Inge Viett, Ingrid Siepmann und Regina Nicolai, unbehelligt gelassen? Zufall? Wußten sie nichts von dem Aufenthalt der drei? Einem Geheimdienst wie dem bulgarischen, der in den osteuropäischen Bruderstaaten als einer der bestinformierten und als Knotenpunkt in Osteuropa galt, dürfte dies kaum unterlaufen sein. Wahrscheinlicher ist, daß die bulgarischen Behörden um die besondere Rolle Inge Vietts gewußt haben, was allerdings darauf hinweisen würde, daß ihre Kontakte zum MfS älteren Datums sind. Daß ihr Deckname «Maria» – wie bereits beschrieben – schon 1976 auftaucht, ist ein entscheidender Hinweis auf das Bestehen solcher frühen und intensiven Beziehungen zum Staatssicherheitsdienst der DDR.

Was die Kontakte des MfS zum westdeutschen Terrorismus anbetrifft, so ist die Entdeckung der zehn von der Stasi beherbergten Aussteiger ohnehin vermutlich nur die Spitze des Eisbergs. Zeugen in der ehemaligen DDR geben an, sie hätten in Erfurt den westdeutschen Terroristen Knut Folkerts bereits vor 1977 kennengelernt, der sich dort im Rahmen eines offiziellen Studentenaustausches aufgehalten habe. Folkerts sei in Begleitung eines inoffiziellen Mitarbeiters der Staatssicherheit gewesen. Die Zeugen haben Knut Folkerts allein und in Begleitung nicht identifizierbarer Personen mehrfach in einem Erfurter Studentenklub gesehen. Den meisten ist die Identität ihres Gastes erst im nachhinein offenbar geworden.

Die DDR hätte demnach also bereits vor 1978 und unabhängig von der «Bewegung 2. Juni» und der Person Inge Vietts Kontakte zum westdeutschen Terrorismus in Gestalt der Rote Armee Fraktion gehabt. Knut Folkerts lebte zu dieser Zeit bereits in der Illegalität. Dem Ministerium für Staatssicherheit war demnach bestimmt klar, wen es da vor sich hatte. Das würde auch erklären, warum Gerhard Neiber bei seinem Vortrag 1979 in Prag bereits auf intensive Erfahrungen mit der Behandlung von durchreisenden Terroristen verweisen konnte, die aus zwei Treffen mit Inge Viett im Jahr zuvor wohl kaum zu erklären sind.

Inge Viett reist nach ihrem – angeblich erst zweiten – Aufenthalt in der DDR in den Nahen Osten nach Bagdad, wo sich während der Schleyer-Entführung auch eine ganze Reihe von RAF-Mitgliedern aufgehalten haben. In den kommenden Jahren wird der Nahe Osten zu einem der Hauptstützpunkte sowohl von Inge Viett als auch der RAF. Inge Viett hält sich in dieser Zeit weit häufiger in Bagdad oder im Jemen auf als in Westeuropa. Und vom Nahen Osten aus unternimmt sie regelmäßige Reisen in die DDR.

Der Nahe Osten wird dann auch zu einer Schlüsselstelle im weiteren Gang der Ereignisse.

«Aktion Joghurttopf»

Während die Mitglieder des «2. Juni», unbemerkt von allen deutschen Ermittlungsbehörden, eine hektische Reiseaktivität entwickeln und ansonsten nicht weiter durch terroristische Aktivitäten auffallen, versuchen die Mitglieder der Rote Armee Fraktion in der Bundesrepublik mit den Katastrophen des Septembers 1978 fertig zu werden.

Die Tode von Willy-Peter Stoll und Michael Knoll führen in der Gruppe zu einer Art kollektiver Hysterie, die sich sehr unterschiedlich artikuliert. Als Werner Lotze nach seiner Flucht aus Dortmund in Würzburg eintrifft, befinden sich in der dortigen konspirativen Wohnung auch Susanne Albrecht und Christine Dümlein. Lotze hält sich eine Zeitlang in dieser Wohnung auf, bevor er gemeinsam mit Susanne Albrecht in die Frankfurter Textorstraße fährt.

Dort haben sich in der Zwischenzeit dramatische Ereignisse abgespielt. Christian Klar, Adelheid Schulz, Rolf Heißler und

Silke Maier-Witt diskutieren über die Konsequenzen aus den Verhaftungen und Todesfällen. Die Gruppe ist in den letzten Monaten einer großen Zahl ihrer führenden Aktivisten beraubt worden. Christian Klar will Rache nehmen für die jüngsten «Morde» an seinen Genossen. Und der Junge aus gutem Hause, der in der Öffentlichkeit das Image des unter die Terroristen gefallenen Sohnes genießt, hat eine geradezu teuflische Idee. Die Gruppe ist im Besitz von Tretminen, die sicher in Depots verwahrt werden. Diese Tretminen sollen zu tödlichen Polizistenfallen gemacht werden. Der Plan ist einfach: Die Minen sollen an drei verschiedenen Orten auf Waldlichtungen vergraben werden. An den Bäumen sollen Zeitungen befestigt werden, wie es für einen Ort üblich ist, an dem Schießübungen veranstaltet werden, um dann die Polizei zu informieren, daß an diesen Orten Schießereien beobachtet und gehört worden seien. Die alarmierten Beamten wären an den Tatort geeilt und hätten diesen verlassen vorgefunden. Bei näherer Untersuchung des Schießplatzes wären sie unweigerlich in die Minen getreten: Es hätte an drei Orten der Bundesrepublik tote und verletzte Polizeibeamte gegeben.

Die Vorbereitungen für diese Attentate führen einige der Gruppenmitglieder zügig durch. Die Minen werden aus den Depots geholt, anschließend präpariert und an den dafür vorgesehenen Orten in der Nähe von Stuttgart, Frankfurt und Köln vergraben. Heißler, Klar und Schulz können besonders gut mit diesen Sprengfallen umgehen und übernehmen die Aufgabe mit jeweils einem weiteren Gruppenmitglied. Doch zur Ausführung dieses Plans kommt es nicht. Innerhalb der Gruppe flammen Diskussionen auf, in denen sich einige gegen diesen blutigen Racheakt aussprechen. Die Gruppe ist an ihrem moralischen, politischen und strukturellen Tiefpunkt gekommen, wie Silke-Maier-Witt es viele Jahre später formuliert. Die «Aktion Joghurttopf» wird aufgrund dieser Diskussionen abgeblasen.

Christian Klar, geistiger Vater dieser perversen Idee, informiert die nicht in Frankfurt anwesenden Gruppenmitglieder über den Beschluß und pfeift die Kommandos zurück. Als Beamte des Bundeskriminalamtes zwölf Jahre später die entsprechenden Orte absuchen, können auf jeden Fall keine Minen mehr entdeckt werden.

Die «Blutbaddiskussion» und die «Aktion Joghurttopf» zeigen, daß die Rote Armee Fraktion immer dann, wenn sie mit dem Rücken zur Wand stand und die Gruppe einen Tiefschlag nach dem anderen einstecken mußte, zu exzessiven Racheakten neigte, die durch gruppeninterne Diskussionen erst im letzten Augenblick verhindert werden konnten. Daß im Herbst 1978 erneut ein solcher Plan aufkam und auch fast ausgeführt worden wäre, zeigt, in welcher Verfassung die RAF sich zu dieser Zeit befand.

Werner Lotze kann den Vorfall von Dortmund und den Mord an dem Polizisten nicht verwinden. Im Herbst entfernt er sich für mehrere Wochen von der Gruppe und zieht durch den süddeutschen Raum. Adelheid Schulz hatte ihm auf den Kopf zugesagt, er wolle sich überhaupt nicht in der Illegalität aufhalten und diese mittragen. Lotze wohnt über einen längeren Zeitraum in einer konspirativen Wohnung an der Bockenheimer Landstraße in Frankfurt. Seine einzige Kontaktperson zur Gruppe ist in dieser Zeit Christian Klar, der ihm auch mitteilt, man habe entschieden, daß Lotze aus der Gruppe aussteigen solle.

Werner Lotze trägt zu dieser Zeit keine Waffe mehr und hätte die Wohnung jederzeit verlassen und aus der Gruppe aussteigen können. Doch dazu kommt es nicht. Lotze begründet dies mit einem langen Gespräch, das er in dieser für ihn sehr schwierigen Situation mit Rolf Heißler geführt habe. Lotze steht nach wie vor zu den Zielen der RAF, doch sein Mord an dem Polizisten läßt Zweifel in ihm hochkommen: Ob der Tod eines einzelnen – zumal nur mittelbar Beteiligten – zur Erreichung dieser Ziele in Kauf genommen werden darf. Er akzeptiert nicht, daß die Gruppe den Tod des Polizisten unkommentiert für richtig hält, daß niemand seine persönlichen Probleme mit den Todesschüssen für diskussionswürdig hält. Als er jedoch merkt, wie andere Mitglieder, in diesem Fall Heißler, auf ihn eingehen und seine Probleme verstehen, scheinen sich seine Zweifel an der Zugehörigkeit zur RAF aufzulösen. Nach dem Gespräch mit Heißler und einem Anruf von Christian Klar bleibt Werner Lotze jedenfalls bei der Gruppe und nimmt auch weiterhin an Anschlägen gegen das Leben einzelner teil.

Die führenden RAF-Terroristen sind sich der katastrophalen Situation der Gruppe durchaus bewußt. Es ist fast kein Geld mehr vorhanden, die konspirativen Wohnungen sind ebenfalls knapp. Zu allem Überfluß erkrankt Christian Klar in dieser Zeit schwer. Er hat Tuberkulose, die jedoch in Deutschland zunächst nicht behandelt werden kann. Doch wie schon so oft flüchtet sich die RAF in Aktionen, ohne über die Konsequenzen dieses schleichenden Zerfalls nachzudenken. Geplant ist der Anschlag auf einen führenden deutschen Bankmanager. Dafür in Frage kommen der ehemalige Bundesbanker Pöhl und auch der damalige Sprecher der Deutschen Bank, Christians.

Die Ausspähungen im Raum Frankfurt befinden sich bereits in ihrer entscheidenden Phase. Die Bestimmung von Anschlagsziel, Ort und Zeit stehen unmittelbar bevor. Doch dann kommt es schließlich doch nicht zu einem Attentat gegen einen der führenden deutschen Bankmanager.

Rolf Heißler macht den vier Führungsmitgliedern Brigitte Mohnhaupt, Sieglinde Hofmann, Peter Jürgen Boock und Rolf Clemens Wagner, die nach ihrer Freilassung aus der Haft in Jugoslawien in ein Lager nahe bei Aden geflogen sind, Mitteilung über die Situation der RAF. Ein Entschluß ist schnell gefaßt. Es muß einen Neubeginn geben, soll die RAF noch eine Überlebenschance haben. Der Aktionismus, der mit wechselnden Fehlschlägen und Pannen einhergeht, hat die Gruppe an den Abgrund geführt. Die Gruppenmitglieder in Europa sollen in den Nahen Osten geholt werden. Ausbildung, Regeneration, Neuorientierung – das ist nur noch in der Abgeschiedenheit eines Wüstenstaates unter dem Schutz einer im internationalen terroristischen Verbund arbeitenden Organisation möglich. Die jemenitischen Gastgeber und die Palästinenser, die das Lager bei Aden leiten, haben gegen den Plan nichts einzuwenden. Doch die nächste Katastrophe wartet nicht. Sie platzt mitten in die Reisevorbereitungen für die großangelegte und kostspielige «Urlaubsaktion» für die müdegekämpften Genossen im imperialistischen Westdeutschland.

Am 1.November 1978 ist ein unauffälliger junger Mann mit dem Zug in Richtung Kerkrade unterwegs. Er soll am niederländisch-deutschen Grenzübergang von der holländischen Seite aus das deutsche Gebiet beobachten und auf einen Mann und eine Frau warten, die die Grenze genauso unauffällig überqueren wollen. Der Grenzübergang gilt als ruhig und wenig spektakulär. Hier herrscht kleiner Grenzverkehr. In der Mitte der Straße verläuft eine gerade, halbmeterhohe Mauer. Auf der einen Seite heißt die Straße Neustraße und gehört zum deutschen Herzogenrath, die andere Seite heißt Nieuwstraat und liegt im holländischen Kerkrade. Es ist für die Zöllner absolut nicht unüblich, daß Grenzgänger einfach über das Mäuerchen klettern, um von einer Seite auf die andere zu wechseln. Die Anwohner sind zu diesem Zweck sogar im Besitz von Sonderausweisen, die es ihnen ermöglichen, hin- und herzupendeln, um beispielsweise einzukaufen.

Der 1.November ist ein ganz normaler Tag für den niederländischen Zöllner Dirk de Jong. Der 20jährige fährt mit drei weiteren Kollegen in einem grünen Lada Streife. Kurz nach Mittag ist Dirk de Jong tot. Der unauffällige junge Mann, der die Grenze beobachten soll, ist Baptist Ralf Friedrich. Er war in Holland, um für die RAF Geld zu wechseln. Zwar gehört er seit 1977 der Gruppe an, doch er wird eher mit solch kleinen Aufgaben betraut. Die Teilnahme an einer Kommandoaktion, an deren Ende zumeist ein Mord steht, traut niemand dem zurückhaltenden Friedrich zu.

An diesem Tag wartet er auf zwei weitere Bandenmitglieder: Adelheid Schulz und Rolf Heißler. Dieser und Elisabeth von Dyck haben kurz zuvor Mohnhaupt, Hofmann, Boock und Wagner im Jemen besucht, und jetzt will Heißler den Plan der Jemenreise auch für die anderen Gruppenmitglieder in die Tat umsetzen. Friedrich soll den beiden ein Zeichen geben, wenn die Luft rein ist, doch dazu kommt es nicht mehr. Entweder ist er zu spät dran oder Heißler und Schulz zu früh. Für den weiteren Verlauf ist das bedeutungslos.

Dirk de Jong und seine Kollegen beobachten aus ihrem Auto heraus, wie ein Mann und eine Frau mit kleinem Gepäck das Grenzmäuerchen übersteigen. Die Zöllner fassen den fatalen Entschluß, die beiden zu kontrollieren. Sie fahren heran, Dirk de Jong steigt aus und fragt den Unbekannten nach dem Inhalt seiner Tasche. «Nur Schokolade und Zigaretten», antwortet dieser. Doch de Jong will es genau wissen. Er fordert den Mann auf, seine Tasche zu öffnen.

Wenige Sekunden später bricht er blutüberströmt zusammen. Adelheid Schulz, die sich schon auf der niederländischen Seite befindet, hat sofort das Feuer eröffnet. Augenblicke später schießt auch Rolf Heißler. Die drei anderen Zöllner, die aus dem Auto aussteigen wollen, haben keine Chance. Den 24 Jahre alten Beamten Goumanns treffen Schüsse in die Brust, der dritte wird an der Schulter getroffen. Nur einem gelingt es, sich unter das Auto zu flüchten und unter Schock dort liegenzubleiben. Das rettet ihm das Leben.

De Jong stirbt am Tatort, Goumanns zwei Wochen später im Krankenhaus. Das Inferno dauert nur wenige Sekunden, doch die Polizei findet später am Tatort 24 Patronenhülsen. Auch de Jong soll noch dazu gekommen sein, ein oder zwei Schüsse abzugeben, bevor Heißler ihn aus nächster Nähe erschießt. Augenzeugen sprechen von einer Hinrichtung.

Nach den Schüssen rennen Heißler und Schulz auf holländischem Gebiet in eine Seitenstraße. Dort kapern sie den Wagen eines Bäckers und setzen ihre Flucht fort. Gerade als Friedrich den Bahnhof verläßt, um sich zur Grenze zu begeben, kommen die beiden ihm entgegen. «Es hat eine Schießerei gegeben», ist das einzige, was er zu hören bekommt. Er kauft Fahrkarten, und die drei fahren mit dem Zug von Kerkrade Richtung Maastricht und von dort sofort wieder mit dem Bus zurück nach Kerkrade. Gesprochen wird nichts, um sich durch die deutsche Sprache nicht zu verraten. Friedrich weiß immer noch nicht, was an der Grenze passiert ist, und nach alter RAF-Manier bleibt dies auch so. Kurz vor Kerkrade steigen sie aus und überschreiten in der Nähe von Vervier die Grenze nach Belgien. Sie sind in Sicherheit.

Obwohl sofort nach den Todesschüssen eine vom Bundeskriminalamt in Wiesbaden und vom Landeskriminalamt Düsseldorf unterstützte Großfahndung eingeleitet wird, bei der auch Suchhunde und Hubschrauber eingesetzt werden, haben die Fahnder keinen Erfolg. Der «Generalanzeiger» in Bonn beschreibt am Tag nach dem Mord an de Jong eine Tatsache, die heute einen weiteren, interessanten Hinweis über die terroristische Internationale liefert. Eine der benutzten Waffen war eine Pistole vom Typ «Makarov», Kaliber 9 Millimeter. Für diese Pistole passende Munition wurde sowohl in der entführten Lufthansa-Maschine in Mogadischu als auch bei der Befreiung Till Meyers wenige Monate zuvor gefunden. Die Palästinenser-Connections der RAF, aber auch des «2. Juni», lassen grüßen. Armeepistolen dieses Typs waren in der Bundesrepublik nicht zu beschaffen, doch die Terroristen benutzten sie immer wieder. Ob «2. Juni» oder RAF. Beide Gruppen hatten Kontakte zu den Palästinensern und Kontakte untereinander, auch vor ihrer eigentlichen Fusion. Die Logistik der westdeutschen Terrorszene speiste sich anscheinend zu einem überwiegenden Teil aus diesen Beziehungen in den Nahen Osten. Und dies sollte auch so bleiben. Vor und während der RAF-Stasi-Connection.

Neubeginn in der Wüste

Die tödlichen Schüsse in Kerkrade hatten wieder einmal gezeigt, wie verletzlich die im Untergrund lebenden RAF-Mitglieder im Grunde doch waren. Bei jedem Grenzübertritt, bei jeder Fahrt in öffentlichen Verkehrsmitteln oder bei zufälligen Verkehrskontrollen bestand die Gefahr einer Entdeckung. Jedes Mitglied war gehalten, sich einer drohenden Verhaftung durch den Gebrauch der Schußwaffe zu entziehen. Geschah dies nicht, hagelte es hinterher Vorwürfe. Jeder Vorfall dieser Art wurde innerhalb der Gruppe in Diskussionen analysiert. Nur wer in einer solchen Situation schoß, egal, wie viele Opfer das kostete, verhielt sich richtig.

Mit dieser Einstellung kamen einige der Stadtguerilleros nicht klar. Elisabeth von Dyck hatte bei der Schießerei in Utrecht, bei der Knut Folkerts verhaftet worden war, nicht geschossen. Michael Knolls Verhalten bei der Schießerei in Dortmund war in den Augen der RAF-Mitglieder nicht zu vertreten. Selbst Werner Lotze mußte sich Vorwürfe anhören: Er hätte nicht energisch genug gehandelt, um auch Angelika Speitel und Michael Knoll die Flucht zu ermöglichen. Der psychische Druck, der auf den Illegalen lastete, wurde mit jeder Verhaftung, jedem Tod eines Genossen und jeder Schießerei größer. Und es wurden immer mehr. Ralf Friedrich und andere waren sich durchaus bewußt, einer solchen Situation nicht gewachsen zu sein.

Nicht jeder in der Gruppe war ein eiskalter Killer wie Christian Klar. Außerdem wehrte die Polizei sich mittlerweile mit der gleichen Härte, mit der die RAF zuschlug, und der Gedanke an den eigenen, jederzeit drohenden Tod machte die Genossen mürbe.

Erste Ausstiegsüberlegungen kamen auf. Monika Helbing gehörte zu jenen, die aufgrund ihrer totalen psychischen Überforderung kategorisch erklärte, sie wolle aussteigen. Auch Friedrich machte sich mit den Konsequenzen eines Ausstiegs vertraut. Werner Lotze hatte erst durch Heißler dazu bewegt werden können, wieder zur Kerntruppe zurückzukehren. Die Zerfallserscheinungen der RAF waren Ende 1978 unübersehbar.

Brigitte Mohnhaupt, unumstrittener Kopf der RAF, ist in dieser Situation nicht da, um die Zügel in die Hand zu nehmen. Rolf Heißler versucht einen Teil ihrer Funktion zu übernehmen. Aus diesem Grund fliegt er in den Jemen, um über die Lage in Europa zu berichten. Brigitte Mohnhaupt verfügt innerhalb der RAF über die besten Kontakte zu den Palästinensern. Auch in Europa, speziell in Paris, haben die Palästinenser ihre Verbindungsleute, die auch den westdeutschen Terroristen für Kontaktaufnahmen zur Verfügung stehen.

Rolf Heißler beginnt in Brüssel, die großangelegte Reise der Gruppe in den Jemen zu organisieren. Brüssel hat sich in den letzten Monaten neben Paris zu einem der Hauptstützpunkte der RAF entwickelt. Die Gruppenmitglieder, die sich noch in der Bundesrepublik aufhalten, erfahren telefonisch von dem bevorstehenden «Ausbildungsaufenthalt» im Ausland. Ein Ziel wird ihnen zunächst jedoch nicht genannt. Ausgangspunkt der Reise ist Brüssel. So macht sich Werner Lotze gemeinsam mit Adelheid Schulz und Christian Klar auf den Weg: Von Frankfurt aus geht es über die grüne Grenze bei Wissembourg nach Straßburg. Dort holt Heißler die drei ab und bringt sie zunächst in eine konspirative Wohnung an der Place de l'Opéra in Paris, wo Susanne Albrecht und Silke Maier-Witt bereits warten.

Nach einigen Tagen fahren sie weiter nach Brüssel und warten auf das Eintreffen der übrigen Reisemitglieder. Sigrid Sternebeck ist derweil voll ausgelastet mit dem Fälschen von Papieren für die große Gruppe. Sie hat ein besonderes Händchen für diese Arbeit, bei der Christian Klar ihr ab und zu hilft. Heißler und von Dyck übernehmen die Logistik und Organisation von Tickets, Reisewegen und Zwischenstopps. Außerdem wird festgelegt, in welcher Zusammensetzung die Teilnehmer auf Reisen gehen. Pärchen werden gebildet.

Eins ist von Anfang an klar: Nicht alle Gruppenmitglieder sollen in den Jemen fliegen. Rolf Heißler und Elisabeth von Dyck bleiben in Europa, um die Logistik zu pflegen und dafür zu sorgen, daß die RAF bei ihrer Rückkehr weiterhin genügend Stützpunkte und Ruheräume vorfinden würde. Möglicherweise ist zu diesem Zeitpunkt eine Aktion mit dem Decknamen «Hengst» bereits geplant, und auch dies kann ein Grund dafür sein, daß Heißler und von Dyck in Europa bleiben: Sie sollen die Vorbereitungen weiter vorantreiben.

Monika Helbing, Ekkehard Freiherr von Seckendorff und Christine Dümlein fliegen ebenfalls nicht mit. Sie tragen sich bereits mit konkreten Ausstiegsgedanken. Die Gruppe hat sie bei ihrer Neuorientierung nicht mehr auf der Rechnung. Sie halten sich in der nächsten Zeit an unterschiedlichen Orten in Deutschland und Frankreich auf.

Die Pärchen Christian Klar und Silke Maier-Witt, Adelheid Schulz und Ralf Friedrich sowie Werner Lotze und Susanne Albrecht machen sich im November 1978 auf den Weg. Lotze fliegt mit Albrecht über Bombay, wo sie einige Tage Zwischenstopp machen, nach Aden. Das Ziel der Reise ist allen erst kurz vorher durch Heißler und von Dyck mitgeteilt worden. Maier-Witt und Klar fliegen über Abudhabi nach Aden. Nach Nennung eines Codewortes werden die Gruppen am Flughafen von einem Palästinenser mit dem Tarnnamen «Yussuf» abgeholt. Die jemenitischen Paß- und Zollbehörden sind vorher von ihm informiert worden, so daß die illegal reisenden Gäste keine Eintragungen in ihren ohnehin nicht echten Papieren benötigen. Die Gruppenreise des Terroristengenesungswerkes PFLP ist perfekt organisiert. Nicht unbedingt komfortabel, aber eben ein Abenteuerurlaub, wie ihn auch schon ihre Mentoren Baader, Ensslin, Meinhof und Raspe genossen hatten, wobei diese eher im Streit von ihren Gastgebern geschieden waren.

Die neue Terroristengeneration pflegt ihre internationalen Beziehungen mit mehr Disziplin. Die hochfahrende Arroganz eines Andreas Baader ist dem Respekt derer gewichen, die wissen, daß derjenige, der die Musik bezahlt, auch bestimmt, was gespielt wird. Und da sind die Gewichte eindeutig verteilt. Ohne die Palästinenser hätte sich die RAF nach kurzer Zeit mit Pfeil und Bogen in die Wälder schlagen müssen. So aber wird der Jemen Ende der siebziger und Anfang der achtziger Jahre zur zweiten Heimat der westeuropäischen Terrorelite.

Warum die Palästinenser, die über Terrorspezialisten vom Schlage eines Ahmed Gibril, eines Abu Nidal oder eines Abu Abbas und auch zum Teil über die Carlos-Organisation verfügen konnten, sich ausgerechnet mit diesem wenig erfolgreichen und dezimierten Haufen der RAF abgeben, ist eine der Fragen, die auch heute noch nicht plausibel zu beantworten sind. Die Zerstrittenheit der palästinensischen Splittergruppen untereinander oder der gemeinsame Feind des Imperialismus reichen hier als Begründung längst nicht aus. Der internationale Terrorismus, zu dem in diesem Zusammenhang auch die RAF gezählt werden muß, stellt sich in vielem als höchst pragmatisch dar.

Die Terroristen, die in Aden am Flughafen landen, haben Gastgeschenke im Gepäck: Kindersachen. In Europa sind sie von einigen Gruppenmitgliedern auf Anweisung von Elisabeth von Dyck gekauft worden, ohne daß sie auch nur ahnen, für wen die Kinderkleidung bestimmt ist. Doch der Adressat sollte eine alte Bekannte sein.

Die einzelnen Gruppen werden von dem etwa dreißig Jahre alten, kleinen und schmächtigen Araber namens Yussuf mit arabischen Tarnnamen versehen. Werner Lotze schließt aus der Tatsache, daß Susanne Albrecht ihren Namen «Rola» bereits besitzt, daß sie schon einmal in diesem Land gewesen sein muß. Es kann aber auch sein, daß sie diesen arabischen Namen schon bei ihrem Aufenthalt in Bagdad während der Schleyer-Entführung bekommen hat.

Yussuf bringt die RAF-Mitglieder dann mit einem Geländewagen in ein Camp. Die Fahrt führt über Straßen und Pisten mehr als eine Stunde lang Richtung nordjemenitische Grenze ins Landesinnere. Die Terroristen können ihren spartanischen Aufenthaltsort für die nächsten Monate bereits aus der Ferne erkennen. Das Lager befindet sich auf einer Anhöhe, ähnlich einem Tafelberg. Am Fuße des Berges erstrecken sich Felder und ein kleines Dorf, in dem Einheimische wohnen und das Camp mit Wasser und allem Notwendigen versorgen. Auf der Anhöhe hat gerade ein doppelstöckiges Gebäude mit einem Vorplatz aus Geröll für die Übungen Platz. Drei Soldaten eines Militärpostens halten Wache. Geduscht werden kann unterhalb der Anhöhe in einer von zwei kleinen Backsteinhütten. In der anderen hält sich eine zweite Besuchergruppe auf.

Yussuf, der das Lager leitet, zeigt den Neuankömmlingen das Wohngebäude. In der oberen Etage schlafen die RAF-Mitglieder, wegen der extremen Hitze meist auf der Veranda. Yussuf hat einen Raum für sich allein und einen weiteren Raum teilen sich Saffar und Omar, die ebenfalls für die Ausbildung der Gäste zuständig sind. Im Untergeschoß befindet sich ein Gemeinschaftsraum zum Essen und Diskutieren sowie ein abgeschlossener Schuppen für die Waffen.

Einige der Neulinge sehen in der militärischen Ausbildung den einzigen erkennbaren Zweck ihrer Reise. Andere, wie Silke Maier-Witt, ahnen, um was es geht: um den Fortbestand der RAF, um die letzte Chance, die ihnen ihre illegale Existenz noch bietet.

Doch zunächst sehen sich die Neuankömmlinge in diesem Wüstencamp einer erbarmungslosen Kritik ausgesetzt. Brigitte Mohnhaupt, geprägt von dem drastischen, selbstverachtenden Tonfall der Baader-Generation, spielt die Vorreiterin. Sie wirft vor allem Christian Klar und Adelheid Schulz blinden Aktionismus ohne Strategie und Konzept vor. Seit ihrer Verhaftung in Jugoslawien hat es keine gezielten Aktionen mehr gegeben. Statt dessen Verhaftungen, Schießereien und Tote. Für eine Terrororganisation, die weiß, daß sie sich nur über den Erfolg ihrer militärischen Aktionen definieren kann, eine untragbare Situation.

Doch auch Personalien spielen eine Rolle. Mohnhaupt und, in abgeschwächter Form, Sieglinde Hofmann kritisieren die Aufnahme des Arztes von Seckendorff in die Gruppe. Er hat außer bei der Betreuung Kranker und bei seiner Hilfe für den drogensüchtigen Boock keine Rolle innerhalb der Gruppe gespielt und soll dies auch in Zukunft nicht tun. Ralf Friedrich wird Feigheit vorgeworfen. Er unternehme alles, um im entscheidenden Moment bei Aktionen nicht an vorderster Front dabeisein zu müssen. Lotze und Albrecht kommen glimpflicher davon. Sie dienen eher als Vehikel für weitere Vorwürfe gegen diejenigen, die in Europa die Führung übernommen hatten. Man habe sich zuwenig um die persönlichen Probleme der beiden gekümmert, sie mit ihren Selbstzweifeln und Vorwürfen allein gelassen.

Die Staatsfeinde Nummer eins der Bundesrepublik zerfleischen sich in der Wüste in Problemen, doch das zentrale Thema wird peinlich vermieden: daß es nach dem Tod der Gefangenen von Stammheim eigentlich kein Ziel mehr gibt, für das sie kämpfen. Die meisten sind aus den Unterstützer-Komitees für die Gefangenen der ersten Stunde zur RAF gekommen. Sie haben aus ihrem Kampf für humane Haftbedingungen und die Freilassung ihrer Gefangenen einen gewaltsamen Kampf gegen das System gemacht. Die Gefangenen sind tot, das System stärker denn je, der Kampf ist zum ziellosen Selbstzweck verkommen.

Es sollte noch ein Jahr dauern, bis Helmut Pohl und Wolfgang Beer den Versuch unternehmen, der RAF ein neues theoretisches Konzept zu geben. In Aden spielt das keine Rolle. Hier sitzen Leute, die sich wie Klar über ihre Kaltblütigkeit und die rücksichtslose Anwendung von Gewalt definieren, wie Mohnhaupt über ihre aus der Vergangenheit abgeleitete Führungsrolle oder wie die meisten anderen über ihr abstraktes Wollen, das aber mangels Energie und Überzeugung im Mitläufertum steckenbleibt.

Doch da die Palästinenser nicht vorhaben, ihr Ausbildungslager zur Selbsterfahrungsgruppe für ziellose Hobby-Anarchisten verkommen zu lassen, müssen sich die RAF-Mitglieder nebenbei auch noch einem harten Tagesablauf unterwerfen. Noch vor Sonnenaufgang müssen die Gruppenmitglieder aufstehen. Vor dem Frühstück steht ein halbstündiger Dauerlauf auf dem Programm, anschließend Gymnastik. Danach geht es den ganzen Vormittag um kampftechnische Ausbildung. Saffar und Omar, gerade um die zwanzig Jahre alt, haben die Aufgabe, die Deutschen im Nahkampf zu unterrichten. Angriffs- und Abwehrtechniken mit Messern und Schlagwerkzeugen sowie Falltechniken werden geübt, anscheinend alles Methoden der Verteidigung, die in westdeutschen Großstädten täglich von den Stadtguerilleros gebraucht werden könnten. Aber im Gleichklang mit den Befreiungsbewegungen in aller Welt macht man sich über solche Petitessen keine Gedanken.

Nach dem Mittagessen werden die Terroristen dann vornehmlich in Waffentechnik unterrichtet. Dazu gehört der Umgang mit Faust- und Langfeuerwaffen aller Art, aber auch der Einsatz von Sprengstoffen und Sprengsätzen. Für diesen Teil der Ausbildung zeichnet Yussuf verantwortlich. Die Waffen werden zerlegt, gereinigt, wieder zusammengesetzt. Es gibt Lektionen über Mündungsgeschwindigkeit, Reichweite und Schußverlauf der einzelnen Fabrikate. Das Arsenal der Palästinenser ist beachtlich. Im Angebot befinden sich Pistolen, Maschinenpistolen, Handgranaten und Sprengkapseln und auch Panzerfäuste – ein Faktor, der später noch eine wichtige Rolle spielen soll. Alle Marken sind vertreten: Makarov, Kalaschnikov, Beretta, Scorpio – alles, was der Waffennarr begehrt. In puncto Sprengstoff erfahren die RAF-Mitglieder viel über die verschiedenen Zündmöglichkeiten und die Anwendung von Plastiksprengstoff für sogenannte gerichtete Sprengladungen, ein Wissen, das sie schon in der allernächsten Zukunft werden einsetzen können.

Makabrer Höhepunkt der Ausbildung ist als Mutprobe das Werfen von Handgranaten und das Zünden von Sprengkapseln. Letzteres allerdings unter erschwerten Bedingungen: Die Probanden haben die Sprengkapseln zu vergraben, müssen sich davor aufstellen und sie in nächster Nähe detonieren lassen.

Dieses Training im kleinen Einmaleins des angewandten Terrorismus wird erschwert durch die Tatsache, daß zwei wichtige Mitglieder der Gruppe unter heftigen Erkrankungen leiden. Christian Klars Tuberkulose ist den Mitgliedern bereits in Europa bekannt geworden, aber eine Behandlung wird erst jetzt in Aden möglich. Dort erfahren sie auch, daß Rolf Clemens Wagner ebenfalls an dieser gefährlichen Lungenkrankheit leidet.

Ein drittes Mitglied befindet sich zwar in Aden, hält sich aber nicht gemeinsam mit den anderen im Wüstencamp auf. Es ist Peter Jürgen Boock. Die Diskussionen um seine Person und seine Rolle für die RAF flammen im Jemen erneut auf und erreichen einen neuen Höhepunkt. Diesmal geraten die Kritiker Mohnhaupt und Hofmann selbst ins Kreuzfeuer der Kritik. Besonders Brigitte Mohnhaupt sieht sich schärfsten Vorwürfen ausgesetzt. Wie konnte sie es zulassen, daß der Zustand Boocks so lange geheimblieb und die RAF so viele Opfer kosten konnte. Schließlich war sie es gewesen, die alle Nachfragen zu seiner angeblichen Krebserkrankung mit den stereotypen Worten «der ist untersucht worden, der hat tatsächlich ein Karzinom» abgeblockt hatte.

Doch Brigitte Mohnhaupt hat ihre Lektion bei Baader und Ensslin perfekt gelernt. Sie übt sich in Selbstkritik, bezichtigt sich selbst des Verrats an der Gruppe, um gleich darauf anzukündigen, unter diesen Umständen kaum mehr weitermachen zu können. Dies wäre das endgültige Aus für die RAF zu diesem Zeitpunkt gewesen und ist deshalb ein besonders cleverer Trick, weitere Diskussionen zu diesem Thema abzuwürgen.

Einige Gruppenmitglieder bleiben des öfteren über Nacht dem Lager fern und kommen am nächsten Morgen mit neuen Informationen über Boock zurück. Zweimal wird auch er selbst zu solchen Diskussionen von Yussuf ins Lager geholt. Wortführerin der Gruppe ist wieder die persönlich betroffene Brigitte Mohnhaupt. Den Palästinensern, vom jahrelangen Kampf auf totale Unterordnung unter ihr großes Ziel, die Befreiung ihres Volkes, gedrillt, bleibt die Einstellung der RAF zu ihrem Mitglied Boock völlig schleierhaft. Sie können nicht nachvollziehen, warum die Gruppe sich so schwer tut mit einer Entscheidung gegen Boock, der mit seinem Verhalten immerhin einige Mitglieder hinter Gitter gebracht hat.

Sie zumindest ziehen ihre Konsequenzen. Sie nehmen ihm wohl nicht ab, daß er seine Drogensucht überwunden hat. Während die anderen nachts im Lager bewaffnet Wache schieben müssen, verzichten die Palästinenser auf diese Hilfe von seiten Boocks. Eigentlich ist aus den früheren Streitereien um seine Person herauszuhören gewesen, daß er aus der RAF ausscheiden sollte, doch jetzt stellt sich das Problem ganz anders dar. Boock hat es sich mit seinen Gastgebern gründlich verscherzt. Es ist schnell klar, daß die Palästinenser ihn loswerden wollen. Aber auch eine Rückkehr zur Gruppe können sich viele nicht vorstellen. Doch am Ende wird er wieder dazugehören. Eine Entscheidung, die für einige nicht nachvollziehbar ist, sogar einen erneuten Schock bedeutet.

«Jetzt geht alles so weiter wie zuvor», ist die Reaktion Friedrichs, als er von der Rückkehr Boocks erfährt. Silke Maier-Witt, die nach wie vor in der Illusion lebt, die Schwere des revolutionären Kampfes würde geradezu zwangsläufig zur Lösung solcher menschlichen Probleme führen, sieht sich erneut in ihren Hoffnungen enttäuscht.

Die Widersprüche werden im Jemen nicht beseitigt, sie werden vertieft. Hinzu kommt die Furcht, bald wieder zurück nach Europa zu müssen, das heißt zurück unter den enormen Fahndungsdruck der europäischen Polizeibehörden.

Allen ist klar, daß die Ruhe und der Schutz des Palästinenserlagers nicht auf Dauer in Anspruch genommen werden können. Die Diskussionen innerhalb der Gruppe, die, wie Lotze sagt, ein übles Stadium erreicht haben, wenden sich deshalb Anfang 1979 erneut den Aktionen zu, die man in Europa plant und unbedingt durchziehen will. Den RAF-Mitgliedern ist im Jemen eines klargeworden: daß die Gruppe unbedingt einen Erfolg braucht, wenn man ihr endgültiges Auseinanderbrechen verhindern will. Ein Erfolg, das konnte nur eine Aktion sein, eine Entführung oder ein Mord. Lieber erneut dem gnadenlosen Gesetz des Handelns unterworfen sein als der gnadenlosen Ausweglosigkeit gruppeninterner Diskussionen. Was die Palästinenser vom desolaten Innenleben ihrer Waffenbrüder mitbekommen, läßt sich nur erahnen. Doch während dieser Monate im Nahen Osten haben sich zwischen den weiblichen Gruppenmitgliedern Mohnhaupt, Hofmann, Schulz und Maier-Witt Beziehungen zu einigen der Palästinenser entwickelt. Als Lotze und Albrecht als erste den Weg zurück nach Europa antreten, unterrichten sie Rolf Heißler und Elisabeth von Dyck von den Geschehnissen im Jemen. Als Heißler von den Beziehungen zwischen Arabern und RAF-Frauen erfährt, rastet er aus. Sein erster Gedanke ist, daß auch diese den Zusammenbruch der Rote Armee Fraktion nur beschleunigen können. Wenig später sitzt er in einem Flugzeug nach Aden, um zu retten, was noch zu retten ist.

Einem weiteren Umstand messen die RAF-Mitglieder keine große Bedeutung bei, eine Ignoranz, die sich später als gefährlicher Fehler erweisen sollte. Die Kindersachen, die sie vor ihrer Abreise in Europa gekauft haben, sind für eine Deutsche bestimmt. Diese Deutsche hat nur zu ausgewählten Mitgliedern der Gruppe Kontakt. Sie befindet sich schon seit längerer Zeit im Jemen und ist dort mit einem hochgestellten Palästinenser verheiratet, der das Lager auch einmal besucht und von Brigitte Mohnhaupt mit dem Spitznamen «Salatblatt» belegt wird. Sein wirklicher Name lautet Zaki Helou, Chef der PFLP/ Special Command, Chef dieses Lagers und Leiter der Basis des PFLP-Führers Walid Haddad. In dieser Funktion war er dann zeitweilig Ausbilder der RAF-Kader. Die Kinderbekleidung ist für die beiden Töchter der Deutschen bestimmt, die sich wohl häufiger bei ihrem Mann über das kärgliche Leben in den Lagern des Nahen Ostens beschwert. Den Namen dieser Frau erfährt außer den Hierarchen der RAF keines der Gruppenmitglieder. Ihr deutscher Deckname lautet «Schöne Frau», der arabische «Amal». Es ist die gleiche «Schöne Frau», die auch 1977 just zu dem Zeitpunkt in Bagdad ist, als die Entführung der «Landshut» abläuft und sich ein großer Teil der RAF-Aktivisten im Irak aufhält. Doch auch die Top-Leute des «2. Juni» hatten dort ihre Operationsbasis. Unter ihnen natürlich auch Inge Viett.

Als Rolf Heißler im Lager auftaucht, ebben die persönlichen Diskussionen unter den Terroristen ab. Er will die Idylle mit den Palästinensern stören, die Selbstzerfleischung beenden und den Blick nach vorn richten. Die Operation «Hengst» gerät wieder ins Blickfeld der Rote Armee Fraktion. Die RAF plant bereits seit dem Frühjahr 1978, einen Anschlag gegen einen hochrangigen militärischen Vertreter der Nato in Brüssel durchzuführen. Dieser Offizier ist US-General Alexander Haig, Oberkommandierender der Nato-Truppen in Westeuropa, Deckname im Jargon der RAF: «Hengst».

Zunächst war geplant, den General zu entführen, um erneut eine Freipressung inhaftierter Gefangener zu versuchen. Doch die Verhaftung von Wisniewski, Mohnhaupt, Hofmann, Boock und Wagner im Mai 1978 sowie der Tod Stolls im September hatten eine weitere Verfolgung dieses Plans verhindert, obwohl bereits entsprechende Ausspähungen und Vorbereitungen getroffen waren. Trotzdem machen Mohnhaupt und Genossen diesen Punkt jetzt zum Thema der Kritik. Sie werfen den aus Europa kommenden Gefährten vor, die Vorbereitungen für den Anschlag auf Haig nur halbherzig betrieben zu haben.

Als Heißler auftaucht, werden die Diskussionen um Haig erneut aufgenommen. Der RAF ist klar, daß sie eine Entführungsaktion logistisch und personell nicht durchhalten kann. In

Aden fällt der Entschluß, General Alexander Haig zu ermorden: Sie planen, seinen Wagen mit einer Panzerfaust vom sowjetischen Typ RPG 7 zu beschießen. Eine Waffe von mittlerweile legendärer Bedeutung für die Geschichte der RAF. Zumindest Christian Klar hat im Jemen den Umgang mit einer solchen Waffe geübt.

Im Februar 1979 begeben sich die meisten RAF-Mitglieder wieder zurück nach Europa. Sie teilen sich auf. Eine Gruppe geht nach Deutschland, um durch Banküberfälle Geld zu beschaffen, eine andere baut in Paris weitere Kontakte auf. Der Rest der Aktiven fährt nach Brüssel: Sie sollen «Hengst machen».

Nach langer Zeit weiß die gesamte Gruppe endlich wieder, wo es langgeht. Das heißt: Jeder weiß, was er zu tun hat. Was aber wiederum nicht heißt, daß jeder weiß, warum er was zu tun hat. Lotze und Albrecht gelten als rehabilitiert. Auch Maier-Witt glaubt nach den Diskussionen, eine neue Rolle für sich selbst und die Gruppe spielen zu können.

Die RAF hat sich in Aden als Schutz vor der Selbstzerstörung eine künstliche Kulisse gebaut, in der sie die nächsten Monate agiert. Es werden die letzten Etappen vor dem Fluchtpunkt DDR sein.

«Aktion Hengst»

Banküberfälle und der «finale Todesschuß»

Die ersten Wochen in Brüssel verbringen vor allem Susanne Albrecht, Sigrid Sternebeck und Henning Beer mit der Ausspähung Alexander Haigs. Sie inspizieren seinen Wohnsitz, erkunden die Fahrtstrecke zwischen Wohnung und dem Nato-Hauptquartier und versuchen, Regelmäßigkeiten in seinen Abfahrtzeiten zu entdecken. Die Vorbereitungen für den Anschlag werden von einer konspirativen Wohnung in Brüssel aus koordiniert, die in den nächsten Monaten als Schaltzentrale der Rote Armee Fraktion dient.

Zunächst bleiben die Aktivitäten in diesem Stadium des Ausspähens und Observierens stecken, da sich wichtige Gruppenmitglieder noch in der Bundesrepublik aufhalten. Klar, Mohnhaupt, Lotze, Wagner und Schulz haben die Aufgabe, Geld zu beschaffen. Und das heißt im Zweifelsfall immer, daß eine Bank ausgeraubt werden muß.

Zuerst von Frankfurt, dann von Mannheim aus wird der Überfall auf die Bank für Gemeinwirtschaft in Darmstadt organisiert. Darin sind die Mitglieder der Gruppe mittlerweile Experten. Eine geeignete Bank muß so gelegen sein, daß eine Flucht zunächst mit dem Auto und dann mit öffentlichen Verkehrsmitteln problemlos möglich ist. Die Fluchtroute wird von vornherein festgelegt. Die Bank muß übersichtlich und geräumig sein, um die Anwesenden gut in Schach halten zu können. Man muß in der Lage sein, den Kassierer unmittelbar mit einer Waffe zu bedrohen, um an das Geld zu kommen. Und all das muß durchführbar sein, ohne daß Kunden als Geiseln genommen werden müssen.

Die RAF-Mitglieder legen den Ablauf eines Überfalls genau fest: In 50 Sekunden soll alles über die Bühne gehen, damit auch bei einem sofortigen Alarm noch vor dem Eintreffen der Polizei genügend Zeit für die Flucht bleibt. Christian Klar übernimmt die Leitung des Kommandos. Er muß mit einer Waffe und einer Stoppuhr ausgerüstet in der Schalterhalle stehen, die Kunden bedrohen und Anweisungen geben. Nach genau 45 Sekunden hat er den Überfall zu beenden und das Kommando für die Flucht zu geben. Adelheid Schulz und Elisabeth von Dyck bekommen die Aufgabe, mit vorgehaltener Waffe den Kassierer zur Herausgabe des Geldes zu zwingen. Werner Lotze wartet derweil im Fluchtfahrzeug.

Der Überfall soll am 19. März 1979 über die Bühne gehen. Werner Lotze steuert den Fluchtwagen an die Rückseite der Bank, die durch eine Toreinfahrt zu erreichen ist. Die anderen drei betreten das Gebäude. Schon nach kurzer Zeit hört Lotze einen dumpfen Knall. In der Bank ist ein Schuß gefallen. Die drei kommen wenig später aus der Bank und gehen zügig auf das Fluchtfahrzeug zu. Die Kaltblütigkeit der Flucht wird durch den unplanmäßigen Verlauf nicht beeinträchtigt: Lotze fährt wie vorgesehen in eine nahe gelegene Tiefgarage. Dort trennen sie sich und machen sich jeweils zu zweit auf den Weg in die konspirative Wohnung, in der Rolf Heißler auf sie wartet. Schulz und Lotze überbrücken die Wartezeit auf ihren Bus, indem sie in eine andere, nahe gelegene Bank gehen. Kaum zu glauben, aber wahr. Dann fahren sie in einen Darmstädter Vorort und von dort mit dem Zug nach Mannheim.

Beim Überfall selbst ist alles glattgegangen, bis zu dem Moment, als ein älterer Herr Christian Klar unvermittelt angreift. Der ist völlig überrascht, so daß Adelheid Schulz ihm zu Hilfe kommen muß. Sie wendet sich vom Bankschalter weg und schießt dem Mann ins Bein. Die Aktion wird daraufhin sofort abgebrochen. Als sie wieder in Mannheim sind, stellen die

Bankräuber fest, daß ihre Beute gering ist. Durch den Zwischenfall kamen sie nur dazu, etwa 50000 Mark einzupacken. Den Angriff eines Bankkunden hat die Gruppe nicht in ihr Kalkül einbezogen. Alles wird vorher geprobt: vom Satz über den Tresen, über die Bedrohung des Kassierers bis hin zur geplanten Eskalation durch das Entsichern der Waffen, um die Bedrohung zu verstärken. Aber Gegenwehr durch einen Kunden, damit haben sie nicht gerechnet. Jetzt sitzen sie in der Klemme. Die Vorbereitungen für den Überfall haben mehrere Wochen gedauert, aber der Erfolg ist mäßig. Dabei braucht die Gruppe dringend Geld: erstens für die Finanzierung des Anschlags auf den Nato-General und zweitens, um ihre Schulden bei anderen Terrororganisationen bezahlen zu können. Die RAF steht bei der «Bewegung 2. Juni» wie bei den Palästinensern in der Kreide. Beide haben der Rote Armee Fraktion Geld für ihren Kurlaub in Aden gegeben und bestehen, gar nicht internationalistisch-solidarisch, auf Rückzahlung. Die Gruppe muß ihren Deutschlandaufenthalt verlängern. Mit einem zweiten Bankraub soll das nötige Kleingeld beschafft werden. Ausgesucht wird die Schmidt-Bank in Nürnberg. Eigentlich ist Nürnberg eine Art Ruheraum für die Gruppe, und Aktionen finden dort aus diesem Grunde nicht statt. Doch inzwischen zeichnet sich ab, daß die Rote Armee Fraktion ihre Strukturen in der Bundesrepublik auflösen wird, ein Ruheraum wird nicht mehr benötigt.

Die Vorbereitungen für den Banküberfall laufen nach Schema F ab. Mit einer Ausnahme: Der Angriff auf Christian Klar in Darmstadt hat die Gruppe konsterniert. Deshalb beschließen sie, beim nächstenmal eine größere Waffe mit abschreckenderer Wirkung zu verwenden. Aus einem der RAF-Depots wird extra zu diesem Zweck ein Colt der Marke «Peacemaker» geholt, eine schwere Faustfeuerwaffe. Vor diesem Schießwerkzeug haben die Terroristen gehörigen Respekt, wissen sie doch von Stefan Wisniewski um den immensen Rückschlag dieser Waffe. Deshalb schieben sie vor dem

Banküberfall eigens zwei Übungsschießen in der Nähe von Nürnberg ein, da Rolf Heißler sich weigert, mit einer Waffe herumzulaufen, die er noch nie vorher ausprobiert hat. Beim erstenmal üben auch Werner Lotze und Monika Helbing mit ihren Waffen. Sie hat Probleme mit dem Magazin ihrer Pistole, das klemmt. Nichts geht mehr, und keiner kennt sich so richtig mit den Waffen aus. Letzte Hilfe bringt erst ein Anruf bei Christian Klar in der Frankfurter Textorstraße, der das Problem per Ferndiagnose lösen muß. Terrorismus live.

Kurz vor dem Überfall in Nürnberg kauft Werner Lotze ein Fahrzeug in München, einen Peugeot-Kombi. Er wird bis zur Tat in der Nürnberger Altstadt abgestellt. Am 17. April 1979 fährt Elisabeth von Dyck das Tatfahrzeug. Werner Lotze, Adelheid Schulz und Rolf Heißler sind bereits in der Nähe des Tatorts, als von Dyck mit dem Peugeot vorfährt und ihn vor der Bank abstellt.

Es ist früher Morgen, die Bank hat erst wenige Minuten geöffnet. Elisabeth von Dyck betritt die Schalterhalle und vergewissert sich, daß sich nur wenige Kunden dort aufhalten und in den Kassen genügend Bargeld vorhanden ist. Daraufhin verläßt sie das Gebäude, setzt sich wieder hinter das Steuer des Autos, läßt den Motor an und beginnt mit einem weißen Tuch den Außenspiegel zu putzen. Das ist das Zeichen.

Werner Lotze und Adelheid Schulz betreten die Bank. Rolf Heißler folgt mit einem Abstand von fünf bis sechs Metern, damit die beiden vor ihm bereits an den Kassenboxen stehen, wenn er das Kommando übernimmt. Die drei sind mit langen Mänteln bekleidet, alle tragen Waffen. Werner Lotze hat außerdem eine Handgranate dabei. Er geht an eine der Kassenboxen, schiebt einen Mann mit seinem Sohn zur Seite und bedroht die Kassiererin mit seiner Pistole. Er sieht, daß sie panische Angst hat. Mit weit aufgerissenen Augen packt sie sofort das Geld zusammen. Diesmal kommt es zu keiner Eskalation der Gewalt. Lotze befiehlt dem Mann mit seinem Sohn, sich bloß nicht zu rühren. Der tut Gott sei Dank, wie ihm geheißen.

Adelheid Schulz hat sich derweil der zweiten Kassenbox angenommen, während Heißler im Hintergrund mit ruhiger Stimme
die Kommandos gibt. Als er einen Streifenwagen auf die Kreuzung vor der Bank fahren sieht, gibt er die Anweisung zum
Abbruch. Lotze und Schulz raffen noch das letzte Geld zusammen, dann steigen die drei seelenruhig zu Elisabeth von Dyck
ins Auto. Sie fahren bis zu einem Grünstreifen in der Nähe der
alten Stadtmauer und gehen von da aus pärchenweise zurück
zur konspirativen Wohnung in der Stephanstraße 40.

Als sie nacheinander dort eintreffen, erkennen sie, daß sich
dieser Raubüberfall weitaus mehr gelohnt hat als der in Darmstadt. Die Beute beträgt mehr als 200000 Mark, etwa die Hälfte
davon in ausländischer Währung. Damit ist die Gruppe fürs
erste wieder einigermaßen flüssig. Schulden können bezahlt
und die geplante Aktion finanziert werden. Im Sinne der RAF
ist die Aktion in Franken ein voller Erfolg, und doch wird auch
Nürnberg wieder zur Endstation für ein Mitglied der Gruppe.

Zunächst halten sich die Beteiligten an dem Überfall noch einige
Tage in der Nürnberger Wohnung auf. Dann wechseln sie alle
nach Frankfurt in die Textorstraße. Werner Lotze und Rolf
Heißler kehren wenig später noch einmal nach Nürnberg zurück, um Sachen und vor allem Geld aus dem geheimen Unterschlupf zu holen. Sie haben Angst, die Wohnung könnte entdeckt worden sein, und sind äußerst vorsichtig. Werner Lotze
geht voran und untersucht das kleine Appartement, bevor er
Rolf Heißler ein Zeichen gibt, daß die Luft rein sei. Die beiden «cleanen» die Wohnung, das heißt, sie säubern sie, beseitigen, soweit es geht, Spuren, Fingerabdrücke und alles, was auf
die Aktivitäten der Rote Armee Fraktion hinweisen könnte.
Was die beiden nicht wissen: Seit dem 20. April 1979 wird die
Wohnung in der Stephanstraße 40 von Beamten des bayerischen Landeskriminalamts und einem mobilen Einsatzkommando überwacht. Das Bundeskriminalamt in Wiesbaden habe
das Anderthalb-Zimmer-Appartement als Kurier- und Brief-

kasten-Wohnung der Rote Armee Fraktion enttarnt, ist die offizielle Version.

Am Abend des 4. Mai 1979, einem Samstag, melden die Beamten, die das Haus von einem grauen Bauwagen aus mit Ferngläsern und Funkgeräten observieren, ihren Kollegen, daß eine blonde, männliche Gestalt das Gebäude betrete. Die angesprochenen Kollegen befinden sich bereits in der Wohnung. Seit Tagen wird das Appartement im Schichtdienst überwacht, warten die Beamten auf ihren großen Fang.

Es ist schon recht dunkel an diesem Abend. Die «blonde, männliche Gestalt» ist Elisabeth von Dyck, 1,68 Meter groß, 28 Jahre alt, ehemalige medizinisch-technische Assistentin und auf den Fahndungslisten der bundesdeutschen Behörden ganz oben zu finden. Das ehemalige Mitglied des Heidelberger «Sozialistischen Patientenkollektivs», Ex-Bürogehilfin des RAF-Anwalts Klaus Croissant, will noch ein paar Sachen aus der Wohnung holen. Sie ist allein und, anders als Lotze und Heißler, überhaupt nicht argwöhnisch. Sie öffnet die Wohnungstür, und augenblicklich schallt ihr ein «Hände hoch, Polizei!» der mit Schutzwesten bekleideten Beamten entgegen. In den späteren Aussagen wird es heißen, Elisabeth von Dyck habe in diesem Moment ihre Taschen fallen lassen und zu ihrer Pistole gegriffen. Dabei sei sie herumgefahren und habe auf den hinter ihr stehenden Beamten gezielt. Sicher ist, daß zwei Schüsse fallen. Einer aus der Pistole dieses Beamten, der sie in den Oberschenkel trifft, und einer aus der Waffe eines der beiden anderen Polizisten. Diese Kugel dringt von schräg hinten in ihren Rücken. Elisabeth von Dyck ist nicht mehr zu helfen. Der Obduktionsbericht der Universitätsklinik Nürnberg-Erlangen nennt als Todesursache «Schuß in den Rücken».

Es ist nach dem Tod von Willy-Peter Stoll das zweite Mal, daß ein RAF-Mitglied bei seiner Verhaftung erschossen wird, ohne daß es selbst geschossen hätte. Diesmal macht das Vorgehen der bayerischen Polizei Schlagzeilen und beschäftigt sogar den Landtag in München. Die Spirale der Gewalt hat sich erneut um eine Umdrehung weiterbewegt. In Bayern erlaubt seit kurzem ein Gesetz den «finalen Todesschuß» durch die Polizei. Jetzt fragt sich die Öffentlichkeit, ob dies zu einer Überreaktion der Beamten im Einsatz führt. Wird überhaupt noch der Versuch gemacht, eine Festnahme zu erreichen? Trotz dieser Zweifel wird den Beamten sachgerechtes Verhalten in einer Notwehrsituation bescheinigt. Die Frage, ob sie überhaupt ernsthaft den Versuch einer Festnahme gemacht haben, wird nicht abschließend beantwortet.

Der damalige Nürnberger Polizeipräsident Helmut Kraus bringt das Verhalten des Einsatzkommandos in einem «Spiegel»-Gespräch auf den Punkt: «Da können sie nicht in den Zeh schießen.» Punkt und Ende.

Die Unsicherheit der Beamten im Umgang mit Terroristen hat längst einer Angst vor den brutalen Gewalttätern der RAF Platz gemacht, die auch die Polizei nach dem Motto handeln läßt: «Erst schießen, dann fragen.» Wieder hat die Rote Armee Fraktion durch ihr Vorgehen und durch die Mythen, die über sie im Umlauf sind, die politischen Realitäten der Bundesrepublik verändert. Wieder hat sich der Staat in seinem Verhalten ein Stück dorthin bewegt, wo die RAF ihn immer haben wollte. Die Veränderungen zum Schlechten, die die RAF im Deutschen Herbst und in den folgenden Jahren erzwingt, trifft auch sie selbst. Allerdings machen diese Veränderungen nicht dem Terrorismus ein Ende, sondern nur dem Leben von Terroristen.

Der Anschlag auf Nato-General Haig

Während der Tod Elisabeth von Dycks in der Bundesrepublik für Schlagzeilen sorgt, hält sich der Großteil der Rote Armee Fraktion in Brüssel auf und ist mit den Vorbereitungen für den Anschlag auf den Nato-General Alexander Haig beschäftigt.

Die ursprüngliche Idee, den Wagen Haigs mittels einer Panzerfaust in die Luft zu jagen, hat die Gruppe längst aufgegeben. Christian Klar ist der einzige, der im Jemen mit einer solchen Waffe vom sowjetischen Typ RPG 7 geübt hat. Und seine Fähigkeit, diese Waffe zu handhaben, geschweige denn, mit ihr zu treffen, läßt zu wünschen übrig. Daß Klar darüber hinaus immer noch an den Folgen seiner Tuberkuloseerkrankung leidet, ist ein weiterer Grund, sich von einer solchen Form des Anschlags zu verabschieden. Mittlerweile plant die RAF, den Wagen Haigs mit einer Sprengladung zu attackieren. Das Herstellen und Zünden von gerichteten Sprengladungen hat ebenfalls zum Ausbildungsprogramm der Palästinenser in Aden gehört. Die Vorbereitung und Organisation des Attentats erfordert die Teilnahme fast aller Mitglieder. Seit der Entführung Schleyers hat die RAF kein solch kompliziertes und gefährliches Vorhaben in die Tat umgesetzt. Eins ist klar: Haig soll getötet werden. Den imperialistischen USA und den Nato-Strukturen soll ein spürbarer Schlag versetzt werden. Darüber hinaus aber muß der Anschlag auf Haig den Neubeginn der Gruppe nach Aden einläuten. Deshalb werden auch alle an den Vorbereitungen beteiligt, deshalb werden die Maßnahmen erstmals seit langem wieder mit generalstabsmäßiger Akribie durchgeführt. Ein Scheitern muß ausgeschlossen werden. Und dennoch gibt es wieder Pannen, wird mitten in den letzten Vorbereitungen ein RAF-Mitglied in der Bundesrepublik verhaftet.

Die Maßnahmen, die für einen solchen Anschlag getroffen werden müssen, sind umfangreich und kompliziert. Sie erstrekken sich vor allem über einen langen Zeitraum. Erste Ausspähungen der Fahrtstrecke des Generals zu seinem Dienstort haben bereits im Frühjahr 1978 stattgefunden, als noch eine Entführung Haigs auf dem Plan der RAF stand. Die gesamte Aktion wird von einer konspirativen Wohnung in Brüssel aus geplant und durchgeführt. Dort halten sich seit April 1979 Christian Klar, Rolf Heißler, Rolf Clemens Wagner, Adelheid

Schulz, Sieglinde Hofmann, Brigitte Mohnhaupt, Werner Lotze, Silke Maier-Witt, Susanne Albrecht und Henning Beer auf.

Beer ist erst kurz vorher zur Gruppe gestoßen. «Mini», wie sie ihn wegen seiner gerade zwanzig Jahre nennen, ist seinem Bruder Wolfgang Beer gefolgt, der in der Öffentlichkeit zwar nie eine große Rolle gespielt hat und selten im Zusammenhang mit Aktionen auftaucht, intern aber als einer der strategisch denkenden Köpfe der RAF angesehen wird. Der kleine Bruder folgt ihm in die Illegalität. Albrecht, Maier-Witt und Lotze gelten seit dem Aden-Aufenthalt innerhalb der Gruppe als rehabilitiert. Ihre persönlichen Zweifel haben sie verdrängt, um weiter innerhalb der Gruppe leben zu können, was ihnen allemal sicherer zu sein scheint als der Ausstieg mit allen Folgen bis hin zur Verhaftung. Dies führt innerhalb der Gruppe sogar zu besonderem Engagement und einem Satz wie dem von Silke Maier-Witt: «Ich will bei einer Aktion dabeisein, dann weiß ich wenigstens, wofür ich in den Knast gehe.»

Zunächst geht keiner in den Knast, sondern alle an die Arbeit. Die Aufgaben werden verteilt. Ein Teil der Gruppe hat sich mit den direkten Vorbereitungen auf den Anschlag gegen «Hengst» zu befassen. Der andere Teil organisiert die Auflösung der RAF-Strukturen in Belgien, denn direkt nach dem Attentat wollen die Terroristen Belgien verlassen: Der Fahndungsdruck ist zu groß. Allein in Brüssel besitzt die Gruppe drei konspirative Wohnungen, vom Ein-Zimmer-Appartement bis zur großen Mehrraum-Wohnung. Das Ziel steht fest: Nach dem Anschlag wollen sich die Beteiligten nach Paris absetzen.

Die Fahrtstrecke Haigs von seinem Wohnsitz in Schloß Gendebien bei Mons zum Nato-Hauptquartier in Maisières hat die Gruppe bereits abgecheckt. Es gibt zwei Stellen an der Route, von denen aus die Wagenkolonne des Generals gut zu beobachten ist. In der Folgezeit übernimmt Werner Lotze die Ausspähung Haigs. Einmal mit Susanne Albrecht und einmal mit Silke Maier-Witt beobachtet er den Weg zum Hauptquartier. Ziel ist es, den Mann, den sie töten wollen, eindeutig zu identifizieren. Zu diesem Zweck fotografiert Lotze den Wagen des Generals mit einer motorbetriebenen Kamera. Doch das Ergebnis ist mager: unscharfe Bilder, auf denen man kaum etwas erkennen kann. Beim dritten Versuch steigert Lotze das Risiko. Er geht der Wagenkolonne zu Fuß entgegen. Diesmal gelingt es ihm, einen Blick in die Fahrzeuge zu werfen: Er erkennt Haig, der im zweiten von drei Fahrzeugen sitzt, an seiner charakteristischen Stirn- und Kinnpartie. Er fährt mit seinem gepanzerten Wagen immer an zweiter Stelle in der Kolonne, die sich mit relativ hoher Geschwindigkeit über die Landstraße bewegt. Ein bestimmtes Fahrzeug einer solchen Gruppe in voller Fahrt zu treffen, ist ein ungemein schwieriges Unterfangen, doch die RAF ist bestens präpariert.

Die großen Mengen Plastiksprengstoffs, die die Gruppe für den Bau einer geeigneten Bombe benötigt, befinden sich im Besitz der Rote Armee Fraktion. Henning Beer und, trotz seiner Krankheit, Christian Klar begeben sich auf die Suche nach einem erfolgversprechenden Anschlagsort. Zwei mögliche Stellen, einmal an der Landstraße in der Nähe eines Bauernhofes und einmal mitten in Mons an einem Gullydeckel, werden wegen der Gefahr, bei den Anschlagsvorbereitungen entdeckt zu werden, verworfen. Die Gruppe entscheidet sich für einen dritten Ort. Die Wagenkolonne des US-Generals muß während ihrer Fahrt eine Brücke an der Rue de l'Empire passieren, die das Zentrum von Obourg mit Maisières verbindet. Ganz in der Nähe liegt das Zementwerk von Obourg und unter der Brücke verläuft ein Förderband zwischen dem nahe gelegenen Steinbruch und dem Zementwerk. Unter der Brückenauffahrt soll der Sprengsatz detonieren, genau in dem Augenblick, wenn General Haig mit seinem Wagen über die versteckte Bombe fährt.

Werner Lotze sorgt für die korrekte Plazierung der Bombe direkt in der Mitte der rechten Fahrbahnhälfte. Henning Beer,

Sieglinde Hofmann, Brigitte Mohnhaupt, Christian Klar und Rolf Clemens Wagner sind drei Nächte lang damit beschäftigt, einen Tunnel auszuheben, durch den der Sprengsatz unter die Fahrbahn geschafft werden kann. Zunächst wollen die Terroristen die Bombe durch ein Funksignal fernzünden. Friedrich hat über einen französischen Unterstützer bereits eine entsprechende Fernsteuerung besorgt, doch schließlich erscheint ihnen diese Methode zu riskant. Sie entscheiden sich für eine elektrische Zündung über ein langes Kabel.

Klar und Lotze kaufen in Brüssel die Batterien, die für eine solche Zündvorrichtung nötig sind. Der Plastiksprengstoff wird präpariert und im Schacht in Position gebracht. Klar, Lotze und Wagner verlegen das Zündkabel. Es ist fünf Zentimeter tief in den Boden eingegraben und so für niemanden zu entdecken. Das Kabel endet unter Büschen, die weit genug vom eigentlichen Tatort entfernt sind.

Zur Verständigung bei der Ausführung des Anschlags benutzen die Beteiligten Funkgeräte. Einer wartet an der Straße, über die Haig kommen muß, und gibt per Funk die Anweisung an seinen Komplizen, die Ladung zu zünden. Vorher haben sie genau ausgemessen, wie schnell die Wagenkolonne fährt und wie lange sie vom Beobachtungspunkt bis zur Brückenauffahrt braucht. Auch die Flucht wird akribisch vorbereitet. Werner Lotze fährt mit Silke Maier-Witt nach Amsterdam und kauft dort eine gebrauchte Honda 550. Er meldet die Maschine an und schließt eine Versicherung ab.

Kurz darauf passiert eine Panne, die das ganze Unternehmen hätte zum Scheitern bringen können. Lotze kann als einziger Motorrad fahren und ist deshalb für die geplante Flucht nach dem Attentat unersetzlich. Doch kurz nach dem Kauf des Motorrades werden er und Maier-Witt von der Polizei angehalten. Der Grund ist banal: Nur Lotze trägt einen Helm. Die Beamten erkennen die beiden nicht. Sie dürfen weiterfahren und besorgen sich erst einmal die fehlende Ausrüstung. Unglaublich, aber wahr: Ein fehlender Sturzhelm hätte um ein Haar den

Terroranschlag verhindert. Doch es kommt zu einer noch schlimmeren Panne.

Die Gruppe plant, während des Anschlags eine Maschinenpistole dabeizuhaben. Sie soll eingesetzt werden, falls die Attentäter bei ihrer Flucht von den Begleitfahrzeugen Haigs verfolgt würden. Inge Viett, die noch im Vorjahr als Mitglied der «Bewegung 2. Juni» in Erscheinung getreten war und seither über enge Kontakte zum Staatssicherheitsdienst der DDR und zu den Palästinensern verfügt, soll – laut Aussage einiger RAF-Mitglieder – diese Maschinenpistole in Paris der Gruppe übergeben haben. Sie soll sich auch aktiv an den Diskussionen über mögliche Fluchtwege nach dem Anschlag auf den General beteiligt haben – was sie selbst hingegen vehement bestreitet. Andere RAF-Mitglieder können sich an eine Beteiligung Inge Vietts an den Anschlagsvorbereitungen im Sommer 1979 nicht erinnern. Sie selbst spricht von einer «Waffenkooperation» zwischen RAF und «2. Juni» und schließt die Übergabe einer Maschinenpistole nicht aus, wohl aber jeden Zusammenhang mit dem Anschlag auf General Haig.

Eins jedoch ist unstrittig: Ab 1979 wird die Zusammenarbeit zwischen den beiden deutschen Terrororganisationen enger. Am Ende steht die Fusion. Der «2. Juni» bringt in diese Terrorehe, die vor allem von Juliane Plambeck favorisiert wird, Geld und die exzellenten Kontakte von Inge Viett zum Staatssicherheitsdienst der DDR ein.

Um für den Einsatz der Maschinenpistole während des Attentats gerüstet zu sein, entschließen sich die Kommandomitglieder, die die Tat ausführen sollen, kurz vorher noch zu einem Übungsschießen. Es sind Werner Lotze, Sieglinde Hofmann und Rolf Clemens Wagner. Alle anderen sind nach getaner Arbeit mit der Auflösung der RAF-Strukturen in Brüssel beschäftigt.

Rolf Clemens Wagner, der den Zündmechanismus zu betätigen hat, soll am Tag des Anschlags auch die Maschinenpistole bei sich haben. Wenige Tage vorher fahren Wagner, Lotze und

Hofmann deshalb mit einem Renault, der als Fluchtfahrzeug für das Attentat gekauft worden ist, in die Ardennen, um die Waffe auszuprobieren. Etwa eine Stunde von Brüssel entfernt finden die drei ein geeignetes Waldstück. Im Kofferraum des Autos befinden sich bereits Materialien für die Zündvorrichtung: Batterien, Druckschalter und Kabel. Sie parken den Wagen am Waldrand und laufen noch etwa einen Kilometer in den Wald hinein. Am Rande eines Nadelwalds verschießt jeder ein oder zwei Magazine mit seiner Waffe. Wagner übt außerdem noch mit der Maschinenpistole. Das Ganze dauert nicht sonderlich lange. Sie packen ihre Waffen weg, verstauen die Maschinenpistole in einer Stofftasche und machen sich auf den Rückweg zu ihrem Wagen. Plötzlich kommt ein Geländewagen direkt auf sie zu. Ein Förster, ein doppelläufiges Gewehr in der Hand, steigt aus und geht geradewegs auf die Gruppe zu. Er hat die Schüsse im Wald gehört und stellt die drei Terroristen zur Rede. Die Unterhaltung wird auf französisch geführt.

Lotze, Wagner und Hofmann behaupten, sie hätten die Schüsse ebenfalls gehört, wüßten aber nicht, wer dafür verantwortlich sei. Der Förster glaubt ihnen ganz offensichtlich nicht. Er hat immer noch sein Gewehr auf die Gruppe gerichtet und fordert die drei nun auf, ihm zu folgen. Die Situation spitzt sich zu. Den RAF-Mitgliedern bleibt eigentlich nur noch der Griff zur Waffe, um einer Verhaftung oder zumindest einer Personalienüberprüfung zu entgehen. Sie weigern sich, dem Förster zu folgen. Das Gewehr des Belgiers ist jetzt nur noch auf Rolf Clemens Wagner gerichtet. Aber der Mann bekommt es mit der Angst zu tun, und das rettet ihm das Leben. Er sagt, er habe den abgestellten Renault am Waldrand gefunden und werde ihn fahruntauglich machen, bevor er die Polizei verständige. Dann dreht er sich auf dem Absatz um und fährt weg.

Lotze hat schon vorher bemerkt, daß noch ein Kind in dem Geländewagen saß. Vielleicht hat das den Förster veranlaßt, besonders vorsichtig zu sein. Wagner, Hofmann und Lotze können zunächst durchatmen. Auch diese Begegnung hätte zur Konfrontation und damit zur Katastrophe für die Gruppe führen können. Doch zumindest trauen die drei sich jetzt nicht mehr zurück zu ihrem Auto. Sie geben den Fluchtwagen auf und verstecken sich die Nacht über im Wald. Am nächsten Tag fahren sie mit dem Zug zurück nach Brüssel, wo Susanne Albrecht sie vom Bahnhof abholt und in die konspirative Wohnung bringt. Der Zwischenfall wird diskutiert. Man ruft die Genossen an, die sich bereits in Paris aufhalten, um das weitere Vorgehen abzusprechen. Resultat: Der Anschlag wird nicht verschoben oder gar aufgegeben. Die Vorbereitungen laufen weiter.

Auch ein weiterer, viel gravierenderer Zwischenfall für die Gruppe, der sich in der Bundesrepublik ereignet, kann sie von ihrem Vorhaben nicht mehr abbringen. Genau wie in Belgien, so sollen auch in der Bundesrepublik die logistischen Basen der Rote Armee Fraktion aufgelöst werden. Zwar nicht alle Depots, aber auf jeden Fall die konspirativen Wohnungen. Der Ruheraum in Nürnberg ist bereits mit dem Überfall auf die Schmidt-Bank aufgegeben worden: Die Auflösung der entsprechenden Wohnung hat Elisabeth von Dyck wenige Wochen zuvor das Leben gekostet. Da abgesprochen ist, daß die Gruppe nach «Hengst» gemeinsam in Paris leben will, müssen auch andere Wohnungen in der Bundesrepublik aufgelöst werden. Darunter eine der konspirativen Unterkünfte, in der viele entscheidende Diskussionen geführt worden sind: die Wohnung in der Textorstraße 79 in Frankfurt-Sachsenhausen.

Am 9. Juni 1979, es ist ein Samstag, ist Rolf Heißler auf dem Weg in die Wohnung, die sich in einem überwiegend von Ausländern bewohnten Altbau befindet. Es ist Viertel nach acht. Heißler hat eine Tüte Brötchen und eine Morgenzeitung unter dem Arm. Er sieht sich kurz um und betritt dann das Haus. Der Wohnungsschlüssel ist in einem Briefkasten mit dem Namen

«Riem» an einem Magneten befestigt. Der Rest spielt sich fast exakt so ab wie bei der Erschießung Elisabeth von Dycks. Heißler öffnet die Wohnungstür. In der Wohnung warten bereits zwei Beamte des Sondereinsatzkommandos, alarmiert von Kollegen, die getarnt das Haus von außen observieren. Die Aussagen später klingen stereotyp: Auch Heißler wird angeblich angesprochen, auch er läßt angeblich alles fallen und greift zur Waffe. Wieder fällt ein Schuß, Heißler bricht schwer getroffen zusammen. Doch er hat Glück: Mit einem Steckschuß neben dem rechten Auge überlebt er seine Verhaftung. Ein Krankenwagen bringt ihn in die Universitätsklinik, wo ihm das Geschoß operativ entfernt wird.

Die Behörden feiern die Verhaftung Heißlers als einen Erfolg der Rasterfahndung. Doch in Wahrheit verdanken sie ihn wieder einmal mehr der Dummheit der Spitzenvertreter der Rote Armee Fraktion. Kurz zuvor hatte es nämlich einen Anruf in der Textorstraße gegeben. Heißler war an den Apparat gegangen und hatte die unsinnige Frage, ob die Wohnung bereits vermietet sei, mit einem ebenso unsinnigen Ja beantwortet. Diesen dubiosen Anruf meldete Heißler sogar seinen Genossen in Paris, wo sich mittlerweile die strategische Zentrale der Rote Armee Fraktion befand. Obwohl man sich darüber einig war, daß es sich bei dem Telefonat um einen Kontrollanruf der Behörden gehandelt haben mußte, kehrte Heißler noch einmal in die Wohnung zurück.

Glück und Dummheit, alles wie gehabt. Glück für die Ermittler durch die Dummheit der Aktivisten. Denn diesen Erfolg als Erfolg der Rasterfahndung zu feiern, grenzt schon beinahe an einen Offenbarungseid der Polizeibehörden: Wenn es tatsächlich eines Anrufes in der angeblich bereits enttarnten Wohnung bedurfte und man darüber hinaus auch noch auf die reichlich kurzsichtige Antwort eines Mitgliedes der Gruppe angewiesen war, so mag sich jeder seinen Teil bezüglich der Effizienz einer Rasterfahndung denken. Soviel zum Fahndungserfolg.

Die Ermittler sahen sich mit dieser Verhaftung in ihren Vermutungen bestätigt, daß das Rhein-Main-Gebiet eine der wichtigsten Operationsbasen der RAF in der Bundesrepublik war. Das stimmte auch – bis vor wenigen Monaten. Niemand wunderte sich darüber, daß bei den Wohnungen immer nur einzelne Terroristen auftauchten und die Unterkünfte meist recht aufgeräumt und verlassen wirkten. Niemand kam auf die Idee, daß die RAF sich längst woandershin orientiert haben könnte. Die RAF-Mitglieder von Dyck und Heißler waren den Fahndern beim kontrollierten, aber dennoch unvorsichtigen Rückzug aus Deutschland ins Netz gegangen.

Während dieses Vorfalls stecken die Vorbereitungen für den Bombenanschlag auf Alexander Haig gerade in einer Sackgasse. Die Gruppe diskutiert in Brüssel darüber, wer denn letztendlich am Tatort dabeisein darf. Wagner besteht darauf, die Sprengung persönlich durchzuführen. Er ergeht sich in letzter Zeit in Selbstvorwürfen. Er sei zu passiv und nicht energisch genug um den Erfolg der Gruppe bemüht, so Wagner über Wagner.

Über seine Mitwirkung gibt es keine weiteren Diskussionen – alle trauen ihm zu, einen US-General in die Luft sprengen zu können. Werner Lotze soll das Motorrad fahren, da er als einziger die Maschine gut genug beherrscht. Hofmann sollte den als Fluchtwagen vorgesehenen Renault fahren, doch dazu kommt es wegen des Vorfalls mit dem Förster beim letzten Übungsschießen nicht: Die drei Schützen mußten das Auto damals zurücklassen. Also muß Hofmann auf die beiden anderen in der konspirativen Wohnung in Brüssel warten – der letzte Unterschlupf, den die Gruppe in Belgien noch hat.

Kontroverse Diskussionen gibt es wieder einmal um Susanne Albrecht. Eine direkte Tatbeteiligung verhindern schließlich Sieglinde Hofmann und Rolf Clemens Wagner, die sich schlicht weigern, gemeinsam mit ihr diesen komplizierten Auftrag durchzuführen. Susanne Albrecht verläßt zwei Tage vor dem

Anschlag Belgien und geht nach Paris. Zurück bleiben nur die drei Attentäter.

Am Morgen des 25. Juni 1979 verläßt General Alexander Haig gegen 9.30 Uhr seine Wohnung, um zum Hauptquartier in Maisières zu fahren. Er benutzt seinen Dienstwagen, einen Mercedes 600 mit gepanzerter Bodengruppe. Mit im Fahrzeug sind sein Adjutant Major Hudgins und der Fahrer Hooker. Ein Wagen der Gendarmerieabteilung des Nato-Hauptquartiers mit den belgischen Polizeibeamten Rosoor und Vanbelleghem fährt voraus, die Polizisten Leporc und Gobert folgen gemeinsam mit US-Sergeant Sievers in einem dritten Fahrzeug. Die Kolonne bewegt sich mit rund 70 Stundenkilometern in Richtung Maisières.

Lotze und Wagner gehen an diesem Morgen zu Fuß zu einem Studentenwohnheim in Brüssel. Lotze hatte die schwarz umlackierte Honda dort in der Nähe abgestellt. Lotze läßt Wagner wenige Meter von der Stelle entfernt absteigen, wo das Zündkabel in der Erde vergraben ist. Die eigentliche Zündvorrichtung, bestehend aus Batterie und Schalter, hat Wagner bei sich und montiert sie vor Ort. Lotze fährt weiter in Richtung Mons. Er begegnet dabei zufällig den Begleitfahrzeugen des Generals, die auf dem Weg zu seiner Wohnung sind – Lotze braucht ihnen nur zu folgen. Dort beobachtet er, in welcher Reihenfolge sich die Wagenkolonne in Bewegung setzt und welche Farbe das Auto hat, das an der Spitze fährt. Lotze und Wagner sind jeweils mit einem Funkgerät ausgerüstet, mit dem sie sich verschlüsselte Nachrichten übermitteln können.

Wagner befindet sich bereits an der montierten Zündvorrichtung, als er das Signal erhält: «Charly un – un, deux, trois – orange!» Er weiß jetzt, daß die drei Autos sich auf dem Weg zu der Brücke befinden, die er von seinem Standort aus beobachten kann und daß der führende Wagen orangefarben ist. Von dieser Brücke aus dauert es noch eine Minute bis zu dem Augenblick, da er die Sprengladung aktivieren muß. Lotze hat genug gesehen. Er macht kehrt und läßt die Wagenkolonne an einem bestimmten Landstraßenabschnitt an sich vorüberziehen. «Charly un – je viens», ist Lotzes Anweisung an Wagner. Der weiß: Eine Minute noch, dann kann er den Wagen mit dem Opfer der RAF sehen. Lotze und Wagner sind mit Pistolen und Handgranaten bewaffnet. Wagner hat außerdem die Maschinenpistole bei sich. Da bemerkt Werner Lotze, daß etwas nicht stimmt: Die Kolonne Haigs ist schneller, als sie vorher gestoppt haben. Lotze verläßt die Landstraße, um so schnell wie möglich zu Wagner zu kommen.

Der Konvoi biegt um genau 8.32 Uhr auf die Brücke in Richtung Maisières. Wagner löst den Zündmechanismus aus. Die Bombe soll genau in dem Moment detonieren, da sich der Dienstwagen Haigs mit den Rücksitzen exakt über ihr befindet. Doch die Wagen sind einen Sekundenbruchteil zu schnell, und Wagner reagiert einen Sekundenbruchteil zu langsam. Die Detonation hebt den Mercedes mit General Haig an; wenige Augenblicke befindet sich das Heck des Autos in der Luft, bevor es wieder auf die Straße knallt. Doch der General hat Glück: Die Explosion beschädigt lediglich die gepanzerte Karosserie, Haig und seinen Begleitern passiert nichts. Die Druckwelle bringt die Windschutzscheibe des nachfolgenden Wagens zum Bersten. Die Insassen werden durch Splitter und Steine verletzt. Während dieser total beschädigte dritte Wagen auf der Straße liegenbleibt, setzen die beiden anderen ihre Fahrt nach einem kurzen Stopp fort.

Lotze und Wagner wissen nicht, daß der Anschlag mißlungen ist. Lotze hört unterwegs den Knall der Explosion. Kaum an der Stelle angekommen, an der er Wagner abgesetzt hatte, sieht er diesen bereits die Böschung hinunterhetzen. Wagner schwingt sich auf den Sozius, und die beiden rasen über die Landstraße und die Autobahn davon. In der Tiefgarage einer kleinen Ortschaft stellen sie die Maschine ab, fahren mit dem Zug nach Brüssel und gehen zu Fuß in die konspirative Einzimmerwohnung, in der Sieglinde Hofmann bereits wartet.

Schon unterwegs meint Rolf Clemens Wagner, es könnte etwas schiefgegangen sein. Der Wagen Haigs sei nicht in die Luft geflogen. Doch an ein Scheitern dieser größten Aktion der Rote Armee Fraktion seit der Entführung Hanns Martin Schleyers wollen die drei nicht glauben. Erst als sie einen Bericht über das Attentat im Fernsehen sehen, wird ihnen klar, daß wieder einmal eine der heroischen Aktionen der RAF gründlich danebengegangen ist.

Die Terroristen können es nicht fassen. Sie haben 11,5 Kilogramm Plastiksprengstoff zur Explosion gebracht, und die Ermittler bestätigen nach Untersuchung des Tatortes, es habe sich um eine «fachkundig hergestellte» Bombe gehandelt, die über ein 180 Meter langes Kabel ferngezündet worden sei. Der Explosionskrater ist dreieinhalb Meter lang, drei Meter breit und fast zwei Meter tief. Auch die Sachverständigen sind sich einig, daß lediglich die Reaktionszeit des zündenden Attentäters und die schwer abzuschätzende Geschwindigkeit der Wagenkolonne dem General das Leben gerettet hat.

Diesen Fehler wird die Rote Armee Fraktion nicht noch einmal begehen. Der nächste Anschlag mit einer Bombe auf ein fahrendes Fahrzeug ist tödlich. Doch er wird erst sieben Jahre später auf den Siemens-Manager Karl Heinz Beckurts verübt. Keiner der an dem Anschlag auf Haig Beteiligten ist 1986 noch dabei. Doch in der Zwischenzeit lernen und üben die Terroristen der ersten Hälfte der achtziger Jahre. Ihre Nachfolger profitieren davon. «Hengst» ist ein Fehlschlag, doch die Fahnder können daraus keinen Gewinn ziehen. Die Spuren am Tatort bringen sie nicht weiter. Sie finden ein Funkgerät, einen Schutzhelm, ein paar Batterien und einen Nylonsack mit Schere, Verbandsmaterial und Kreppapier. Keine Hinweise auf die Attentäter. Wagner, Lotze und Hofmann sind wie vom Erdboden verschwunden. Zumindest in diesem Punkt funktionieren die Planungen der Rote Armee Fraktion perfekt.

Die «antiimperialistische Front»

Werner Lotze, Rolf Clemens Wagner und Sieglinde Hofmann reisen nach dem Anschlag auf General Haig nach Paris zu den anderen Genossen. Die Millionenstadt an der Seine soll für die nächste Zeit der Hauptstützpunkt der RAF sein. Wie schon in Brüssel, so verfügt die Rote Armee Fraktion auch hier über mehrere konspirative Wohnungen, die sich immer in hektischen Vierteln der Innenstadt oder in Touristenzentren befinden. So an der Place de l'Opéra, der Place Chaillot, am Montmartre oder im Quartier Latin, dem Studentenviertel der Metropole.

In der Unterkunft unweit der Oper werden die Attentäter bereits von Brigitte Mohnhaupt, Susanne Albrecht und Silke Maier-Witt erwartet. Zunächst dreht sich natürlich alles um die Gründe für diesen kapitalen Fehlschlag. Die Gruppe hat unbedingt ein Erfolgserlebnis gebraucht und muß sich statt dessen erneut mit ihrer eigenen Unfähigkeit auseinandersetzen. Ein solches Scheitern ist für die Rote Armee Fraktion zu diesem Zeitpunkt gleichbedeutend mit dem Eingeständnis, nicht fähig zu sein, den bewaffneten Kampf voranzutreiben. Die Avantgarde, als welche sie sich selbst betrachtet, ist angewiesen auf die Unterstützung und den Zulauf aus den Reihen der Sympathisanten. Und das kann man nur mit spektakulären, aber auch gelungenen Aktionen erreichen. So glauben die Terroristen. Und es gibt diesmal keinen besonderen Umstand, auf den man das Scheitern hätte abwälzen können.

Die Palästinenser, mit denen ein solcher Anschlag besprochen und geübt worden ist, haben versichert, daß die Menge Sprengstoff allemal ausreichend sei, um einen Wagen zu zerreißen. Die Gruppe muß jetzt ein Bekennerschreiben verfassen, aber niemand weiß eigentlich, was man da hineinschreiben soll. Ist es nötig, das Scheitern einzugestehen und Besserung zu geloben? Soll das Unternehmen «Hengst» als beabsichtigter Warnschuß dargestellt werden?

Die Gruppe muß sich wieder einmal eingestehen, daß ihr jegliche klare Perspektive und Strategie fehlt. Bereits vor dem Anschlag auf den US-General ist das Problem eines Bekennerschreibens diskutiert worden. Doch selbst Brigitte Mohnhaupt, die als *die* Führungsfigur auch eine ideologische und strategische Vorreiterrolle zu spielen hatte, fällt nichts Besseres ein, als daß die USA schließlich der Kriegstreiber Nummer eins der imperialistischen Welt seien und General Haig einer der führenden Repräsentanten dieses kriegstreibenden Systems. Ein bißchen mager als Begründung für eine Gruppe, die sich als revolutionäre Elite versteht und einer Massenbewegung den Weg in eine bessere Zukunft weisen will. Doch genau so kommt es. Die Begründung vom Kriegstreiber USA in einem imperialistischen System, dessen Zentrum mittlerweile Westeuropa sei, wird zum Kernpunkt des Bekennerschreibens «Kommando Andreas Baader – Rote Armee Fraktion», das vom 29. Juni bis 6. Juli 1979 bei elf Pressediensten eingeht. Die Gruppe legt die Gründe für das Scheitern des Anschlags in diesem Bekennerschreiben dar. Sie räumt ein, Ziel sei der Tod des Generals gewesen. Er habe überlebt, weil die Gruppe das Problem eines ferngezündeten Sprengsatzes bei einem schnell fahrenden Ziel unterschätzt habe: «wir dachten, die explosion auch bei einer so hohen geschwindigkeit noch exakt genug mit der hand auslösen zu können.»

Der Hauptteil des zweiseitigen Briefes beschäftigt sich mit der angeblichen imperialistischen Kumpanei zwischen den USA und ihrem strategischen Büttel Bundesrepublik Deutschland. Die RAF schafft sich eine auf Aggression gerichtete Nato-Strategie als neuen Hauptgegner. Besonders eines werfen die bombenden Weltverbesserer den USA vor: Sie würden die Republik «... als aggressivste us-base» aufbauen – «atomwaffenstarrend, mit einer nach oben gleitenden, eskalierenden präsenz amerikanischer truppen ausgestattet, das ganze land eine einzige kaserne...».

So sieht die RAF die Bundesrepublik und ihre Rolle im Gesamtkonzept der Nato. Die Gruppe hofft, mit dieser Strategie neue politische Kräfte an der Basis mobilisieren zu können.

Die immerwährende Beschwörung des gemeinsamen Feindes und des gemeinsamen Kampfes in der Tradition der Befreiungsbewegungen der Dritten Welt. Aber selbst die USA sind in ihrer Feindbildfunktion nicht neu. Seit dem Schlachtruf «Burn, warehouse, burn!» der ersten westdeutschen, militanten Proteste muß die amerikanische Aggression als Begründung für die westdeutsche Stadtguerilla herhalten. Diesmal versucht die RAF, einen übergeordneten politischen Zusammenhang über die Nato herzustellen:

«... gegen den bewaffneten widerstand der RAF entwickelt die NATO, seit es uns gibt, ihre programme. nach ihren richtlinien werden die gefangenen kader in den westdeutschen gefängnissen hingerichtet, wie es für die, die draussen kämpfen, jetzt den befehl zum präventiven kopfschuss gibt...» Der letzte Satz zeigt, wie schwer die Schüsse auf Willy-Peter Stoll, Elisabeth von Dyck und Rolf Heißler die gesamte Rote Armee Fraktion getroffen haben.

Die RAF schafft sich in den nächsten Monaten mit der Brechstange eine neue ideologische Perspektive, die dann in dem Papier «Guerilla, Widerstand und antiimperialistische Front» ihren schwerverdaulichen Niederschlag findet. Dafür ist besonders die Tatsache verantwortlich, daß in Zukunft zwei Personen größeren Einfluß bekommen, die bereits langjährige Haftstrafen im Zusammenhang mit der Rote Armee Fraktion hinter sich haben und die in der Gruppe als intellektuelle Köpfe anerkannt werden: Wolfgang Beer und Helmut Pohl. Wolfgang Beers Traum ist es, die antiimperialistische Front über ganz Westeuropa auszudehnen. Die französische «Action Directe», die belgischen «cellules combattantes communistes», die italienischen «Brigate Rosse» – sie sind potentielle Verbündete in diesem Kampf einer Handvoll gegen viele Millionen. Auch Wolfgang Beer wird die spärlichen Auswirkungen dieser Strategie nicht erleben, weil er den Kampf nicht überlebt.

Doch zunächst bosselt man lediglich an seinen Ideen und wendet sich derweil der Schaffung einer kleineren Einheitsfront zu, der Verschmelzung von Rote Armee Fraktion und «Bewegung 2. Juni». In Paris halten sich außer den erfolglosen RAF-Mitgliedern noch drei Frauen vom «2. Juni» auf: Die bekanntesten Namen sind Inge Viett und Juliane Plambeck. Sie sind an den Diskussionen in Paris beteiligt. Auch denen, die von den Hierarchen Klar, Mohnhaupt, Schulz und Hofmann gerne von entscheidenden Diskussionen ausgeschlossen werden, wird schnell klar, daß hier eine Fusion bevorsteht. Treibende Kraft dabei ist Juliane Plambeck, die in der «Bewegung 2. Juni» keine Perspektive mehr für das sieht, was sie sich unter bewaffnetem Kampf und «Revolution machen» vorstellt. Auch sie dürfte jemand gewesen sein, der sich vom Elan eines Wolfgang Beer mitreißen ließ. Genauso wie sein kleinerer Bruder Henning, der während der «Hengst»-Vorbereitungen wieder zur Gruppe stößt, nachdem er ihr bereits im Jahr zuvor einmal kurz angehört hatte. In der zweiten Hälfte des Jahres 1979 nimmt die Zusammenarbeit zwischen beiden Organisationen immer engere Formen an und wird schließlich mit der formellen Auflösung des «2. Juni» ein Jahr später endgültig besiegelt.

Inge Viett ist distanzierter. Sie paßt so gar nicht zu den ideologischen Wirrköpfen aus gutem Hause, die von der großen Revolution träumen. Sie hat eine andere Vita und spricht eine andere Sprache. Zumindest offiziell wird sie Mitglied der Gruppe und bringt damit etwas in die RAF ein, was die nächsten Jahre entscheidend prägen wird: ihre hervorragenden Kontakte zum Staatssicherheitsdienst der DDR, Kontakte zu den höchsten Stellen der Abteilung XXII/Terrorismusbekämpfung, die auch gegen eine Unterstützung der Rote Armee Fraktion nichts einzuwenden haben.

Die Zusammenarbeit zwischen dem Ministerium für Staatssicherheit und der mutmaßlichen Terroristin Inge Viett hat sich nach den augenscheinlich ersten Kontakten Mitte der siebziger Jahre ab 1978 schnell intensiviert. Die überzeugte Kommunistin Viett macht aus ihrer ideologischen Neigung keinen Hehl. Sie ist zur Kooperation bereit. Was niemand, auch nicht ihre Genossinnen vom «2. Juni» oder von der Rote Armee Fraktion ahnen: Die Stasi befragt Inge Viett bei ihren Treffen zu Tatkomplexen und Personen aus dem terroristischen Umfeld Berlins und Westdeutschlands. Und Inge Viett gibt Auskunft. Sie entwickelt sich mehr und mehr von der Terroristin zur Mitarbeiterin des MfS: Sie wird «inoffizielle Mitarbeiterin». Fortan ist sie eine Informantin, eine Quelle des Nachrichtendienstes der DDR, die schon seit ihrem Ausbruch aus dem Gefängnis Lehrter Straße in West-Berlin im Juli 1976 einen Decknamen hat bei ihren Genossen jenseits der Mauer. Der Stasi-Deckname von Inge Viett lautet «Maria». Und jetzt ist «Maria» alias Inge Viett ebenfalls Mitglied der RAF.

Ganz nebenbei bringt die Fusion der beiden Terrorgruppen noch etwas anderes für die RAF, das sie dringender benötigt als einen Spitzel in den eigenen Reihen: Geld. Die «Bewegung 2. Juni» besitzt immer noch mehrere Millionen Mark aus der Entführung des Wiener Wäschekönigs Palmers, die die Gruppe als «Kriegskasse» mit in die Terrorehe einbringt. Sehr zum Mißfallen von Inge Viett, die diesen Akt der Barmherzigkeit gegenüber ihren Auftraggebern vom MfS später «als Fehler» bezeichnet.

Über diese Entwicklung, die die personelle Struktur der RAF entscheidend verändert, werden wie üblich nur die «mit den Hüten» informiert. Der Rest, und dazu gehören Lotze, Albrecht, Maier-Witt, Sternebeck, Helbing und andere, konnte sich seinen Teil denken oder zusammenreimen.

Es ist ein Wunder, daß unter diesen Umständen ein Teil der Gruppenmitglieder so lange in den illegalen Strukturen der Rote Armee Fraktion bleibt. Die Situation ist geprägt von Mißtrauen, besonders gegenüber den Frauen vom «2. Juni». Bei den Wortführern um Klar, Mohnhaupt und Schulz herrscht eine ständige Sorge, von möglichen Spitzeln des bundesdeutschen Verfassungsschutzes unterwandert zu werden. Es hat solche «Penetrierungsversuche» von seiten der Staatsschützer seit Anfang der siebziger Jahre auch ständig gegeben. Darüber wird geschwiegen, offiziell handelt es sich durchweg um Fehlschläge. Auch die hat es wirklich gegeben. So schafften es die Fahnder, zweimal Personen an den Nahbereich des Kommandokerns der RAF heranzubringen. Doch beide Male werden diese enttarnt und können sich nur mit Mühe und Not aus dieser Situation wieder befreien.

1980 beobachtet der Hamburger Verfassungsschutz Christian Klar und Adelheid Schulz über einen längeren Zeitraum hinweg. Es findet jedoch kein Zugriff statt, weil man den Kontakt zu den beiden verliert, als diese wieder aus Hamburg verschwinden. Eine peinliche Panne infolge der maßlosen Selbstüberschätzung des Hamburger Verfassungsschutzes, der «sie alle wollte». Sie ereignet sich allerdings später als die gerade geschilderten Ereignisse.

In Paris können solche Überlegungen nicht ernsthaft eine Rolle gespielt haben. Die Gruppe hat genug damit zu tun, ihren Fehlschlag zu verkraften und neue Strukturen aufzubauen. Damit wird unter anderem Werner Lotze betraut, der den Kontakt zu französischen Sympathisanten zu pflegen hat, die bei der Übersetzung der Tatbekennung zum Haig-Anschlag ins Französische helfen sollen. Werner Lotze nimmt auch an einem Treffen mit einem Vertreter der italienischen «Brigate Rosse» teil, bei dem gemeinsame Perspektiven ausgelotet werden sollen. Doch dieses Treffen entwickelt sich zu einem Desaster für die RAF. Der Rot-Brigadist will Informationen über die Logistik und Struktur der RAF sowie über ihre Zukunftspläne. Außerdem fordert er den Aufbau parteiähnlicher Strukturen für die Rote Armee Fraktion, wie sie die «Brigate Rosse» bereits besitzen. Mit fast allen seinen Wünschen ist er bei der RAF in ihrem derzeitigen Zustand an der definitiv falschen Adresse, und so entwickelt sich diese Kontaktaufnahme auch zu einem Flop.

Christian Klar, Brigitte Mohnhaupt und Adelheid Schulz

fliegen zu dieser Zeit erneut in den Nahen Osten, um sich von den Palästinensern nochmals bestätigen zu lassen, daß die verwendete Sprengstoffmenge hätte reichen müssen, um Alexander Haig in die Luft zu sprengen. Die RAF benötigt jede moralische Aufrüstung, die sie kriegen kann. Die Palästinenser spielen mit.

Doch der eigentliche Zweck der Reise ist viel drängender: Die Gruppe hat beschlossen, Peter Jürgen Boock zurückzuholen, der sich nach wie vor bei den Palästinensern aufhält. Die mochten ihren Gast nicht mehr so recht behalten, die RAF aber braucht ihn. Boock ist ein Techniker, der sich mit Elektronik, Zündungen und Waffen auskennt. Kurz: ein Macher, der einen Anschlag wie den gerade mißlungenen nicht nur ausgeführt, sondern die notwendigen Utensilien auch selbst gebaut hätte. Auf so ein Mitglied kann die RAF nicht verzichten, der Streit um seinen Verrat an der Gruppe und seine Drogensucht ist demgegenüber zweitrangig. Für einige aus der Gruppe, die auch diese Entscheidung erst mitbekommen, als sie längst gefallen ist, bedeutet die Rückkehr Boocks einen Schock. Wieder hat die Gruppe gezeigt, daß sie gar nicht in der Lage ist, nach den hehren moralischen Ansprüchen zu leben, die sie formuliert und die sie den Zweiflern und Zögerern wie Albrecht oder Maier-Witt immer wieder vorbetet und vor Augen hält. Boock wird gebraucht, also bestimmen Klar und Konsorten, daß er wieder in die Gruppe zu integrieren ist. Diskussionen mit denen, die eine solche Rückkehr aus menschlichen Gründen und aus Fragen der Sicherheit für die Gruppe, die Boock durch sein Verhalten mehrfach gefährdet hat, ablehnen, haben sich damit erledigt. Terrorpragmatismus statt Linientreue.

Die Palästinenser sind über die Abreise ihres ungeliebten Gastes heilfroh. Haben sie zwar früher nicht verstanden, warum die RAF Boock nicht ausschließen wollte, so ist ihnen diese endgültige Entscheidung immer noch lieber als der Schwebezustand der vergangenen Monate. Bei einigen Gruppenmitgliedern aber gehört diese Entscheidung der RAF-Hierarchen zu den Schlüsselerlebnissen, die den Gedanken an Ausstieg zum unbedingten Wunsch werden läßt. Doch zunächst ist für solche Diskussionen kein Raum. Außer Christine Dümlein, die schon früher definitiv ihren Ausstieg erklärt hat und an den letzten Aktionen gar nicht mehr teilnimmt, Monika Helbing, deren Ausstieg zumindest schon Thema in der Gruppe gewesen ist, und dem Arzt Freiherr von Seckendorff, der immer nur eine Nebenrolle innerhalb der Rote Armee Fraktion gespielt hat, stehen noch keine weiteren Aussteiger zur Debatte. Das sollte sich innerhalb der nächsten Wochen grundlegend ändern, denn 1979 entwickelt sich für einen Teil der Gruppe zum Jahr des Bruchs mit der RAF.

Doch zunächst ist wieder Aktion angesagt. Der unsichere Kantonist Boock kommt gerade rechtzeitig zurück nach Europa, um am nächsten Überfall der Rote Armee Fraktion teilzunehmen. Wieder ist es für einen von ihnen die letzte Aktion.

Überfall in Zürich

Im Herbst 1979 plant die Rote Armee Fraktion wieder einmal einen Bankraub. Das Leben in der Illegalität ist kostspielig: Der Unterhalt vieler konspirativer Wohnungen, die häufigen Ortswechsel, kürzere und längere Reisen – all das verschlingt riesige Summen. Obwohl die Gruppe in diesem Jahr bereits zwei Banküberfälle in Darmstadt und Nürnberg begangen hat, muß ein dritter geplant werden, um wieder die Kasse zu füllen. Diesmal entscheiden sich die Gruppenmitglieder für eine Aktion in der Schweiz, die ihnen nach ihren Auftritten in der Bundesrepublik und im westlichen Ausland als sichere Alternative erscheint. Doch diese Entscheidung stellt die RAF vor größere Probleme: In der Schweiz besitzt die Gruppe nicht die geringste Logistik, keine Wohnungen und keine Depots. Lediglich Kontakte zu einigen Mitgliedern aus der dortigen Unterstützerszene.

Von Paris erhalten Werner Lotze und Sieglinde Hofmann Order, in die Schweiz zu reisen, um Wohnungen anzumieten und mögliche Ziele für Banküberfälle auszukundschaften. Damit beweisen die Entscheidungsträger der RAF, wie schon im Fall Boock, daß sie nicht das geringste Fingerspitzengefühl für die persönlichen Konstellationen innerhalb der RAF besitzen. Gerade zu Sieglinde Hofmann hat Lotze ein mehr als gespaltenes Verhältnis, seit es zu den Diskussionen um seinen möglichen Ausstieg nach der Dortmunder Schießerei gekommen war. Daß er jetzt ausgerechnet mit ihr die Vorarbeit für eine neue Aktion der RAF leisten soll, ist der Anfang vom Ende der Terroristenkarriere des Werner Lotze.

Gemeinsam mit Sieglinde Hofmann reist er nach Genf, wo beide einige Tage bei Sympathisanten unterkommen. Von dort aus führt sie ihre Reise nach Bern. In der Hauptstadt der Eidgenossen mieten sie zwei Zimmer von Studenten, die diese während der Semesterferien nicht benötigen. Bern wird zunächst zum Ausgangspunkt ihrer Unternehmungen. Wie in Genf, so legen sie auch hier ein Depot an, in dem sie Geld und Papiere lagern. Dann bereisen Lotze und Hofmann von Bern aus fast die gesamte Schweiz auf der Suche nach geeigneten Zielen für Banküberfälle. Doch das ständige Beisammensein und die gegenseitige Abhängigkeit bei diesen konspirativen Reisen läßt die Spannungen zwischen den beiden immer größer werden. Als die Situation unerträglich wird, Streit und Vorwürfe ein Weitermachen unmöglich machen, zieht Werner Lotze endgültig die Konsequenzen. Er setzt sich von Sieglinde Hofmann und damit von der Gruppe ab. Er geht nach Bern, holt aus einem dort angelegten Depot Geld und Papiere und reist weiter nach Basel, wo er sich in einem Hospiz einmietet. Nach einigen Tagen meldet er sich bei den anderen Gruppenmitgliedern in Paris. Am Telefon ist Susanne Albrecht. Er erklärt ihr, daß er sich endgültig von der Gruppe getrennt habe und nicht an eine Rückkehr zur RAF denke.

In Paris ist man mittlerweile von seinem Verschwinden durch

Sieglinde Hofmann unterrichtet worden. Es ist auch bereits versucht worden, ihn in der Schweiz ausfindig zu machen. Lotze erfährt, daß Hofmann und Klar mit ihm reden wollen, doch anders als beim erstenmal teilen ihm die Pariser gleich mit, man wolle ihn diesmal nicht überreden, seine Entscheidung rückgängig zu machen. Lotze ist einverstanden. In einer Berner Gaststätte findet das Treffen mit Sieglinde Hofmann, Christian Klar und Henning Beer statt, der mittlerweile beginnt, sich innerhalb der Gruppe freizuschwimmen und aus dem Schatten seines Bruders herauszutreten. Man vereinbart, daß Werner Lotze nach Paris zurückkehrt und dort der Gruppe die Beweggründe für seinen Ausstieg erklärt. In Paris gibt er seine Waffe ab: Werner Lotze gehört nicht mehr zu den Kämpfern der Rote Armee Fraktion.

Zum erstenmal ist ein RAF-Mitglied mitten in den Vorbereitungen zu einer Aktion aus der Gruppe ausgestiegen. Und nicht etwa ein Mitglied, daß immer nur zum erweiterten Kreis gehört hatte wie von Seckendorff oder Dümlein. Werner Lotze ist noch an der Tatausführung des Anschlags auf Haig unmittelbar beteiligt gewesen. Er hat an Banküberfällen teilgenommen und sich trotz aller Zweifel immer wieder zu seiner aktiven Rolle bekannt. Dennoch macht die RAF keine Anstalten, ihn zurückzuhalten. Man weiß ganz offensichtlich, daß die Untergrundgruppe in ihrer derzeitigen Konstellation keine Zukunft mehr hat. Das Ausscheiden einer ganzen Reihe von Mitgliedern ist beschlossene Sache.

Doch zuerst muß die ungeklärte Situation in der Schweiz bereinigt werden. Die Gruppe hält an ihrem Plan fest, sich in der Schweiz Geld zu beschaffen. Ersatz für die Rolle Werner Lotzes muß gefunden werden. Mehrere RAF-Mitglieder begeben sich in der Folgezeit in die Schweiz und suchen eine geeignete Bank. Darunter Henning Beer, Rolf Clemens Wagner, Christian Klar und Peter Jürgen Boock. Auch entsprechende Wohnungen müssen noch als Planungs- und Fluchtorte ausfindig gemacht werden. Die Wohnungssuche übernimmt Silke Maier-

Witt. Über einen Aushang findet sie eine Unterkunft in einem Arbeiterviertel von Lausanne: Die Wohnung ist wegen eines Auslandsaufenthaltes der Vermieterin befristet zu vergeben. Silke Maier-Witt muß nicht einmal einen Vertrag abschließen. Sie mietet die Unterkunft für drei Monate und bezahlt im voraus. Die zweite Wohnung findet sie in Fribourg, wo eine Studentin ihr Zimmer in einem pavillonartigen Wohnkomplex für die Dauer eines Semesters angeboten hat. Nachdem bereits Sieglinde Hofmann in Bern eine Dachwohnung angemietet hatte, ist das Wohnungsproblem in der Schweiz für die Gruppe gelöst. Viel größere Schwierigkeiten bereitet es den Terroristen, eine geeignete Bank im Land der Banken zu finden. Zeitweilig schwärmen sie wie die Pfadfinder aus, um ein adäquates Objekt ausfindig zu machen. Dabei unterläuft Henning Beer ein Mißgeschick: Er verliert in Bern seine Brieftasche. Doch in der Schweiz fühlt sich die Gruppe sicher. Rolf Clemens Wagner spaziert unbekümmert zum Fundbüro, um nach dem guten Stück zu fahnden. Allerdings ohne Erfolg.

Es sind Klar und Boock, die dann auf ihrer Suche ein Objekt ausmachen, das ihren Vorstellungen entspricht. In ihren Augen ist die Schweizerische Volksbank in der Züricher Bahnhofstraße 53 der perfekte Ort für einen Überfall. Sie übernehmen in der Folgezeit auch die minutiöse Planung der Tat und der anschließenden Flucht. Zu diesem Zweck statten die RAF-Mitglieder der Volksbank mehrere Besuche ab, um sich mit den Örtlichkeiten vertraut zu machen. Sie klügeln einen Fluchtweg aus, den sie immer wieder abgehen, um ihn sich einzuprägen. Einen Teil der Flucht wollen sie auf Fahrrädern zurücklegen. Zu diesem Zweck betätigen sich die gesuchten Terroristen zwischen dem 11. und 16. November 1979 in Zürich als Fahrraddiebe.

In Fribourg werden die letzten Vorbereitungen für den Überfall getroffen. Die Gruppe beschließt, daß Klar, Boock, Wagner und Beer die Tat ausführen sollen. Für Henning Beer ist es das erste Mal, daß er direkt an einer Aktion der RAF

133

beteiligt ist. Ihm ist mulmig zumute, doch wie alle, die vor ihm den gleichen Weg gegangen sind, erklärt er sich einverstanden. «RAF sein», das heißt auch für ihn «Aktionen machen». Er hält sich in den nächsten Tagen an Christian Klar, dessen Abgebrühtheit ihm imponiert und Sicherheit gibt. Die vier gehen noch einmal den Fluchtweg ab und besorgen sich bewußt auffällige Kleidung, die sie auf der Flucht wegwerfen wollen, um so ihr Aussehen zu verändern.

Dann wird der Ablauf besprochen, die Rollen für den Tag X werden verteilt. Boock soll in der Tür der Bank stehenbleiben und das Kommando übernehmen, Wagner auf den Tresen springen und den Kassierer bedrohen, während Klar und Beer das Geld einzusammeln haben. Der ganze Überfall darf wiederum nicht länger als 50 Sekunden dauern. Wagner hat dies mit einer Stoppuhr zu kontrollieren. Vorher besorgen die vier sich noch einen Gitterrost, den sie in die Eingangstür der Bank klemmen können, da sie befürchten, daß sich bei einem eventuellen Alarm die Eingangstüren des Schalterraums nicht mehr öffnen lassen könnten. Alle vier sind mit Pistolen oder Revolvern ausgerüstet, die aber lediglich der Einschüchterung dienen sollen. Doch diesmal werden dabei Menschen sterben.

Am 19. November 1979 machen sich fünf RAF-Mitglieder morgens früh mit dem Zug auf den Weg von Fribourg nach Zürich. Sieglinde Hofmann und Silke Maier-Witt bleiben in der Wohnung in Fribourg zurück, Brigitte Mohnhaupt steigt an einem Vorortbahnhof aus, wo sie die anderen nach dem Überfall abholen soll. Vom Züricher Hauptbahnhof aus machen sich die vier Männer, jeweils zu zweit, auf den Weg zur Bank. Unterwegs stellen sie die gestohlenen Fahrräder an einer vorher abgesprochenen Stelle in der Füsslistraße in der Nähe der Schweizerischen Volksbank ab. Als Christian Klar und Henning Beer bei der Bank ankommen, warten die beiden anderen bereits auf der gegenüberliegenden Straßenseite. Nach einer kurzen Verständigung betreten sie in der festgelegten Reihenfolge das Gebäude. Beer und Klar vorneweg, dann Wagner und zum Schluß Boock, der sich mit einer blauen Arbeitsschürze und einem Schutzhelm als Bauarbeiter verkleidet hat. Es ist Viertel nach acht. Boock sichert mit dem Gitterrost die Eingangstür der Bank. Den Portier drängt er mit seiner Pistole aus dem Empfangsbereich in die Schalterhalle zurück. Dann geht alles blitzschnell. Beer und Klar springen gleichzeitig über den Banktresen. Wagner springt hinterher, bleibt auf dem Tresen stehen und brüllt: «Überfall!» In diesem Augenblick gehen auch schon die Alarmsirenen los. Einer der Bankangestellten greift nach Henning Beer, der ihm mit der Seite seines Revolvers ins Gesicht schlägt. In Windeseile rafft er das Geld zusammen und stopft es in eine dunkle Segeltuchtasche. Christian Klar stößt mit seiner Waffe eine Kundin zur Seite und packt ebenfalls hastig das Geld ein. Als aus einem Nebenraum der Kassierer zurückkommt, herrscht Klar ihn an, er solle die Hände hochnehmen. Der Mann erleidet einen Schock und bricht bewußtlos zusammen. Nur wenige Sekunden sind vergangen.

Rolf Clemens Wagner gibt den Befehl, die ganze Aktion abzubrechen. Klar und Beer gehorchen sofort. Sie stopfen die letzten Geldscheine in ihre Taschen und verlassen als erste das Bankgebäude, gefolgt von Wagner und Boock. Die vier biegen nach links ab, gehen am Bankgebäude entlang und verschwinden dann in einem Torbogen. Sie rennen zu den Fahrrädern und bemerken in diesem Augenblick, daß sie von mehreren Menschen verfolgt werden. Dennoch ist bis jetzt alles planmäßig verlaufen. Sie setzen die Flucht mit den Rädern fort, Wagner und Beer vorneweg. Von hinten schreit Boock, sie sollten nicht so schnell fahren, er komme nicht mit. Beer und Wagner stoppen an einer Toreinfahrt und warten auf die beiden anderen. Plötzlich gibt Christian Klar in der Toreinfahrt einen Schuß ab. Henning Beer kann niemanden in der Nähe erkennen und glaubt an einen Warnschuß. Sie lassen die Fahrräder zurück und laufen weiter. An einem zweiten Tor steht ein Passant. Christian Klar schreit ihn aus nächster Nähe an, er solle stehenbleiben und ihnen nicht folgen. Beer läuft immer noch neben Wagner her. Er gibt ihm seine Tasche mit der Beute, um seine Jacke ausziehen zu können, die er dann in einen Hauseingang wirft.

Von diesem Augenblick an sieht Beer nur noch Boock und Klar vor sich. Er läuft in eine Unterführung, die vor dem Bahnhof in einer unterirdischen Einkaufspassage mündet, dem sogenannten «Shop Ville» in Zürich. Beer verliert kurz den Sichtkontakt zu den beiden anderen, bis er dann in der Einkaufspassage Christian Klar wiedersieht. Aber auch einen Polizisten. Plötzlich fallen Schüsse, doch er weiß nicht, woher sie kommen. Er beobachtet weiter den Beamten, der seine Waffe gezogen hat. Beer hat nur einen Gedanken: «Der Typ muß die Waffe fallen lassen.» Auch er zieht seinen Revolver und zielt auf den Polizisten. Der Beamte stürzt. Beer rennt aus der unterirdischen Passage nach oben zu einer Straßenbahnhaltestelle. Von den anderen keine Spur.

Während der ganzen Zeit werden die flüchtenden Terroristen von den Bankangestellten Roland Rosenberg, Ernst Ungricht und Louis Favre verfolgt. Favre hat unterwegs einen vorbeifahrenden Wagen angehalten und den Fahrer überredet, die Verfolgung aufzunehmen. In der Fußgängerzone Lintheschergasse schließen die beiden zu Christian Klar auf, der das Schlußlicht der Flüchtenden bildet. Sie wollen ihn anfahren und dadurch zu Fall bringen. Doch Klar erkennt die Situation, dreht sich um und schießt aus etwa zehn Meter Entfernung dreimal. Eine Kugel verfehlt um Haaresbreite einen Mann, der vor einem Konfektionsgeschäft gerade einen Lastwagen belädt. Die anderen beiden Kugeln treffen das Verfolgerfahrzeug. Ein Projektil durchschlägt die Windschutzscheibe des Opel-Rekord unmittelbar neben dem Kopf des Fahrers. Völlig geschockt bricht der die Verfolgung daraufhin ab. Doch die Bankangestellten lassen sich nicht abschütteln. Ein Postbeamter schließt sich ihnen an. Wieder schießt Christian Klar und verfehlt den Postler nur um Millimeter. Das muß der Schuß gewesen sein, den Henning Beer gehört hat und nicht zuordnen konnte. All dies ereignet sich, bevor die Flüchtigen in der unterirdischen Passage wieder aufeinander treffen. Seit dem Überfall auf die Volksbank sind gerade zehn Minuten vergangen. Der Polizist Bernhard Pfister ist inzwischen von einem der Bankbeamten über die Vorfälle informiert worden. Er zieht seine Waffe, als er die vier Terroristen in der Einkaufspassage sieht. Nicht nur Beer, sondern auch Klar, Wagner und Boock eröffnen das Feuer auf den Polizisten. Keiner kümmert sich darum, daß sich auch zu dieser frühen Morgenstunde schon viele Passanten in der Ladenstadt aufhalten. Es kommt, wie es kommen muß: Einer der ersten Schüsse trifft die Passantin Edith Kletzhändler, die etwa zwei Meter von Pfister entfernt steht, in den Hals. Sie taumelt und bricht nach zwei, drei Metern tödlich getroffen zusammen. Aus dem Banküberfall ist Mord geworden. Auch Bernhard Pfister wird von drei Kugeln in Fuß, Arm und Schulter getroffen. Er stürzt, seine eigenen Schüsse verfehlen ihr Ziel, doch der Polizist überlebt die Schießerei.

Währenddessen bricht Panik aus. Passanten schreien, werfen sich zu Boden, rennen davon. Im Tumult können Wagner, Boock, Klar und Beer entkommen. Sie flüchten weiter und kümmern sich erst einmal nicht umeinander. Wagner begibt sich sofort zu der vereinbarten Straßenbahnhaltestelle «Bahnhofsquai». Dort ist die Flucht für ihn zu Ende. Der alarmierte Polizeibeamte Remo Galanti stellt und verhaftet Rolf Clemens Wagner, der noch die Segeltuchtasche mit der Beute Beers und seine Pistole bei sich hat. Die Tuberkuloseerkrankung hat Wagner so geschwächt, daß er nicht in der Lage ist, die dramatische Flucht mit seinen Genossen durchzustehen. Die Rote Armee Fraktion hat erneut eines ihrer wichtigsten Mitglieder verloren.

Klar und Boock flüchten aus der «Shop Ville» in Richtung einer Gaststätte auf der Nordostseite des Hauptbahnhofes. Christian Klar wechselt unterwegs das leergeschossene Magazin seiner Pistole. An der «Küchli-Wirtschaft» will gerade die Floristin Verena Schenk mit ihrem Opel losfahren. In diesem Moment kommt Christian Klar an den Wagen und fordert die Frau mit vorgehaltener Waffe auf auszusteigen. Sie weigert sich. Klar schlägt ihr mehrfach mit der Pistole auf den Kopf, Verena Schenk wird bewußtlos. Er zerrt sie aus dem Auto und setzt sich ans Steuer. Boock wirft sich mit dem Rest der Beute auf den Rücksitz. Das ist der Moment, in dem Henning Beer die beiden von der anderen Straßenseite aus sieht. Er rennt auf den Wagen zu und setzt sich neben Klar. Doch die Situation eskaliert weiter. Ein Passant reißt die Beifahrertür des Autos auf. Henning Beer brüllt ihn an, er solle verschwinden, was dieser zu seinem Glück auch tut. Dann fallen wieder Schüsse. Die Besitzerin des Wagens ist aus ihrer Ohnmacht erwacht und versucht, die Flucht der drei mit ihrem Auto zu verhindern. Sie klammert sich an den Beinen Christian Klars fest. Der schießt ihr daraufhin aus kurzer Entfernung in die Brust. Die Kugel verfehlt nur knapp das Herz, die Frau überlebt. Klar versucht verzweifelt, den Rückwärtsgang zu finden. Als es ihm endlich gelingt, fahren die drei RAF-Mitglieder los. In diesem Moment kommt ihnen erneut ein Polizeibeamter mit gezogener Waffe entgegen. Diesmal eröffnet Boock, aus dem Auto heraus, sofort das Feuer. Insgesamt gibt er sieben Schüsse ab, von denen jedoch nur einer trifft. Der Polizist überlebt.

Danach ist der Fluchtweg der drei Terroristen endgültig frei. Sie rasen in falscher Richtung durch eine Einbahnstraße davon und stellen den Wagen wenig später in der Züricher Imfeldstraße ab. Dort wird er bereits um Viertel vor neun gefunden. Gerade eine halbe Stunde ist seit dem Überfall auf die Schweizerische Volksbank vergangen. Die drei verbliebenen Täter können entkommen. Sie laufen zu dem Vorortbahnhof, wo Brigitte Mohnhaupt bereits wartet. Mit dem Zug fahren sie nach Fribourg und tauchen in der dort angemieteten Wohnung unter. Als sie sich wieder gefangen haben, versuchen sie, den katastrophalen Verlauf der Flucht nach dem Überfall zu rekonstruieren. Doch zumindest Christian Klar stellt den Ablauf anders dar, als die Ermittler später rekonstruieren. Nachdem die anderen von der schweren Verletzung der Autobesitzerin erfahren, behauptet er, nicht auf sie geschossen zu haben. Selbstverständlich zweifelt man seine Erklärung nicht an, sondern glaubt bereitwillig, daß der Polizist, der auf das Auto zukam und die Reifen zerschoß, dabei auch die Frau getroffen habe. Zunächst wissen sie auch nichts von der Verhaftung Rolf Clemens Wagners. Sie rechnen nach wie vor mit seinem Eintreffen. Doch als Wagner nicht erscheint, ist klar, daß ihm etwas zugestoßen sein muß. Mit ihm verliert die RAF auch den größten Teil der Beute. Die Beamten finden bei ihm über 330 000 Schweizer Franken. Klar, Boock, Beer, Maier-Witt und Mohnhaupt zählen in Fribourg die Beute, die ihnen nach der Verhaftung Wagners noch geblieben ist. An einem der nächsten Tage verlassen sie Fribourg und gehen nach Lausanne in die zweite, eigens für den Banküberfall angemietete Wohnung. Dort warten sie wiederum einige Tage, bis sie sich pärchenweise über die grüne Grenze nach Frankreich davonmachen. Ihr Ziel ist Paris. Als sie dort ankommen, ist die Auflösung der Rote Armee Fraktion bereits in vollem Gange.

Fluchtpunkt DDR

Die Aussteiger

In Paris hat sich die konspirative Wohnung in der Nähe der Oper zu einer logistischen Schaltzentrale der RAF entwickelt. In den folgenden Tagen wird die Behausung zum Schauplatz eines der dramatischsten Kapitel in der Geschichte der Rote Armee Fraktion. Nachdem bereits seit der Schießerei zwischen Werner Lotze und der Polizei in Dortmund klar ist, daß Monika Helbing aus der Gruppe aussteigen will, haben sich auch Christine Dümlein, Ekkehard Freiherr von Seckendorff und zuletzt Werner Lotze von der Gruppe getrennt. Nach der Katastrophe von Zürich bricht auch Silke Maier-Witt endgültig mit dem bewaffneten Kampf und der unmenschlichen Brutalität des Krieges im Untergrund. Ralf Friedrich und Sigrid Sternebeck folgen. Susanne Albrecht, noch bei Haig an den Vorbereitungen beteiligt, ist dem Leben in der RAF noch nie gewachsen gewesen. Die Gruppe begrüßt ihre Entscheidung zum Ausstieg. Der Neuanfang nach dem Aufenthalt der Rote Armee Fraktion im Jemen ist gescheitert, die Niederlagen und Fehlschläge seit 1977 haben die Gruppe endgültig zermürbt und gespalten.

In Paris finden die letzten aufreibenden Diskussionen mit den Aussteigern statt. Die Hardliner, die den Kampf gegen den Staat unter Einsatz ihres Lebens bis zum bitteren Ende fortsetzen wollen, schwanken zwischen Verständnis, Erleichterung und Zorn. Aber auch für die Aussteiger ist dieser Schritt der bedeutendste seit ihrem Gang in die Illegalität. Die Zukunft ist ungewiß, das Selbstbewußtsein, wie bei Silke Maier-Witt, zerstört. Einige betrachten ihren Bruch mit der Gruppe als persönliche Niederlage. Das Wort vom «Verrat» und vom «Versager» macht die Runde. Dem Kampf in der Illegalität nicht gewachsen zu sein, das bedeutet nach der RAF-Ideologie die Revolution im Stich zu lassen, persönliche Defizite nicht im Dienst der großen Sache überwinden zu können. Mohnhaupt, aber auch Boock, machen aus ihren Vorwürfen gegenüber den Aussteigern keinen Hehl – ausgerechnet Boock, der kurze Zeit später ebenfalls aus der Gruppe verschwindet, allerdings ohne sich einer letzten Diskussion mit den ehemaligen Kampfgenossen zu stellen. Dabei ist gerade seine Rückkehr für einige der Grund für den Ausstieg gewesen.

Hinter den Kulissen haben derweil längst die Weichenstellungen für die Zukunft begonnen. Und so, wie es aussieht, sollen dies nicht nur Weichenstellungen für ein Leben der Aussteiger nach einer unwiderruflichen Entscheidung sein, sondern auch für die anderen sollen sich dadurch neue internationale Perspektiven ergeben. Die Klars, Beers und Mohnhaupts sind von ihrer revolutionären Großmannssucht nicht zu bekehren. Sie suchen die internationalen Terrorzusammenhänge, die sie mit den Palästinensern auch schon gefunden haben.

Jetzt soll ein dritter Staat hinzukommen. Eine neue Basis für den bewaffneten Kampf, unterstützt von Palästinensern und einem sozialistischen Bruderstaat: Die RAF macht sich auf in Richtung DDR. Ein neues Zentrum, ein neuer Ruheraum, eine neue Rolle für die RAF innerhalb der internationalen Beziehungen – auf den ersten Blick der Traum von der Anerkennung als gleichberechtigter Waffenbruder von Palästinensern und sozialistischen Staaten, auf den zweiten Blick ein tödlicher Irrtum verblendeter Terroristen.

Jemand, der sowohl bei den Palästinensern als auch bei der DDR ein und aus geht, ist Inge Viett alias «Maria». Es gibt Zeiten, da pendelt sie zwischen dem Jemen und der DDR wie eine Botschafterin hin und her. Im Jemen trifft sie auf eine zweite Frau mit hervorragenden Kontakten zu allen Beteiligten: zur RAF, zur PFLP und zur DDR. Die «Schöne Frau», schon 1977 in Bagdad und 1978 im Jemen als Nahtstelle zwischen RAF und Palästinensern aufgefallen, hat ein weiteres Eisen im Feuer. Sollten die bundesdeutschen Nachrichtendienste wirklich jemals – wie behauptet – geglaubt haben, kein Geheimdienst der Welt habe sich das enorme Wissen der «Schönen Frau» zunutze machen können, so lagen sie wieder einmal gründlich daneben. Inge Viett findet im Jemen eine Glaubensgenossin, denn wie sie selbst ist die «Schöne Frau» inoffizielle Mitarbeiterin des Staatssicherheitsdienstes der DDR. Das MfS führt ihre Akte unter dem Decknamen «Wolf». Unter diesen Umständen ist es für Inge Viett, die «Schöne Frau» und die PFLP überhaupt kein Problem, Kontakte zwischen der DDR und der Rote Armee Fraktion zu vermitteln. Und die RAF läßt sich auf dieses scheinbar ungefährliche Spiel ein. Sie muß acht Aussteiger loswerden, sie braucht Ruheräume und logistische Unterstützung. Der «kleine Bruder», so nennt die RAF die DDR im internen Sprachgebrauch, erscheint da natürlich als die ideale Anlaufstelle.

Inge Viett ist all ihren Auftraggebern zu Diensten. Sie stellt den Kontakt her, und schon 1979 reisen Christian Klar und Wolfgang Beer in die DDR. Sie treffen dort im Ostberliner Interhotel mit Horst Franz und Helmut Voigt zusammen. Die beiden Herren sind Offiziere der Abteilung XXII des Ministeriums für Staatssicherheit. Die euphemistisch «Terrorabwehr» genannte Abteilung der Stasi ist für alle DDR-Kontakte mit gesuchten Extremisten zuständig. Auch so prominente Namen wie Carlos und Abu Nidal finden sich in der Kundenkartei der Ostberliner Terrorspezialisten. Im Ostberliner Interhotel unterhält man sich über die Zielvorstellungen der RAF und die Stellung der DDR zum Phänomen Terrorismus. Die Herren von der Stasi bleiben mit ihren Äußerungen bewußt vorsichtig. Von gleichen Zielen und unterschiedlichen Methoden ist die Rede, wenn der bewaffnete Kampf der RAF zur Sprache kommt. Wie es ihrer Aufgabe und den Befehlen Erich Mielkes entspricht, horchen die Stasi-Offiziere Wolfgang Beer und Christian Klar aus. Konkrete Zusagen bezüglich der RAF-Aussteiger oder anderer Unterstützungshandlungen durch die DDR gibt es während dieses Gespräches noch nicht. Doch schon bald gibt es ein erneutes Treffen. Diesmal kommt wieder Inge Viett in Begleitung einer Person, deren Identität heute nicht mehr zu klären ist. Ziel dieses Treffens soll es gewesen sein, den Kreis der Kontaktpersonen zwischen RAF und Stasi so eng wie möglich zu halten.

Von all diesen Vorgängen haben die Mitglieder der Rote Armee Fraktion, die in Paris auf Entscheidungen über ihre weitere Zukunft warten, keine Ahnung. Sie werden, soweit es geht, von den Aktiven getrennt. Die Gruppe besitzt in Paris ja genügend Wohnungen, in denen die Aussteiger Unterschlupf finden können. Sie haben alle ihre Waffen abgegeben und mit diesem für die RAF hochsymbolischen Schritt die Trennung endgültig vollzogen.

In den folgenden Monaten sind sie nur noch mit kleineren Hilfsdiensten oder «Abschlußarbeiten» beschäftigt und haben ansonsten nur noch dann Kontakt zum aktiven Kader, wenn es ihre Zukunft betrifft. So säubern Werner Lotze und Ralf Friedrich noch gemeinsam eine der konspirativen Wohnungen der RAF in der Avenue Niel und lösen eine weitere schriftlich auf. Dann zieht Werner Lotze gemeinsam mit Monika Helbing und seiner späteren Ehefrau Christine Dümlein in die Wohnung zu von Seckendorff.

Der Arzt hat innerhalb der Aussteigergruppe eine Führungsrolle übernommen, die von allen anderen anerkannt wird. Sie fühlen sich hilflos, haben ihre Lebensorientierung verloren und sind völlig abhängig von den Arrangements, die die anderen für sie treffen. Bis dahin leben sie von der finanziellen Unterstützung durch die Aktiven um Christian Klar, Brigitte Mohnhaupt und Adelheid Schulz. Die anderen vier Aussteiger, Sigrid Sternebeck, Ralf Friedrich, Susanne Albrecht und Silke Maier-

Witt, wohnen gemeinsam in einer zweiten Wohnung am Montmartre. Alle rechnen mit der Aufnahme in einem der sozialistischen Länder Afrikas. Moçambique und Angola stehen hoch im Kurs, und den acht RAF-Aussteigern wird ans Herz gelegt, die portugiesische Sprache zu lernen, um in einem dieser Länder leben zu können. Sie gehen von intensiven Verhandlungen des RAF-Kaders mit diesen Ländern aus.

Das eigentliche Ziel ihrer Reise jedoch wird ihnen bis zuletzt verheimlicht. Von selbst wäre nie einer auf die Idee gekommen, die nächsten Jahre im Staat der real existierenden Kleinbürger zu verbringen. Es ist klar, sie wollen ihren Frieden. Deshalb kommt auch der Nahe Osten als Exil nicht in Betracht. In einem Lager der Palästinenser hätten die meisten früher oder später wieder eine Waffe in die Hand nehmen und kämpfen müssen, und sei es nur zur Selbstverteidigung. Doch die Aussteiger wollen für immer Ruhe. Daß es die vorrevolutionäre Friedhofsruhe der totalitären DDR werden sollte, damit rechnet wohl keiner von ihnen.

Christian Klar, Wolfgang Beer, Helmut Pohl und natürlich Inge Viett hingegen können sich dies sehr wohl vorstellen, und sie arbeiten daran. In der Rote Armee Fraktion haben sich mittlerweile einige Konstellationen verändert. Mit Wolfgang Beer und Helmut Pohl werden zwei «Veteranen» des bewaffneten Kampfes erneut im Kommandokreis der RAF aktiv. Das hat Auswirkungen sowohl auf die Programmatik der Gruppe wie auf ihre Aktionen. Außerdem beginnt Juliane Plambeck, innerhalb der RAF eine Rolle zu spielen. Sie vor allem hat die Fusion zwischen RAF und «Bewegung 2. Juni» vorangetrieben. Jetzt wird das Ende des «2. Juni» mit der Auflösungserklärung endgültig besiegelt. Schon bald wird Juliane Plambeck in die Aktionsvorbereitungen der RAF miteinbezogen. Andere Mitglieder des «2. Juni» werden von der RAF nicht so einfach in ihre Organisation übernommen: Auch sie sollen die Gruppe verlassen. Mit dem Zusammenschluß der beiden deutschen Terrororganisationen geht die «Bewegung 2. Juni» unter.

Und das im wahrsten Sinne des Wortes; nur Inge Viett übersteht die nächsten Monate lebend und in Freiheit.

Helmut Pohl und Wolfgang Beer gehören inzwischen zu dem Kreis der Aktiven, die die Kontakte zum Ministerium für Staatssicherheit ausbauen. Pohl pflegt diese Beziehungen in Zukunft am längsten von allen Mitgliedern der RAF.

Dieser Kreis arbeitet an der Unterbringung der Aussteiger in der DDR. Doch bis dahin vergehen noch einige Monate, in denen sich die Kontakte zur Stasi intensivieren. Im Frühjahr 1980 leben die Aussteiger nach wie vor in völliger Ungewißheit in Paris. Die nächsten Monate bringen eine Entscheidung. Doch nicht nur das. Die Fusion zwischen RAF und «2. Juni», der Ausstieg von acht Terroristen in der DDR, die Verhandlungen zwischen der Rote Armee Fraktion und dem Ministerium für Staatssicherheit über eine Zusammenarbeit: all das wird begleitet von überaus mysteriösen Umständen.

Warnung vor dem «kleinen Bruder»

In Paris geht es in den ersten Monaten des Jahres 1980 zu wie in einem terroristischen Taubenschlag. Während fieberhaft nach einer neuen Heimstatt für die Aussteiger aus der RAF gesucht wird, arbeiten andere, insbesondere Wolfgang Beer und Helmut Pohl, an einem neuen strategischen Konzept für die Rote Armee Fraktion. Neue Anschläge werden geplant, und auch die Ziele stehen bereits fest. Es soll wieder die US-Streitkräfte treffen. Geplant wird ein Anschlag auf das Leben des US-Generals Frederik Kroesen, Oberbefehlshaber der amerikanischen Streitkräfte in Europa und stationiert im Hauptquartier der Nato, Europa-Mitte, in Heidelberg. Gleichzeitig wird über die US-Luftwaffenbasis Ramstein als Ziel eines Bombenanschlags nachgedacht. Erstaunlich, wie einige Mitglieder der Gruppe es immer wieder schaffen, den Niedergang der RAF durch neue Aktionsplanungen zu verdrängen.

Doch aus dem Zusammenschluß mit der «Bewegung 2. Juni» erwachsen auch Probleme, die erst noch gelöst werden müssen. Nicht alle Mitglieder des «2. Juni», zu diesem Zeitpunkt ausschließlich Frauen, sollen und wollen zur Rote Armee Fraktion stoßen. Vier halten sich in Paris auf, um ebenfalls ihren Ausstieg zu organisieren: Regina Nicolai, Ingrid Barabaß, Karin Kamp-Münnichow und Karola Magg. Auch sie träumen – wie ihre Genossen von der RAF – von einem Leben in einem afrikanischen Land. Unklar ist allerdings, warum Karola Magg ihre kleine Tochter Gudrun zu diesem Zeitpunkt bereits in die Obhut von Ekkehard von Seckendorff gibt, der sich bereit erklärt, das Mädchen als Pflegevater mit in sein noch unbestimmtes Exil zu nehmen. Sieglinde Hofmann betreut für die RAF die vier Frauen in Paris, die sich in einer konspirativen Wohnung des «2. Juni» in der Rue Flatters aufhalten. Auch Sieglinde Hofmann scheint in diesem Moment noch an das Exil in Afrika zu glauben. Ebenso «Mini» oder «Gustav», wie Henning Beer von der Gruppe genannt wird, der inzwischen vier Schweizer Pässe für ein Leben ohne Terror fälscht. Sieglinde Hofmann unternimmt den Versuch, Kontakt zu den Regierungen von Angola und Moçambique herzustellen. Doch zu spät: Am 5. Mai 1980 stürmt die französische Polizei die Dreizimmerwohnung in der zweiten Etage der 4, Rue Flatters, die Wohnung, die Inge Viett Ende der siebziger Jahre für den «2. Juni» angemietet hatte, als sich die Bewegung eine Struktur in Paris aufbaute. Hofmann, Magg, Nicolai, Kamp-Münnichow und Barabaß gehen den Fahndern ins Netz. Der Schlag, der den Ermittlern in Paris gegen die Rote Armee Fraktion gelingt, ist beachtlich. Neben den fünf Terroristinnen finden sie die Fingerabdrücke von einem Dutzend weiterer Mitglieder der RAF, schriftliche Unterlagen, Fachbücher, eine komplette Fälscherwerkstatt und über 100 Kilogramm Natriumchlorat, geeignet zur Sprengstoffherstellung. BKA-Präsident Horst Herold ist zu diesem Einsatz eigens in die französische Hauptstadt geeilt. Später feiert er das freudige Fahndungsereignis als großen Coup.

146

Bis heute machen die bundesdeutschen Ermittler ein großes Geheimnis aus der Frage, wie sie auf diese konspirative Wohnung gestoßen sind. Top-secret. Doch vom Himmel fällt ihr Wissen nicht. Eher weht es aus der Wüste herüber: Der entscheidende Tip kommt aus «palästinensischen Zusammenhängen». Im Klartext: Jemand hat die Wohnung verpfiffen. Inge Viett hat eine gute Freundin im Nahen Osten: die «Schöne Frau». Doch das Leben ist hart dort, denn die Tage in der Wüste sind lang und vor allen Dingen langweilig. Da freut sich jeder über eine Bekannte, mit der man mal das eine oder andere Wort wechseln kann, um sich ein wenig Kurzweil zu verschaffen. Wenn diese Person dann auch noch der eigenen Muttersprache mächtig ist, vereinfacht dies die Sache ungemein: Weil der Informationsaustausch sehr schnell und vor allen Dingen ohne Mißverständnisse vonstatten geht. Die «Schöne Frau» hat eine solche Bekannte und diese wiederum ist ebenfalls mit einem Palästinenser liiert. Und dieser ist als Quelle für einen bundesdeutschen Geheimdienst tätig. So ein Zufall.

Kurz nach diesem Vorfall reist Inge Viett, die sich bis dahin in Europa oder als Stasi-Quelle in der DDR aufgehalten hat, zurück in die Volksrepublik Jemen. Auch die «Schöne Frau», des Lebens in palästinensischen Lagern überdrüssig, geht auf Reisen und taucht 1980 zum erstenmal wieder in der Bundesrepublik auf. Die inoffizielle Mitarbeiterin des DDR-Staatssicherheitsdienstes und intime RAF-Kennerin wird umgehend auch vom Bundesnachrichtendienst umworben. Doch der unauffällige Herr des BND mit einem sicherlich falschen Namen hat angeblich keinen Erfolg.

Kurz nach ihrer Verhaftung, noch im französischen Gefängnis, schreibt Sieglinde Hofmann einen für ihre aktiven Genossen bestimmten Kassiber mit sehr merkwürdigem Inhalt:
«Gustav – Udo
Zora KL. Bruder → Fehler
Busch Amanda»

Ob diese Mitteilung ihre Adressaten erreicht hat, ist nicht festzustellen. Beamte des Bundeskriminalamts finden das Schriftstück später zusammen mit anderen in einem Erddepot der RAF, das noch eine besondere Rolle spielen soll.

«Gustav» und «Udo» sind die gruppenüblichen Tarnnamen für Henning Beer und Ekkehard von Seckendorff. Letzterer ist Kopf der Aussteigergruppe, ersterer gehört zu dem Kreis der Aktiven, die in die Kontakte zur DDR eingebunden sind. «Zora» ist der Tarnname von Inge Viett. «Kl. Bruder» steht, wie jeder in der Gruppe weiß, für die DDR. «Fehler» muß so interpretiert werden, wie es da steht. «Busch» oder «Buschleute» ist die RAF-Bezeichnung für die Mitglieder der «Bewegung 2. Juni» und «Amanda» ist der Deckname für ein Mitglied dieser Gruppe, Juliane Plambeck.

Sieglinde Hofmann wendet sich mit dieser Mitteilung an ihre noch in Freiheit befindlichen Genossen. Sie richtet die Warnung an Beer und von Seckendorff mit dem Hinweis, die Verbindung zwischen Inge Viett und der DDR sei ein Fehler und rät den Genossen, doch einmal Juliane Plambeck vom «2. Juni» dazu zu befragen.

Konnte Sieglinde Hofmann wissen, daß Inge Viett unter dem Decknamen «Maria» dem MfS Mitteilungen macht über die Aktivitäten und Mitglieder der RAF? Oder spekulierte sie nur aufgrund der Duplizität der Ereignisse? Wenn ja, dann kam sie der Wahrheit wahrscheinlich sehr nah. Es sollte noch mehr Ereignisse geben, die eine solche Warnung rechtfertigten.

Die Verhaftungen in der Rue Flatters haben die RAF-Mitglieder in den anderen Unterkünften in Paris zutiefst verschreckt. Paris erscheint ihnen besonders im Hinblick auf die acht ehemaligen Gruppenmitglieder als nicht mehr sicher. Die Aussteiger sollen die französische Hauptstadt sofort verlassen. Für die nächsten Wochen begeben sie sich nach Quiberon in der Bretagne, wo sie in einem Ferienhaus Unterschlupf finden.

Anfang Juli 1980 gehen Christian Klar, Adelheid Schulz, Juliane Plambeck, Wolfgang Beer und sein Bruder Henning zurück in die Bundesrepublik. Ihr Zielort ist Heidelberg. Dort soll der Anschlag auf US-General Frederik Kroesen stattfinden. Die Gruppe hat bereits herausgefunden, wo der General wohnt. Jetzt sollen, genau wie bei dem Attentat auf Alexander Haig, Fahrtstrecke und -dauer zwischen Wohnsitz und Arbeitsplatz ausgespäht werden. Während der folgenden Tage lebt die Gruppe in einem Zelt, das sie an wechselnden Plätzen rund um Heidelberg in den Wäldern aufschlägt.

Die Erkundungen gestalten sich schwierig. Zwar halten sich Schulz, Klar und die anderen immer wieder an verschiedenen Stellen der Fahrtstrecke auf, um ihr Opfer zu identifizieren. Doch die Ausspähungen verlaufen eher chaotisch, da das schlechte Wetter den zeltenden Terroristen arg zu schaffen macht.

Daß es 1980 nicht zu einem Anschlag auf das Leben Frederik Kroesens kommt, hängt aber mit einem zweiten mysteriösen Vorfall zusammen, der die Gruppe innerhalb weniger Wochen ereilt. Für die Ausspähungen und den späteren Anschlag benötigt die Gruppe Autos. Einen VW-Golf haben sie bereits am 12. Juli in einem Pariser Vorort gestohlen. Außerdem besitzen sie einen in Frankreich angemieteten Citroën.

Am 25. Juli 1980 fahren Henning Beer, Adelheid Schulz, Wolfgang Beer und Juliane Plambeck in den Großraum Stuttgart, um dort ein weiteres Fahrzeug, einen schnellen BMW, zu stehlen. Auf der Rückfahrt sitzen Henning Beer und Adelheid Schulz in diesem BMW, während Wolfgang Beer und Juliane Plambeck ihnen folgen. Es ist früher Morgen, und die beiden Wagen fahren über eine Landstraße bei Bietigheim. Die Terroristen bummeln nicht, sondern sind zügig unterwegs. In einer langgestreckten Kurve kommt ihnen mit hoher Geschwindigkeit ein Kieslaster entgegen. Henning Beer und Adelheid Schulz können in letzter Sekunde ausweichen. Total verschreckt sieht Henning Beer in den Rückspiegel. Doch sein hinter ihm fahrender Bruder und Juliane Plambeck haben keine Chance: Sie prallen mit voller Wucht in den Lastwagen. Völlig zerstört bleibt der VW-Golf auf der Landstraße liegen. Henning Beer hält an und läuft zurück. Doch Plambeck und Beer sind tot. Adelheid Schulz nimmt sich noch seine Waffe, dann flüchten die beiden Überlebenden, weil sie merken, daß sich jemand nähert.

Die Polizei findet in dem Golf später Zelte, Waffen und Aufzeichnungen, die bis heute Rätsel aufgeben. Beer und Schulz fahren in eine Wohnung, die die Gruppe in Heidelberg besitzt. Dort erfahren sie am nächsten Tag, daß es für ihre Genossen keine Rettung mehr gab. Henning Beer ist mit den Nerven am Ende. Auch die anderen wissen, daß es nach dem Tod der beiden keinen Sinn mehr macht, die Anschlagsvorbereitungen fortzusetzen.

Die Rote Armee Fraktion ist in diesem Moment wie paralysiert. Ihre Aussteiger sind auf dem Weg in die DDR. Henning Beer hat kurz vor dem Tod seines Bruders von ihm selbst noch erfahren, daß die DDR beim Ausstieg der ehemaligen Genossen eine wichtige Rolle spielt. Sieglinde Hofmann sitzt in Frankreich in Haft. Jetzt ist auch die noch aktive Rest-RAF reif für die Insel. Wieder einmal wird die Notaufnahme im Süd-Jemen in Anspruch genommen.

In der Öffentlichkeit schießen in den folgenden Jahren die Spekulationen ins Kraut. Selbst der hitverdächtige Provinz-James Bond Werner Mauss muß als Erklärung für den Tod der beiden Terroristen herhalten. Sie sollen nach einer Waffenübergabe von ihm verfolgt worden und bei dieser Verfolgungsjagd verunglückt sein. Doch in diesem einen Fall gibt es keine konkreten Hinweise, die auf eine Steuerung des Ereignisses von außen hinweisen. Henning Beer selbst schildert den Vorfall bei Bietigheim, und seine Aussagen decken sich weitgehend mit dieser Schilderung des tödlichen Unfalls. Auch wenn dann später Aussagen und Motive auftauchen, die zu weiteren Spekulationen Anlaß geben.

Die Beamten des Bundeskriminalamts finden im Unfallwagen der beiden RAF-Mitglieder Wolfgang Beer und Juliane Plambeck neben Zelten und Waffen auch handschriftliche Aufzeichnungen von Henning Beer. Unter anderem einen Zettel mit der mysteriösen Aufschrift «A3 Kl. Br. – waschen». Die Ermittler können zu diesem Zeitpunkt nicht wissen, daß sie den ersten greifbaren Hinweis auf eine Zusammenarbeit der Rote Armee Fraktion mit der DDR in den Händen halten.

Der mutmaßliche Verfasser Henning Beer war einer der Adressaten des Kassibers, den Sieglinde Hofmann aus dem Gefängnis an die Aktiven gerichtet hatte. Angeblich kann Beer die Bedeutung dieser verschlüsselten Nachricht heute nicht mehr erklären. Aber eins ist sicher: «A3» ist eine RAF-übliche Chiffrierung für ein westeuropäisches Land. In diesem Fall Frankreich, wo die RAF zu dieser Zeit ihre strategische Basis hat und von wo aus Aktionen geplant und Verbindungen geknüpft werden. «Kl. Br.» ist bekanntermaßen die Bezeichnung für den «kleinen Bruder» DDR. Bleibt nur das Wort «waschen», das dieser geheimen Nachricht ihren Sinn geben muß. Man muß davon ausgehen, daß Henning Beer sehr genau über die Verbindungen von Inge Viett und anderen RAF-Mitgliedern zur DDR Bescheid wußte. Als einer der Empfänger der Warnung von Sieglinde Hofmann wird er begriffen haben, welchen Verdacht seine Genossin in bezug auf die DDR-Kontakte von Inge Viett hegte. Nimmt man die verschrobene RAF-Terminologie, so kann «waschen» bedeuten, daß Henning Beer nun seinerseits eine Warnung an Inge Viett oder andere Gruppenmitglieder richtete, die schon früher Kontakte mit dem «kleinen Bruder» hatten. So zum Beispiel sein Bruder Wolfgang. Sie sollten diese Beziehungen mit äußerster Vorsicht und Sorgfalt handhaben, sie quasi von allem säubern, was der RAF Schaden zufügen könnte. Angesichts des immensen Wissens, das die Stasi bereits über die Gruppe angehäuft hatte, nicht zuletzt mit der tatkräftigen Hilfe von Inge Viett, und der Macht, die ihr daraus erwuchs, nicht mehr als ein frommer

Wunsch. Dies scheint Henning Beer wenig später erkannt zu haben.

Noch lange nach seiner Verhaftung 1990 streitet er jede Beteiligung an den Kontakten zwischen RAF und Stasi ab, die nicht unmittelbar mit seinem eigenen, späteren Ausstieg in Zusammenhang stehen. Ebenso leugnet er jeden Kontakt mit Inge Viett, die eine der Hauptkontaktpersonen zwischen RAF und Stasi gewesen ist. In Wirklichkeit weiß Henning Beer bereits vor dem Tod seines Bruders von der Bedeutung der Zusammenarbeit mit der DDR. Ebenso hält er sich lange vor seinem eigentlichen Ausstieg gemeinsam mit Inge Viett in der DDR auf. Später sind Inge Viett und Henning Beer die einzigen Ex-Terroristen, von deren Aufenthalt in der DDR die anderen Aussteiger nichts wissen. Bei Inge Viett ist dies leicht zu erklären, spielte sie doch eine Sonderrolle als enge Vertraute der Palästinenser und gleichzeitig als inoffizielle Mitarbeiterin des MfS. Die zwielichtige Position Henning Beers hingegen können oder wollen die bundesdeutschen Sicherheitsbehörden bis heute nicht näher unter die Lupe nehmen.

Das Forsthaus in Briesen

Als Wolfgang Beer und Juliane Plambeck tödlich verunglükken, befinden sich die acht Aussteiger bereits auf dem Weg in die Deutsche Demokratische Republik. Den Verhaftungen in der Rue Flatters im Mai 1980 war ihre überstürzte Abreise in die Bretagne gefolgt. Dort halten sie sich einige Wochen auf. Dann bekommen sie die Nachricht, es sei ein Aufnahmeland für sie gefunden worden. Aber noch immer wird das Ziel geheimgehalten. Ausgerüstet mit falschen Pässen verschiedener westeuropäischer Nationalitäten, begeben sie sich auf eine Odyssee quer durch Europa. Über Paris, Spanien und Italien reisen alle acht zunächst nach Prag. In einem Hotel am Rande der Stadt warten sie, noch immer im unklaren, auf neue Nachrichten. Die Zeit in Prag wird ihnen lang. Es vergehen erneut einige Wochen, ehe Bewegung in ihre reichlich konfuse Lage kommt. Ob sie zu diesem Zeitpunkt immer noch an ein Exil in einem der sozialistischen Länder Afrikas glauben, darf bezweifelt werden. Doch endgültige Gewißheit bringt erst Inge Viett, die plötzlich in Prag auftaucht. Sie ist in der Zwischenzeit erneut in die DDR gereist, um die Verhandlungen über eine Aufnahme der RAF-Aussteiger, die vorher auch Christian Klar und Wolfgang Beer geführt haben, voranzutreiben. Jetzt teilt sie allen mit, ihrer Abreise in das endgültige Exil DDR stehe nichts mehr im Wege. Der genaue Wortlaut dieser Verhandlungen, die Bedingungen, die von seiten des Ministeriums für Staatssicherheit gestellt wurden, sind bis heute nicht bekannt. Die offizielle Version der beteiligten Stasi-Offiziere, deren oberster Chef Minister Erich Mielke heute wegen fortgeschrittenem Altersschwachsinn zu keiner vernünftigen Aussage mehr fähig ist, lautet, man habe die Terroristen von ihrem sinnlosen und schädlichen Unterfangen abbringen wollen. Zwar bestehe eine gewisse Übereinstimmung in der politischen Zielsetzung zwischen der Rote Armee Fraktion und dem sozialistischen Staat DDR, doch könne man sich auf keinen Fall mit den gewaltsamen Methoden der Terroristen solidarisieren. Die Aufnahme der RAF-Mitglieder in der DDR sei von ihrer totalen Abkehr von den Methoden des Terrorismus abhängig gewesen. Der flüchtige Stasi-Offizier Helmut Voigt, der seinerzeit die operative Leitung des Aussteigerkomplexes unter der Tarnbezeichnung «Stern II» übertragen bekam, äußerte sich 1991 gegenüber dem «Spiegel», man sei sogar soweit gegangen, die Terroristen 1980 von Anschlägen in der Bundesrepublik abzuhalten, um die Bundestagswahlen und einen Sieg der sozial-liberalen Koalition mit Helmut Schmidt an der Spitze nicht zu gefährden.

So unglaublich sich diese Begründung für eine Zusammenarbeit zwischen RAF und Stasi auch anhören mag, ein Körnchen Wahrheit wird sie enthalten. Man nehme die Sonderrollen von

Inge Viett und der «Schönen Frau», beide in einem Dreiecks-
verhältnis zwischen PFLP, RAF und Stasi, dann betrachte man
das gesteuerte Auffliegen der konspirativen Wohnung in der
Rue Flatters im Mai 1980 und die damit verbundenen Verhaftungen. Schließlich nehme man den Abbruch der Anschlagsvorbereitungen auf General Kroesen nach dem Unfall von
Plambeck und Beer. Man könnte meinen, die Staatssicherheit
sei ohne weiteres in der Lage gewesen, die einmal nützlichen
und dann wieder weniger nützlichen Kämpfer der RAF nach
Belieben in die Schranken zu weisen. Einen Reim darauf mache sich, wer will. Doch es kommt noch viel dicker.

Zunächst ist die Überraschung der Aussteiger von Seckendorff mit seiner Pflegetochter Gudrun, Lotze, Albrecht,
Maier-Witt, Helbing, Dümlein, Sternebeck und Friedrich rie-
sengroß. Am Ende macht sich dann aber eher Erleichterung
breit. Der Aufenthalt in einem deutschsprachigen Land, das
zudem durch eine Mauer und ein perfektes Überwachungssy-
stem vor der Entdeckung durch fremde Geheimdienste
schützt, ist allemal angenehmer als das Exil in einem der unru-
higen, von Bürgerkriegen und Not gebeutelten Länder des süd-
lichen Afrikas. In Prag werden die letzten Vorbereitungen getroffen. Wieder bilden sich nach alter RAF-Manier Pärchen,
die die Reise wie immer zu zweit antreten werden.

Sicher ist, daß Seckendorff mit seiner Pflegetochter allein in
die DDR fahren wird. Er hat auch ein anderes Ziel als die übrigen, die ihn erst später wiedersehen. Im August reisen acht der
ehemals gefährlichsten Terroristen Westeuropas mit dem Zug
in das Staat gewordene Gegenteil einer befreiten Gesellschaft,
für die sie gekämpft und gemordet hatten. Exil im Reich der
Stasi und der Kleinbürger, Brandstifter mit der endgültigen
Biedermannperspektive. Zynischer können sich Verhältnisse
nicht umkehren.

Die Fahrtstrecke führt die meisten mit dem Zug von Prag
über den Grenzübergang Bad Schandau nach Ost-Berlin. Am
Ostbahnhof steigen sie aus. Das Ritual ist immer das gleiche:

An einer Telefonzelle des gegenüberliegenden Postamtes wartet unauffällig ein einzelner Herr. Er weiß, wen er abzuholen hat und stellt sich den Neuankömmlingen mit seinem Vornamen Gerd vor.

Gerd Zaumseil, bei Auflösung des Ministeriums für Staatssicherheit im Rang eines Majors, übernimmt in den folgenden Monaten und Jahren die persönliche Betreuung der RAF-Aussteiger, aber auch der weiterhin Aktiven. Ein Geheimdienstler als Gouvernante für gescheiterte Terroristen.

Die RAF-Aussteiger wissen zunächst nicht, welcher DDR-Dienststelle ihr neuer Betreuer angehört. Er gibt darüber auch keine Auskunft. Statt dessen verfrachtet er die Pärchen in seinen Dienst-Lada und begibt sich mit ihnen auf die Reise in Richtung Frankfurt an der Oder. Die Kreise Fürstenwalde und Frankfurt an der Oder, im DDR-Jargon der «Rote Bezirk» genannt, sind durchsetzt mit Stasi-Liegenschaften und militärischen Einrichtungen. Etwa eine Dreiviertelstunde östlich von Berlin, zwischen Fürstenwalde und Frankfurt, verläßt Gerd Zaumseil mit seinen Gästen an der Ausfahrt Briesen die Autobahn. Briesen ist ein kleines 2000-Seelen-Dorf, selbst für die provinzielle DDR tiefste Provinz. Es geht über die Hauptstraße durch den Ort und dann links ab. Was folgt, ist ein langer, unbefestigter Waldweg. Nur die Strom- und Telefonleitungen am Wegesrand verraten, daß es hier außer Wald und Bäumen noch etwas anderes geben muß. Die Bewohner von Briesen können nur rätseln, was das Ministerium für Staatssicherheit hier treibt. Das ganze Gebiet ist gesperrt, kein normal sterblicher DDR-Bürger darf es betreten. Nach etwa drei Kilometern holpriger Fahrt über den Waldweg taucht dann plötzlich ein gesichertes Eisentor auf. Vorläufige Endstation für die Terroristen.

Das Forsthaus an der Flut wird Stasi-intern als «Objekt 74» bezeichnet. Auf dem eingezäunten Areal befinden sich mehrere Gebäude, Garagen, Schuppen, Stromgenerator, ein eigener Brunnen sowie ein Bunker für Benzin und andere gefährliche Gerätschaften. Ein durchaus idyllischer Ort, direkt am

Oder-Spree-Kanal gelegen, als Ort für konspirative Treffen geradezu prädestiniert.

Im Hauptgebäude hat die Staatssicherheit bereits mehrere kleine Zimmer für die erwarteten RAF-Mitglieder reserviert. Eine Gemeinschaftsküche, Aufenthaltsraum, Kellerbar und Dachterrasse machen das Feriendomizil fast perfekt. Nur daß den Neuankömmlingen wahrscheinlich überhaupt nicht nach Ferien zumute ist. Außerdem hat das MfS nach lieber Gewohnheit den gesamten Komplex sorgfältig verwanzt.

Im Forsthaus an der Flut werden die Aussteiger bereits erwartet. Ein älteres Ehepaar ist für das leibliche Wohl verantwortlich. Für die ideologische und seelische Aufrüstung hat das Ministerium extra einen hochrangigen Mitarbeiter der Abteilung XXII/Terrorabwehr nach Briesen geschickt. Günter Jäckel, bei seinem Ausscheiden aus dem MfS Oberst und stellvertretender Leiter der späteren Hauptabteilung XXII. Er stellt sich den RAF-Aussteigern jovial als Günter vor und führt, als alle Gruppenmitglieder versammelt sind, ein Begrüßungsgespräch. Auch bei diesem Gespräch spielt die Trennung zwischen Theorie und Praxis angeblich eine große Rolle. Man stimme zwar mit den Zielen der antiimperialistischen Bewegung überein, nicht jedoch mit den terroristischen Mitteln, die die Rote Armee Fraktion zur Erreichung ihrer Ziele einsetze.

Günter Jäckel räumt allerdings ein, daß die DDR denjenigen helfe, die durch ihren Einsatz für die internationale Bewegung in Bedrängnis geraten seien. Die DDR biete ihnen eine neue Heimat, die Möglichkeiten einer beruflichen und privaten Existenz sowie die Chance, als DDR-Bürger an der Errichtung einer besseren Welt mitzuwirken. Er sei sehr froh darüber, daß die Anwesenden aus der RAF ausgestiegen seien und mit ihrem «Lotterleben» Schluß machen wollten. Soweit der Stasi-Moralist Günter Jäckel.

Schließlich werden die Ex-Guerilleros mit den mannigfachen Eigenarten ihrer neuen real existierenden Heimat bekanntgemacht. Besonders mit den politischen Verhältnissen im Kleinbürgerstaat DDR und der herausragenden Rolle der SED. Nicht aufgeklärt werden sie über die herausragende Rolle des Ministeriums für Staatssicherheit bei der Kontrolle dieser Gesellschaft, zu der sie jetzt selbst gehören. Doch das sollten die RAF-Ruheständler noch früh genug erfahren.

Inzwischen legt Günter ihnen die eindringliche Beschäftigung mit den Verhältnissen in der DDR ans Herz und empfiehlt die entsprechenden Zeitschriften, Bücher und Fernsehsendungen. Damit ist seine Mission vorerst beendet. Er taucht nur noch sporadisch in Briesen auf, wenn wichtige Dinge zu regeln sind. Die Aussteiger müssen in der Folgezeit mit Gerd vorliebnehmen, der auch für die Gewährung von Sonderwünschen zuständig ist. Doch dies beschränkt sich auf gelegentliche Bootsfahrten auf dem Oder-Spree-Kanal, die auch genehmigt werden und den Aussteigern etwas Zerstreuung bei der nun folgenden mühseligen Aufgabe bringt. Bis auf Ekkehard von Seckendorff, der sich als Ziehvater der kleinen Gudrun von den anderen Aussteigern abhebt und die Führungsrolle innerhalb der Gruppe innehat, müssen alle Aussteiger neue Lebensläufe und Legenden erfinden. Von Seckendorff reist dagegen bereits unter seiner neuen Tarnidentität Horst Winter in die DDR ein und wird gemeinsam mit Gudrun zunächst in einem FDGB-Ferienheim in Diensdorf am Scharmützelsee untergebracht. Von Seckendorff ist es auch, der für die anderen Aussteiger von Prag aus die Vorhut bildet, um an der Aushandlung der letzten Formalitäten teilzunehmen. Während seines mehrwöchigen Aufenthalts im Ferienheim der Gewerkschaft erhält er auch Besuch von einer Dame, die ihm, seiner eigenen Aussage gemäß, nur flüchtig und vom Sehen bekannt gewesen sei. Die Dame ist Inge Viett, die mit Wissen des MfS nach dem Rechten sieht.

Bei von Seckendorff gestaltet sich das weitere Fortkommen recht unproblematisch. Er verbringt am Scharmützelsee eine Art Erholungsurlaub, kümmert sich um seine Pflegetochter und beginnt mit ihr erste Schulübungen zu machen. Das MfS unterbreitet ihm schließlich den Vorschlag, am Krankenhaus von Eisenhüttenstadt als Facharzt für innere Medizin zu arbeiten. Dort soll eine entsprechende Facharzt-Weiterbildung für ihn organisiert werden. Von Seckendorff nimmt dieses Angebot an und wird nach einigen Wochen auf direktem Wege nach Eisenhüttenstadt gebracht, wo er und Gudrun, für DDR-Verhältnisse unglaublich, ohne Wartezeit eine Dreizimmerwohnung in der General-Walter-Straße beziehen können.

Die anderen drechseln unterdessen in Briesen an ihren neuen Lebensläufen. Sie dürfen sich ihre neuen Namen selbst aussuchen und müssen auch ansonsten nicht alle Eigenarten ihrer Person verändern. Da alle als neue DDR-Bürger das vom MfS überwachte Eingliederungsverfahren über die Volkspolizei-Kreisämter in ihren neuen Wohnorten durchlaufen sollen, überlegen sie sich typische «Einwanderer-Lebensläufe». Ihre Geburtsorte verlegen sie durchweg ins westeuropäische Ausland. Ihre Eltern haben zumeist gestorben zu sein, und es gibt durchweg politische Gründe für ihre Übersiedlung in die DDR. Die Aussteiger müssen ihre neuen Lebensläufe auswendig lernen, damit sie beim Durchlaufen des Eingliederungsverfahrens keine Fehler machen. Später wundern sie sich, wie wenig sie von ihren neuen Legenden Gebrauch machen müssen. Doch so ungewöhnlich ist das nicht: «Horch-und-guck»-geschädigte DDR-Nachbarn pflegen nur wenig Fragen zu stellen. In der DDR wundert man sich schweigend über die neuen Nachbarn, die keine Probleme mit Wohnungs- und Jobsuche oder gar Autobeschaffung haben. Da hat wohl die Stasi ihre Finger im Spiel. Mehr muß und will man nicht wissen.

In Zusammenarbeit mit Gerd legen die Aussteiger schließlich fest, in welchen Berufen sie später arbeiten wollen. Im Grunde ist es ihnen freigestellt. Die Möglichkeiten der Stasi, geeignete Arbeitsplätze zu beschaffen, sind praktisch unbegrenzt. Ein Besuch im zentralen Aufnahmelager in Fürstenwalde rundet das Eingliederungsprogramm ab. Zwar durchläuft niemand aus der RAF jemals dieses Verfahren, doch sollen sie später in der Lage sein, ihre erste offizielle Station auf dem Gebiet der DDR beschreiben zu können. Nach einigen Wochen verlassen die neuen DDR-Bürger in Begleitung von Gerd Zaumseil Briesen und fahren über Berlin in ihre neuen Heimatstädte.

In der Hand der Stasi

Der aktive Rest der Rote Armee Fraktion befindet sich zu diesem Zeitpunkt in einer verzweifelten Lage. Die Gruppe hat in Paris wichtige konspirative Wohnungen verloren. Neben der Rue Flatters findet die Polizei auch noch den RAF-Unterschlupf in der Rue Chaillot. Damit sind die Fahnder auf wichtiges Material und eine Unmenge von Spuren gestoßen. Außerdem sind zwei wichtige Aktivisten mittlerweile tot. Und die Ermittler haben natürlich erkannt, daß sich Plambeck und Beer mitten in den Vorbereitungen für eine Aktion befanden, als sie bei Bietigheim verunglückten. Doch die Spekulationen über das mögliche Ziel eines Anschlags laufen in die falsche Richtung. Man glaubt, der in der Nähe wohnende Generalbundesanwalt Kurt Rebmann könnte das Ziel der Gruppe gewesen sein. Doch die RAF korrigiert diese Einschätzung selbst, als sie einen Nachruf auf ihre beiden toten Genossen veröffentlicht. Weder Kurt Rebmann noch Bundeskanzler Helmut Schmidt interessierten sie zur Zeit, teilt die RAF in dem Schreiben mit.

Doch zunächst herrscht Ruhe an der RAF-Front. Ein Jahr später rätselt die «Zeit», warum die RAF ihre geplante Offensive nach dem Unfall bei Bietigheim abgeblasen hat. Dafür könnte es mehrere Erklärungen geben: Zum einen war es den Hamburger Verfassungsschützern gelungen, Christian Klar und Adelheid Schulz im Frühjahr 1980 eine Zeitlang zu beschatten. Die beiden hielten sich bei einem älteren Ehepaar auf, das einen hervorragenden Draht zum Hamburger Verfassungsschutz besaß. Doch das Bundeskriminalamt erfuhr davon nichts, weil die Hamburger Staatsschützer den ganz großen Coup landen wollten. Und das natürlich allein und ohne Hilfe. Doch Klar und Schulz wurden nicht verhaftet. Im Gegenteil, sie bekamen mit, daß etwas faul war im Stadtstaat Hamburg und verabschiedeten sich auf Nimmerwiedersehen. Die Kriminalbeamten hatten das Nachsehen. Zum damaligen Zeitpunkt entstand der Eindruck, Christian Klar spiele zumindest mit den westdeutschen Ermittlungsbehörden Katz und Maus.

Einen weiteren Hinweis auf den Abbruch der Aktionen glaubte man in den Aussagen Peter Jürgen Boocks zu finden, der mittlerweile in Hamburg verhaftet worden war. Er packte nach seiner Verhaftung 1981 bei den Vernehmungen so einiges über die angeblich geplanten Aktionen der Gruppe aus. Nur nicht über die Anschläge, die tatsächlich durchgeführt werden sollten, wie sich später herausstellte. Das konnte Boock wohl auch nicht, da er die Gruppe schon seit geraumer Zeit verlassen hatte.

Der wahre Grund für den Abbruch der geplanten Offensive 1980 aber war wohl der desolate logistische und strategische Zustand der aktiven Gruppe. In dieser Situation schlägt Helmut Pohl vor, die DDR um Unterstützung für die aktive RAF zu bitten. Pohl, Adelheid Schulz, Christian Klar, Henning Beer und Inge Viett, die aufgrund ihrer Verbindungen zum MfS unverzichtbar ist, treffen sich daraufhin erneut in Prag, um die Vorbereitungen für eine Kontaktaufnahme zu treffen. Henning Beer betrachtet die Tatsache, daß er auf diese Reise mitgenommen werden soll, als einen Vertrauensvorschuß der Gruppe. Mit der Reise in die DDR wird «Mini» in den engeren Kreis der Führungsmitglieder der Rote Armee Fraktion aufgenommen. Wohl ist ihm dabei nicht, und schon bald kann er den Ansprüchen der Gruppe auch nicht mehr genügen.

Doch es gibt auch Vorbehalte gegen eine Zusammenarbeit zwischen RAF und MfS. Es wäre das erste Mal in der Geschichte ihres bewaffneten Kampfes, daß sich die Terroristen mit einem Geheimdienst verbünden. Besonders Christian Klar macht starke Vorbehalte gegen ein solches Vorhaben geltend, doch auch er beugt sich letztendlich der Mehrheit.

Henning Beer bringt es viele Jahre später auf den entscheidenden Punkt: Es ging bei dieser Entscheidung letztlich um das Überleben der Gruppe. Offen gibt er zu, daß die RAF-Mitglieder Angst gehabt hätten, die DDR-Behörden könnten sie hochgehen lassen. Doch die Aufnahme der Aussteiger durch die DDR habe den Aktiven ein gewisses Maß an Sicherheit gegeben. Vielleicht traf die Gruppe mit ihren Befürchtungen genau ins Schwarze, ohne es zu wissen. Die Zukunft sollte zeigen, daß das Ende der Zusammenarbeit zwischen RAF und Stasi auch das Ende der Rote Armee Fraktion von 1977 gewesen ist.

Inge Viett wird vorgeschickt, um die Lage zu sondieren. Sie reist nach Ost-Berlin und überbringt den Wunsch der Aktiven, in die DDR reisen zu wollen. Nach kurzen Verhandlungen und Rücksprache mit ihrer obersten Führung stimmen die Terrorexperten des MfS dem zu. Sie sehen in der Kontaktaufnahme zu den Aktiven die einmalige Chance, Einfluß auf *die* Terrororganisation der Bundesrepublik zu erlangen. Einfluß und Einblicke, die ihnen in vielerlei Hinsicht nützlich sein könnten.

Am 19. September 1980 beordert Helmut Voigt, Leiter der Operativvorgänge «Stern I» und «Stern II», einen Mitarbeiter der Abteilung XXII zu sich. Er erteilt ihm den knappen Befehl, ein paar Sachen zu packen, da er sich auf eine länger andauernde Betreuungsmaßnahme einzurichten habe. Nähere Einzelheiten erfährt der Mitarbeiter zunächst nicht, und er fragt auch nicht. Der Auftrag lautet, in Ost-Berlin fünf Personen aufzunehmen und nach Briesen ins Forsthaus an der Flut zu bringen. So kommen die RAF-Mitglieder Pohl, Viett, Klar, Schulz und Beer am Abend des 19. September in Ost-Berlin an. Sie werden von Gerd Zaumseil und einem weiteren Mitarbeiter des MfS abgeholt. Über die Autobahn geht es von Schönefeld in Richtung des Zubringers Frankfurt an der Oder. Dort fahren sie auf einen Parkplatz und warten. Schließlich erscheint ein weiteres Fahrzeug und nimmt sie mit.

Mittlerweile ist es Nacht. Ohne weitere Unterbrechungen werden die fünf nach Briesen in das «Objekt 74» der Staatssicherheit gebracht, wo sie bereits von Helmut Voigt erwartet werden. Später stößt auch Günter Jäckel zu den Gesprächen hinzu. Auf den Fahrer machen die fünf Gestalten, die sie da aufgesammelt haben, einen körperlich und nervlich zerschlagenen Eindruck. Christian Klar scheint immer noch an den Spätfolgen seiner Tuberkuloseerkrankung zu leiden.

In den folgenden Tagen beschäftigt sich die Stasi unter anderem damit, ihre Gäste aufzupäppeln. Sie erhalten medizinische Betreuung und erst einmal anständige Verpflegung. Die Verhandlungen laufen weniger erfreulich ab. Helmut Pohl übernimmt von seiten der Rote Armee Fraktion die Rolle des Wortführers. Seine Gegenüber vom DDR-Geheimdienst merken schnell, daß die selbsternannten Stadtguerilleros kein Konzept für diese Gespräche haben. Die antiimperialistische Theorie, zu der Helmut Pohl auch ein Strategiepapier vorlegt – wahrscheinlich ein Entwurf der später als «Maipapier» bekannt gewordenen Schrift «Guerilla, Widerstand und antiimperialistische Front» –, erscheint den Profis von der Stasi als krude Ansammlung hochtheoretischer Sätze und Worthülsen. Die Geheimdienstler vermissen eine klare Linie in der Argumentation der Terroristen.

Bei diesem ersten Treffen allerdings steigen die Stasi-Offiziere noch unbefangen in die Gespräche ein. Später werden die Kontakte dann MfS-typisch akribisch vorbereitet und im Nachgang Berichte verfaßt zur Vorlage an Mielke und Generalleutnant Gerhard Neiber, die für die politischen Leitlinien der Terrorkontakte verantwortlich zeichnen. Da die meisten dieser Berichte vernichtet oder nicht zugänglich sind, ist es schwierig, exakt zu recherchieren, wie viele Reisen und Treffen genau in der DDR stattgefunden haben. Eins ist klar: Es sind viele Kontakte in den folgenden Monaten und Jahren. Die RAF-Mitglieder reisen einzeln, zu zweit oder in größeren Gruppen. Brigitte Mohnhaupt, Christa Eckes und auch die neu zur RAF gestoßene Ingrid Jakobsmeier werden in die Kontakte miteinbezogen. Die Gespräche werden oft zum Tauziehen um finanzielle und logistische Unterstützung. Die RAF ist unzufrieden, weil sie nicht in dem Maß Unterstützung erhält, wie sie sich dies erhofft hatte. Die Stasi ist unzufrieden, weil die Terroristen nicht freimütig über ihre Pläne und zukünftigen Aktionen berichten. Doch eins steht völlig außer Zweifel: Das MfS hat Zugriff auf acht RAF-Aussteiger, umfangreiche Treffberichte belegen die Auskunftsfreudigkeit von Inge Viett alias «Maria», stundenlange Gespräche werden mit den aktiven RAF-Mitgliedern geführt, und die Kontakte zu den Palästinensern, vornehmlich zu der «Schönen Frau» alias «Wolf», sind auch nicht zu verachten. Kurz: Das Ministerium für Staatssicherheit sammelt innerhalb kürzester Zeit eine Unmenge an Daten und Erkenntnissen über die Rote Armee Fraktion, analysiert Personen und Aktionen und versucht, in die Logistik der RAF einzudringen.

1980 taucht die «Schöne Frau» zum erstenmal wieder in der Bundesrepublik auf. 1981 verschwindet sie wieder im Jemen, um 1982 dann endgültig in den Westen zurückzukehren. Auch Inge Viett hält sich 1981 vornehmlich im Jemen und in der DDR auf. Ab 1980 entwickelt sich hinter den Kulissen das große Spiel der Geheimdienste. Wer kennt wen? Wer weiß wann was? Die RAF wollte in die großen internationalen Zusammenhänge. Jetzt ist sie drin und verliert den Überblick über das, was um sie herum geschieht. Nach dem ersten Treffen im September 1980 reisen die fünf Aktivisten erst einmal wieder ab. Einzeln oder paarweise fliegen sie unverrichteter Dinge und wenig befriedigt nach Brüssel. Der ganze Aufenthalt hat zwei Wochen gedauert.

Die neue Heimat

Im Oktober 1980, das übriggebliebene Häuflein aktiver Kämpfer hat sich gerade wieder Richtung Westen verabschiedet, bekommt die Aussteigergruppe der Rote Armee Fraktion in der DDR die Staatsbürgerschaft verliehen, feierlich gestaltet im Rahmen der Möglichkeiten des MfS: Günter Jäckel organisiert in Briesen ein gemütliches Beisammensein und spricht ein paar warme Worte, während er die Staatsbürgerurkunden verteilt. Es sei jetzt die revolutionäre Aufgabe der Aussteiger, sich in das Leben der DDR zu integrieren.

Nun wird es ernst für die Exilanten: Die Aussteiger werden in die unterschiedlichsten Gegenden der DDR geschickt. Susanne Albrecht geht unter ihrem neuen Namen Ingrid Jäger nach Cottbus, Silke Maier-Witt alias Angelika Gerlach nach Hoyerswerda, Ekkehard von Seckendorff zieht als Horst Winter nach Eisenhüttenstadt und Monika Helbing als Elke Köhler in seine Nähe. Werner Lotze wird als Manfred Janssen legendiert und nach Senftenberg geschickt, wo er bald seine ehemalige Genossin Christine Dümlein heiratet. Ein weiteres Paar bildet sich mit Ralf Friedrich und Sigrid Sternebeck, die fortan als Jürgen und Ulrike Eildberg in Schwedt leben. Aus Monika Helbing/Köhler wird kurze Zeit später Elke Winter, nachdem sie Ekkehard von Seckendorff geheiratet hat.

So haben sich schnell aus den ehemaligen RAF-Genossen Ehepaare gebildet, die gemeinsam ihr neues Leben in der Nischengesellschaft DDR meistern wollen. Susanne Albrecht heiratet später den DDR-Physiker Claus Becker, dessen Namen sie annimmt. Lediglich Silke Maier-Witt bleibt ledig.

Für alle ist der Schritt in das kleinbürgerliche Leben der DDR ein brutaler Schnitt. Sie sind es über Jahre hinweg gewohnt gewesen, konspirativ in der Illegalität zu leben. Auch jetzt müssen sie ihre wahre Identität verbergen, doch zusätzlich haben sie sich mit neuen Nachbarn oder Arbeitskollegen zu arrangieren und auf der Hut zu sein, sich nicht durch unbedachte Äußerungen zu verraten. Einziger Rettungsanker für Notfälle ist eine Telefonnummer in Ost-Berlin, unter der die Aussteiger, wenn sie Schwierigkeiten haben, Gerd Zaumseil oder einen anderen Betreuer des MfS erreichen können.

Das Startkapital ist gering. Silke Maier-Witt bekommt in Hoyerswerda durch die Vermittlung der Stasi ein kleines möbliertes Zimmer. Gerd Zaumseil händigt ihr 500 DDR-Mark und einen kleinen Betrag in Devisen aus. Und das ist es erst einmal. Am nächsten Tag muß sie sich auf der örtlichen Polizeidienststelle melden, wo sie einen neuen Personalausweis ausgehändigt bekommt. Ihr Wunsch ist es gewesen, künftig als Krankenschwester zu arbeiten. Deshalb stellt sie sich noch am gleichen Tag im Bezirkskrankenhaus von Hoyerswerda vor. Gemäß ihrer Legende hat das MfS vorher dafür gesorgt, daß sie als «von der Partei avisiert» an ihrer neuen Arbeitsstelle auftreten kann. Das heißt, man hat dafür gesorgt, daß sie als Protegé der allmächtigen SED in ihrer neuen Heimat gilt. Doch ganz so reibungslos klappt dies selbst im obrigkeitshörigen real-gehorsamen Sozialismus nicht. Ihr ungewöhnlicher Lebenslauf stiftet unter den prinzipientreuen Krankenhaus-Hierarchen gehörige Verwirrung. Sie wird zunächst nicht eingestellt. Ein Fall für Gerd Zaumseil und das Ministerium für Staatssicherheit: Zaumseil interveniert und macht den zuständigen Personalchefs klar, daß sie an der Beschäftigung der vorgeblichen Angelika Gerlach so oder so nicht vorbeikommen.

Wie zu erwarten, lassen sich die Krankenhaus-Oberen durch den Auftritt von Gerd überzeugen. Am 22. Oktober 1980 kann Angelika Gerlach alias Silke Maier-Witt ihre neue Stelle als Hilfskrankenschwester antreten. Gleichzeitig wird ihr gestattet, in den bereits laufenden Kurs zur Fortbildung als «Facharbeiter für Krankenpflege» einzutreten. Doch der Beginn ihrer DDR-Existenz steht unter keinem guten Stern. Silke Maier-Witt ist motiviert und bereit, ihren gescheiterten bewaffneten Kampf in der Bundesrepublik gegen ein gesellschaftliches Engagement für die DDR zu tauschen. In ihrer revolutionären

Romantik erwarten die Aussteiger nun eine Gesellschaft überzeugter Kämpfer für den Sozialismus – und sehen sich grob getäuscht. Es ist die Hochzeit dessen, was Günter Gaus als die Nischengesellschaft DDR bezeichnet hat.

Die DDR-Bürger, auf die die Ex-Terroristen treffen, zeigen wenig bis gar kein politisches Engagement und suchen ihr Heil im Rückzug in eine abgeschottete und ängstlich gehütete Privatsphäre. Anfang der achtziger Jahre ist die DDR weder sozialistisch noch demokratisch und schon gar nicht revolutionär. Die ehemaligen RAF-Mitglieder treffen auf eine Gesellschaft in Agonie, die, wie sich erst viel später zeigen sollte, Kraft sammelt für ein letztes und dann erfolgreiches Aufbäumen gegen die Herrschaft der sozialistischen Polit-Gerontokratie.

Dieses Bild muß für die Aussteiger ein erneuter Schlag gewesen sein, ein nochmaliger Verlust an Illusion und Identität. Ihre einzige Chance besteht darin, sich unauffällig dieser Gesellschaft anzupassen und sich unter dem Mißtrauen, das den Exoten aus dem Westen entgegengebracht wird, wegzuducken. Einzige Möglichkeit der Orientierung bieten die am Anfang noch häufigeren Kontakte zu Gerd Zaumseil und anderen MfS-Mitarbeitern. Auch private Treffen zwischen den Aussteigern werden gelegentlich erlaubt, aber von der Stasi nicht gern gesehen.

Silke Maier-Witt wird schnell klar, daß die Staatssicherheit über alles, was mit der Rote Armee Fraktion auch nur im entferntesten zu tun hat, bestens informiert ist. Sie kann allerdings nicht wissen, daß sich die MfS-Offiziere auch der aktiven Kommandomitglieder angenommen haben. Beide Betreuungsbereiche werden durch das MfS strikt voneinander getrennt. Sie spürt nicht nur das Mißtrauen ihrer neuen Nachbarn und Kollegen, sondern auch das Bestreben der Stasi, möglichst viel über die RAF zu erfahren. Als die MfS-Offiziere anfangen, die Aussteiger über ihre Tatbeteiligungen zu befragen, haben die Ex-Kämpfer teilweise den Eindruck, das MfS wisse über Fakten und Hintergründe besser Bescheid als sie selbst.

Verwunderlich ist das sicher nicht, betrachtet man die Informationsmöglichkeiten des DDR-Geheimdienstes im ganzen. Besonders Vorfälle auf dem Gebiet der Bundesrepublik führen regelmäßig zu Kontrollbesuchen Gerd Zaumseils bei den Aussteigern. Zwei Ereignisse interessieren den Offizier im Jahr 1980 ganz besonders: der Unfall der beiden Terroristen Juliane Plambeck und Wolfgang Beer sowie das Auffinden der konspirativen Wohnung in der Pariser Rue Chaillot. Gerd Zaumseil und das MfS schienen der fixen Idee verhaftet zu sein, die Rote Armee Fraktion sei von einem Geheimdienst unterwandert und ein oder mehrere Spitzel sorgten für das Bekanntwerden wichtiger Informationen. Was die Unterwanderung angeht, hat der Gute sicherlich recht. Nur ist es sein eigener Laden, der die Gruppe nach Belieben aushorcht.

Daß es sich beim Tod von Plambeck und Beer um einen Unfall gehandelt hat, ist sehr wahrscheinlich. Doch der Vorfall in der Rue Chaillot ist eine nähere Betrachtung wert. Diese Wohnung hatte Ralf Friedrich nach seinem Ausstieg für sich angemietet. Nach dem Auffliegen der Wohnung in der Rue Flatters und den dortigen Verhaftungen war die Aussteigergruppe in die Bretagne geflohen. Als klar war, daß einer Ausreise nichts mehr im Wege stand, ging die Gruppe zunächst zurück nach Paris. Unter anderem in ebendiese Wohnung in der Rue Chaillot. Dort hielten sich Ralf Friedrich, Sigrid Sternebeck und Silke Maier-Witt auf. Sie packten ihre Sachen zusammen und brachen von dort zu ihrer Reise über Prag in die DDR auf. Kurze Zeit später flog die Rue Chaillot auf. Bleibt noch anzumerken, daß auch Inge Viett sich dort gut auskannte, da sie sich zur Organisation des Ausstiegs auch in der Rue Chaillot aufhielt. Und da Inge Viett darüber hinaus über glänzende Kontakte zu palästinensischen Kreisen verfügte, hätte Gerd Zaumseil sich vielleicht mit ihr über diesen Vorfall unterhalten sollen. Vielleicht hat er das auch getan, vielleicht mußte er es auch gar nicht.

Auf jeden Fall haftet seiner Überzeugung von der Unterwanderung der RAF und ihrer Instrumentalisierung durch BND und CIA eine wenig glaubhafte Bemühtheit an. Oder er weiß es in Wahrheit besser, und seine Rundreisen dienen nur der allgemeinen Desinformation, die sich mittlerweile großer Beliebtheit erfreut, wie die zahlreichen und gesteuerten Fehlmeldungen über den Aufenthalt von gesuchten Terroristen in Damaskus, Beirut und anderen entfernten Weltecken zeigen. Der Bundesnachrichtendienst tut, als glaube er diese Meldungen gerne, während die Gesuchten nicht in der Wüste, sondern in den tristen Wohnsilos der DDR-Vorstädte verstauben. Oder weiß es gar auch der BND besser? Dann hätten es außer der Rote Armee Fraktion alle gewußt.

Während Gerd Zaumseil auf seinen Rundreisen schwerverdauliche Zweifel sät, etablieren sich die Aussteiger teils recht, teils schlecht in ihren neuen Lebenszusammenhängen. Einer, für den der Neubeginn in der DDR wirklich den totalen Ausstieg aus dem terroristischen Zusammenhang bedeutet, da er keine konkreten Tatbeteiligungen auf seinem Konto hat und deshalb auch kaum Angst vor dem Undenkbaren, einer Entdeckung und Auslieferung zu haben braucht, ist Freiherr Ekkehard von Seckendorff-Gudent. Der RAF-Pillendreher macht in der DDR Karriere. Die erste Zeit in Eisenhüttenstadt wird nur dadurch getrübt, daß die MfS-Betreuer ihn zu überreden versuchen, seine Pflegetochter in ein Heim zu geben. Nach reiflicher Überlegung gibt der Arzt diesem Vorschlag nach. Gudrun Magg, deren leibliche Mutter mittlerweile in der Bundesrepublik in Haft ist, wird in ein Kinderheim gebracht. In der Folgezeit besucht von Seckendorff sie an den Wochenenden, oder das Kind kommt nach Eisenhüttenstadt, wo von Seckendorff mit seiner neuen Frau Monika Helbing zusammenlebt. Er kann sich über die Behandlung durch das MfS nicht beklagen. Sein mitgebrachtes Westgeld wird von ihnen zum Teil umgetauscht, zum Teil für die Beschaffung von Unterhaltungselektronik im Intershop genutzt. Auch an Möbel kommt er sehr schnell, und schon nach wenigen Tagen wird er aufgefordert, seine neue Arbeit am Krankenhaus Eisenhüttenstadt anzutreten. Der Empfang dort gestaltet sich weniger problematisch als der von Silke Maier-Witt in Hoyerswerda. Der Mediziner wird ohne viele Fragen angestellt und als Stationsarzt eingesetzt. Sein einziges Problem ist, daß er keinerlei schriftliche Unterlagen über sein Studium oder seine Fähigkeit, als Arzt zu praktizieren, aus dem Westen mitgebracht hat. Doch manchmal können DDR-Behörden aus leicht nachvollziehbaren Gründen sehr unbürokratisch sein. Von Seckendorff gibt vor dem zuständigen Bezirksarzt eine Erklärung ab und erhält daraufhin eine vorläufige, auf ein halbes Jahr befristete Approbation. Nach Ablauf dieser Frist erhält Ekkehard von Seckendorff seine endgültige Approbationsurkunde. Gleichzeitig stellt ihm das «Referat Jugendhilfe» einen Ausweis als Pfleger aus, womit er als zuständiger Betreuer seines Pflegekindes anerkannt ist. Im März 1981 heiraten von Seckendorff und Monika Helbing, die, ebenfalls am Krankenhaus von Eisenhüttenstadt, als Hilfskrankenschwester in der chirurgischen Abteilung arbeitet. Im August wird ihr gemeinsamer Sohn Ralf geboren.

Die berufliche Entwicklung verläuft in den ersten Jahren völlig regelmäßig. Ekkehard von Seckendorff beginnt eine vierjährige Fachausbildung zum Internisten und organisiert ansonsten sein Privatleben. Alle diese Schritte werden mit Vertretern des Ministeriums für Staatssicherheit abgesprochen. In der Anfangszeit besucht von Seckendorff auch Susanne Albrecht und Sigrid Sternebeck in ihren neuen Wohnorten, doch die Stasi sieht das nicht gern. Offiziell stellen solche Kontakte ein Sicherheitsrisiko dar, wobei allerdings nicht ganz klar ist, für wen eigentlich. Auf jeden Fall unterläßt der Arzt fortan solche Besuche.

Die Kontakte zwischen den Aussteigern beschränken sich in Zukunft auf die alljährlichen «Veteranentreffen», die das MfS bis 1985 immer Anfang Oktober in Briesen organisiert. Silke Maier-Witt fragt anläßlich eines solchen Treffens einmal Günter Jäckel, warum die DDR dies alles eigentlich für die ehemaligen RAF-Mitglieder tue. Eine Antwort bleibt aus. Auch Gerd Zaumseil konnte oder wollte auf solche Fragen keine Antwort geben. Doch eines muß für jeden auf der Hand gelegen haben: Das Ministerium für Staatssicherheit der DDR hat nie etwas getan, von dem es sich keinen Vorteil oder Gewinn versprach.

Eine weitere niederschmetternde Nachricht für die Rote Armee Fraktion ist die Entdeckung einer von Juliane Plambeck angemieteten Wohnung in Heidelberg. Die Beamten des Bundeskriminalamts finden in dieser Wohnung einen Taschenkalender – dessen Eintragungen am Tag des tödlichen Unfalls von Plambeck und Beer enden –, Spuren mehrerer gesuchter Mitglieder der Rote Armee Fraktion, Scheine aus dem Lösegeld der Palmers-Entführung sowie eine ganze Reihe verschlüsselter Strategiepapiere der RAF. In ihnen ist unter anderem von einer Offensive auf verschiedenen Ebenen die Rede, die sich auf der militärischen Seite gegen die US-Streitkräfte und Bundeswehrbasen richten soll. Daneben entdecken die Ermittler Pläne und Skizzen des US-Flugplatzes Ramstein und der Mannheimer Hammond Barracks, in denen zu dieser Zeit noch der Befehlshaber der Nato-Heeresgruppe Mitte sitzt. Dieser Befehlshaber heißt General Frederik Kroesen. Außerdem taucht in den RAF-Papieren, insgesamt vier DIN-A4-Seiten, die von der DDR-Reisenden Adelheid Schulz verfaßt sind, ein Satz auf, in dem es heißt: «Bei den derzeitigen Kräften wird man das Mittel so unkompliziert halten müssen, wie bei Krö.»

Den Fahndern gelingt es nicht, einen plausiblen Zusammenhang aus ihren Funden herauszuinterpretieren, bis ihnen die RAF im folgenden Jahr selbst die Erklärung liefern sollte, wie sie das gemeint hatte.

Zu dieser Zeit im Herbst 1980 sind sich die Rest-Aktivisten einig, daß mit den derzeitigen Kräften überhaupt keine Front gegen den Staat zu machen ist. Im Westen nichts Neues, die Offensive findet nicht statt. An den schwindenden Kräften der Terrorgruppe sollte sich auch in Zukunft nicht viel ändern,

eher im Gegenteil. Und das, obwohl sich in den kommenden
Monaten im deutschen Osten um so mehr tut und die Rote Armee Fraktion auch noch einmal eine Offensive in der Bundesrepublik startet. Oder gerade deswegen.

Der Panzerfaust-Anschlag auf General Kroesen

Spätestens das Jahr 1978 – nach Aussage von Inge Viett das
Jahr des ersten Zusammentreffens mit dem Staatssicherheitsdienst der DDR leitet eine neue Phase der Zusammenarbeit
zwischen dem westdeutschen Terrorismus, dem MfS und den
Palästinensern ein.

Die Niederlage der RAF im Deutschen Herbst ist besiegelt,
und es folgt eine langsame, durch Verhaftungen und Tod bestimmte Auflösung der Rote Armee Fraktion des Jahres 1977.
Angesichts der Ereignisse in Frankreich und der DDR des Jahres 1980 läßt sich zum erstenmal mit Fug und Recht der Verdacht äußern, daß es politische Kräfte gibt, die der RAF zwar
Unterstützung gewähren, aber dennoch ein Interesse daran
haben, die Terrororganisation in entscheidenden Phasen zu
schwächen.

1980 taucht zum erstenmal wieder eine Person in der Bundesrepublik auf, die über die Vorgänge im Nahen Osten und
auch über die Verstrickungen zwischen PFLP, Stasi und RAF
bestens Bescheid weiß. Die «Schöne Frau» wird zum begehr-
testen Observationsziel der bundesdeutschen Nachrichtendienste. In der Terrorismusgeschichte der Bundesrepublik
Deutschland ist die «Schöne Frau» ein Phantom. Doch ein sehr
reales, über das die bundesdeutschen Geheimdienste im Rahmen ihrer beschränkten Möglichkeiten wachen. Ihnen ist wohlbekannt, in welchen Zusammenhängen die «Schöne Frau» im
Nahen Osten lebt. Ihr bürgerlicher Name, ihre familiäre Situation, ihr Engagement in früheren Jahren in der «Roten Hilfe»

und ihre Nahtstellenfunktion zwischen Palästinensern und Deutschen im Nahen Osten – alles kein Geheimnis. Dennoch kann sie sich nahezu unbehelligt in der Bundesrepublik bewegen, haben die Geheimdienste angeblich keine Möglichkeit, sich ihr Wissen zunutze zu machen. Und das, obwohl die «Schöne Frau» bestrebt ist, in ein neues, bürgerliches Leben in der Bundesrepublik zurückzukehren. Bei aller erwiesenen Unfähigkeit bundesdeutscher Dienste: Man mag es nicht glauben. 1981 reist die «Schöne Frau» aus der Bundesrepublik erneut in den Jemen. Im kommenden Jahr wird sie dann endgültig wieder in Westdeutschland ansässig. Um es vorsichtig auszudrücken: Anderen wäre – mit einer solchen politischen Vergangenheit – eine solche Rückkehr schwerer gemacht worden.

Es grenzt fast an ein Gesetz der Serie, daß sich 1981 auch RAF-Mitglieder erneut in der Volksrepublik Jemen aufhalten. Henning Beer, der den Tod seines Bruders nach wie vor nicht verkraftet hat, fliegt gemeinsam mit Brigitte Mohnhaupt im Herbst 1980, unmittelbar oder kurz nach dem Aufenthalt der RAF-Aktivisten in der DDR, in den Jemen. Einige Wochen später folgen Klar, Schulz, Pohl und Jakobsmeier. Nach eigenen Angaben hält sich auch Inge Viett im Frühjahr 1981 im Nahen Osten auf. Wen wundert's. Allerdings steht ihr Aufenthalt angeblich nicht im Zusammenhang mit dieser Reise der RAF-Gruppe. Die Terroristen leben in einem Haus am Stadtrand von Aden. Man kümmert sich um Henning Beer. Es stellt sich die Frage, ob er weiter am bewaffneten Kampf der Gruppe teilnehmen will. Henning Beer hat während dieses Aden-Aufenthalts viel Zeit, über den Sinn und Unsinn seines Tuns nachzudenken. Doch die letztendliche Erleuchtung ist ihm noch nicht gekommen. Zu übermächtig ist der Schatten seines intelligenten und vor allem konsequenten Bruders Wolfgang. Henning Beer sieht sich in seiner Schuld, er will für seinen Bruder einstehen und seinen Platz ausfüllen. Obwohl ihm diese Schuhe um einige Nummern zu groß sind, erklärt er der Gruppe, weitermachen zu wollen und schließt sich wieder ihren Aktivitäten an.

Die RAF-Mitglieder führen Gespräche mit den Palästinensern, doch neben der Theorie kümmert man sich auch dieses Mal hinreichend um die praktischen Belange: Es werden Übungsschießen in der jemenitischen Wüste geplant. Wie bei ihrem Nahost-Aufenthalt Ende 1978 fahren die Gruppenmitglieder in ein Lager etwa zwei Fahrtstunden außerhalb der Stadt, wo sie von zwei Palästinensern erwartet werden.

Beer, Mohnhaupt und Schulz erhalten hier nach einigen Tagen die Gelegenheit, mit der sowjetischen Maschinenpistole Kalaschnikov, dem «Wahrzeichen» der Rote Armee Fraktion, zu üben. Die Funktionsweise dieser Waffe ist ihnen vorher im Camp erläutert worden. Die Ausbildung in einer Steinwüste simuliert Guerilla-Kampfbedingungen. So laufen sie beispielsweise einzeln auf Ziele zu, während sie stoßweise aus ihren Maschinenpistolen feuern. Man mag seine Zweifel haben, ob das die klassischen Kampfbedingungen in den Steinwüsten Westeuropas widerspiegelte, aber sicherlich hob diese Trainingsform das Selbstbewußtsein der Probanden ungemein.

Alle RAF-Mitglieder reisen um den 31. Januar 1981 zurück nach Europa, um die Vorbereitungen für den Anschlag auf General Frederik Kroesen wiederaufzunehmen. Lediglich Brigitte Mohnhaupt bleibt zunächst bei den Palästinensern im Jemen. Es ist kein Streitpunkt mehr, wie der Anschlag auf den US-General vonstatten gehen soll: Die RAF will seinen Wagen auf der Fahrt zum Heidelberger Hauptquartier, in das der General mittlerweile versetzt worden war, mit einer Panzerfaust beschießen. Zu diesem Zeitpunkt der Ausspähungen fährt der General einen ungepanzerten Mercedes. Es ist völlig klar, daß ein Hohlladunggeschoß, abgefeuert von einer Panzerfaust des sowjetischen Typs RPG 7, das Blech eines solchen Mercedes durchschlagen würde. Doch der Umgang mit einer solchen panzerbrechenden Waffe ist schwierig. Besonders, wenn das Ziel aus einer Entfernung von weit über hundert Metern und von schräg oben anvisiert werden muß. Und solche Bedingungen würden die Attentäter in Heidelberg vorfinden. Sie müssen also mit einer solchen Waffe üben, und das unter möglichst realen Bedingungen.

Zunächst jedoch gehen Beer und Jakobsmeier nach Belgien, wo die Gruppe ein Einfamilienhaus in Leuwen als Unterschlupf nutzt. Ingrid Jakobsmeier ist es auch, die wenig später beginnt, gemeinsam mit Helmut Pohl, neue Strukturen für die RAF in der Bundesrepublik aufzubauen. Die Gruppe benötigt Wohnungen, Autos und gefälschte Kennzeichen. Bei dem Unfall von Plambeck und Beer sind den Ermittlungsbehörden französische Autokennzeichen in die Hände gefallen. Deshalb wollte die Gruppe diesmal vor allem gefälschte deutsche und österreichische Nummernschilder herstellen.

Henning Beer übernimmt in dieser Phase das schwierige Fälschen der Autonummern. Christian Klar hat Beer Pläne für eine Maschine beschafft, mit der man Kennzeichen prägen kann, und mit seiner Hilfe baut die Gruppe nun selbst einen solchen Prägeapparat. Beer stellt die Kennzeichen her, während andere in die Bundesrepublik fahren, um die erforderlichen TÜV- und Zulassungsplaketten zu besorgen. Auch Pohl und Jakobsmeier sind nicht untätig: Die Gruppe ist nun wieder im Besitz von zwei Wohnungen in der Bundesrepublik, und zwar in Offenbach und Heidelberg.

Es ist Zeit, die Ausspähungen des Generals wiederaufzunehmen. Die Erkenntnisse aus dem Vorjahr taugen nichts mehr, die Arbeit muß wiederholt werden. Schulz, Mohnhaupt und Beer beziehen das Versteck in Offenbach und fahren von dort aus mit dem Auto nach Heidelberg, um die Route General Kroesens zu erkunden. Auf ihren Touren, die sie zeitweise täglich unternehmen, benutzen die Terroristen unterschiedliche Fahrzeuge. Mindestens drei verschiedene gestohlene Autos haben sie für ihre Kundschafterfahrten zur Verfügung.

Als es an die konkrete Planung der Anschlagsdurchführung

geht, wechselt die Gruppe nach Heidelberg. Wieder einmal ist es der Praktiker Christian Klar, der die treibende Kraft bei der Planung des Ablaufs ist. Daß Frederik Kroesen mit einer Panzerfaust umgebracht werden soll, steht fest. Daß dabei auch andere Personen, die sich mit ihm im Auto befinden, mit hoher Wahrscheinlichkeit getötet oder zumindest schwer verletzt werden, spielt bei den Überlegungen der RAF-Terroristen keine Rolle. Die Frage ist lediglich, von wo aus der Wagen des Generals beschossen werden kann.

Kroesen fährt auf seinem täglichen Weg zum Hauptquartier über die Bundesstraße 37, die direkt am Neckar entlangführt. Zuerst haben die Attentäter die Idee, die Panzerfaust von der Ladefläche eines VW-Pritschenwagens aus abzufeuern. Auch die Aufgaben sind bereits verteilt: Klar will die Granate abschießen, Mohnhaupt und Schulz sollen ihm auf der Ladefläche Feuerschutz geben, während Henning Beer als Fahrer vorgesehen ist. Als Ort des Mordanschlags suchen sie sich einen Parkplatz direkt an der Bundesstraße 37 aus, noch vor der eigentlichen Ortseinfahrt in der Nähe des Karlstors gelegen. Doch dieser Plan wird nicht durchgeführt, weil Henning Beer endgültig die Nerven versagen. Seit er sich wieder in der Bundesrepublik aufhält, steigt die Angst in ihm hoch. Angst vor einer möglichen Verhaftung, vor Tod oder einem Versagen gegenüber der Gruppe und seinem toten Bruder. Die Vorsätze, die der überaus labile Stadtguerillero im Jemen gefaßt hat, schwinden dahin. Kurz vor einer Probefahrt mit dem Pritschenwagen hält er den Druck dann nicht mehr aus. Er ist auf dem Weg den Heidelberger Schloßberg hinauf, wo sich die anderen drei Attentäter im Wald versteckt halten. Er soll sie zu dieser Probefahrt abholen, doch bereits auf dem Weg dorthin hat er seine Nerven nicht mehr unter Kontrolle. Er beschädigt das Auto an einer Mauer, und als er den Wagen endlich auf einem Parkplatz unweit des Schlosses abstellen kann, ist er am Ende. Zitternd erklärt er dem herbeieilenden Christian Klar, er könne das alles nicht durchstehen, das übersteige seine Kräfte. Die

Gruppe bricht die Generalprobe ab und bringt Henning Beer in die Stadtwohnung, wo man weiter diskutiert.

Dieses Mal bleibt Beer bei seiner Meinung und seinen Zweifeln am Sinn der Aktion. Er erklärt, er wolle nicht mehr mitmachen. Die Gruppe hat gar keine andere Wahl, als dies zu akzeptieren. Selbst wenn Beer sich auf Druck der übrigen RAF-Mitglieder noch einmal anders besinnen würde, wäre er ein Sicherheitsrisiko für die anderen. Henning Beer wird zusammen mit Brigitte Mohnhaupt nach Belgien geschickt und steigt aus.

Mitten in den Vorbereitungen auf ein Attentat verliert die RAF erneut ein Mitglied. Doch bei Henning Beer haben sie mit einem solchen Ende rechnen müssen. Schon vorher hatte er sich in Belgien einmal mit Inge Viett unterhalten, als diese sich kurze Zeit dort aufhielt. Beer meinte, die RAF sei doch nur noch ein kleines Häuflein ohne jede Resonanz, und er fragte Inge Viett, welchen Sinn ihre Sache denn noch mache. Inge Viett konnte ihm diese Frage auch nicht beantworten, sie habe in dieser Hinsicht einen hilflosen Eindruck gemacht, sagt Beer später aus.

Inge Viett ist auch längst mit ganz anderen Dingen beschäftigt, und ganz andere Zusammenhänge nehmen ihre Aktivitäten in Anspruch. Bei den Vorbereitungen auf den Kroesen-Anschlag ist der gesamte verbliebene harte Kern der RAF beteiligt. Hinzu kommt auch die erst vor kurzem rekrutierte Ingrid Jakobsmeier. Lediglich Inge Viett hat mit den Anschlägen des Jahres 1981 nichts zu tun. Überhaupt tritt sie als Mitglied der RAF bei keiner Aktion in Erscheinung. Sie spielt weiter die Rolle des Schlüssels zum MfS, und damit hat es sich. Ansonsten hält sie sich vorwiegend bei ihren Freunden im Nahen Osten auf. Es gibt bis heute keine plausible Erklärung, warum die RAF dies so akzeptiert hat, nachdem es eine offizielle Fusion von RAF und «Bewegung 2. Juni» gegeben hatte und jeder in der RAF wußte, daß Inge Viett über beträchtliche Intelligenz und Tatkraft verfügte, die der Gruppe hätte nutzen können.

Henning Beer bestreitet bis heute, Inge Viett habe irgend etwas mit seinem Ausstieg und mit den Kontakten zur DDR zu tun gehabt, obwohl dies nachweislich falsch ist. Ebenso leugnet er jeden engeren Kontakt mit Inge Viett, während sogar eine gemeinsame Reise der beiden verbürgt ist. Henning Beer scheint bis heute Angst zu haben, gewisse Kontakte und Verbindungen zuzugeben, die auf den ersten Blick überhaupt keine strafrechtliche Relevanz haben. Dabei spricht vieles dafür, daß er Inge Viett sehr wohl gut gekannt hat. Allein die Tatsache, daß er sich mit ihr über seine Zweifel am Sinn des Terrorismus unterhält, spricht für eine solche Beziehung, da es so ganz gegen die Gepflogenheiten der RAF ist. Und ist es nicht geradezu wahrscheinlich, daß Inge Viett, die beim Ausstieg der acht Genossen und der Exilbeschaffung in der DDR die entscheidende Rolle gespielt hat, auch dem verzweifelten Henning Beer diese Möglichkeit vor Augen geführt hat?

Beer bestreitet dies vehement. Was wußte oder ahnte er über die geheimnisvollen Beziehungen zwischen Aden und Ost-Berlin, zwischen Inge Viett, der «Schönen Frau» und der Stasi, zwischen Ost und West?

Bis heute hat diese Fragen niemand gestellt. Freiwillig wird sie auch niemand beantworten. Während Henning Beer in Belgien auf Entscheidungen über sein zukünftiges Schicksal wartet, ist Inge Viett bereits wieder im Jemen. Die «Schöne Frau» auch. Und die übrigen RAF-Mitglieder müssen ihre Anschlagspläne überdenken. Und irgendwann auch mit einer Panzerfaust geübt haben.

Die RAF-Mitglieder Helmut Pohl, Christian Klar, Adelheid Schulz und Inge Viett halten sich mehrfach in der DDR auf. Sie werden regelmäßig im Forsthaus an der Flut in Briesen untergebracht, wo die Gespräche mit Vertretern des Ministeriums für Staatssicherheit stattfinden. Meist sind Günter Jäckel und Helmut Voigt die Ansprechpartner der aktiven Terroristen. Helmut Pohl hat die Idee, die Gastgeber des MfS um Unterstützung in Form von Geld und Waffen zu bitten. Doch die Gastgeber vom DDR-Geheimdienst zeigen sich spröde. Sie diskutieren lieber über Sinn und Unsinn des Terrorismus und versuchen von der RAF Informationen über ihre Pläne und ihre Logistik zu bekommen.

Bei einem dieser Treffen bitten Klar und Pohl ihre Gegenüber ausdrücklich um Schießausbildung. Die Stasi-Offiziere fragen sich zunächst ein wenig ratlos, ob sie diesem Ansinnen nachgeben können. Doch wie immer bringt eine Rücksprache mit der obersten Führung die gewünschte Entlastung vom Entscheidungsdruck. Die Ausbildung soll stattfinden.

Die Umgebung von Briesen bietet sich für solche konspirativen Aktivitäten geradezu an. Das gesamte riesige Waldgebiet ist für die Staatssicherheit reserviert. Betreten dürfen das Speergebiet nur Personen mit einer Sondererlaubnis des MfS. Die Briesener Einwohner wissen, daß hier, unweit des Oder-Spree-Kanals, Übungen der Staatssicherheit stattfinden und geheime Objekte der Stasi im Wald versteckt sind. Doch als vorsichtige DDR-Bürger haben sie gelernt, keine Fragen zu stellen.

Eines Morgens werden Pohl, Klar und Viett von einem Mitarbeiter des MfS und zwei bis dahin unbekannten Personen im Forsthaus abgeholt. Durch einen weiteren Zugang, dem Eingangstor des Anwesens direkt gegenüberliegend, verschwindet die Gruppe im Wald. Etwa vier Kilometer rumpelt die Kolonne über unbefestigte Waldwege. Eine Orientierung ist so gut wie unmöglich. Der Wald ist dicht und dunkel, die nächste Menschenseele Kilometer weit entfernt. Plötzlich erscheinen Lichtmasten. Die Wagen halten direkt vor zwei großen Schießbahnen.

Die Schießbahnen sind fachmännisch angelegt, durch Erdwälle voneinander getrennt und mit einer großen Anzahl Schießscheiben und Pappkameraden bestückt. Die beiden unbekannten Männer entpuppen sich als Waffenexperten. An diesem Tag steht Pistolenschießen auf ihrem Ausbildungsprogramm. Die RAF-Mitglieder dürfen sich einige Stunden mit der Pistole Makarov vertraut machen und versuchen, aus verschiedensten Positionen die Pappkameraden zu durchlöchern. Sie sind zufrieden, denn zum erstenmal ist die DDR ihrem Wunsch nach Ausbildung und direkter Unterstützung nachgekommen. Und das nicht nur durch theoretische Schulung anhand von Wehrkundebüchern, wie sie im Forsthaus bereits stattgefunden haben, sondern durch Unterricht an der Waffe.

Nach ihrer Lektion werden die RAF-Mitglieder wieder zurück ins Forsthaus gebracht, wo sie über die weitere Entwicklung diskutieren können. Der Wald von Briesen als terroristischer Robinson-Club. Aktiv-Urlaub für Westdesperados. Die Animateure werden für solche Eskapaden extra aus Ost-Berlin herangekarrt. Hervorragend ausgebildete Mitarbeiter der sogenannten «Arbeitsgruppe Minister», einer kleinen Anti-Terror-Einheit unter der Leitung von Generalmajor Stöcker. Die Arbeitsgruppe des Ministers hatte sich in den siebziger Jahren zu einer Sondereinheit entwickelt, ähnlich der westdeutschen GSG 9. Sie war mit der Abwehr terroristischer Anschläge betraut, hatte aber auch ein eigenes Informationssystem und übernahm die Einsatzsicherung bei offiziellen Anlässen. Die Arbeitsgruppe verfügte über Experten für alle Bereiche der Waffenkunde, Sprengstofftechnik und Abwehrmethoden.

Zwei dieser Experten sind der Waffensachverständige Norbert Wetzel und der Sprengstoffspezialist Hans-Dieter Gaudig. Im Zuge der immer enger werdenden Zusammenarbeit zwischen Stasi und RAF erhalten die beiden schließlich einen Befehl ihres Vorgesetzten Generalmajor Stöcker, der Abteilung XXII bei der Ausbildung eines ihrer Kollektive zu helfen. Der Befehl wird mündlich erteilt und ohne weitere Erläuterungen gegeben. Die Maßnahme wird oberhalb von «Streng geheim» eingestuft, doch Wetzel und Gaudig erfahren zunächst nicht, wem sie was beibringen sollen. Norbert Wetzel wird lediglich aufgetragen, sich direkt an Helmut Voigt in der Abteilung XXII zu wenden. Schnurstracks begibt er sich in das

Dienstgebäude der Abteilung XXII in der Ferdinand-Schule-Straße, wo Voigt ihn bereits erwartet.

Die beiden Spezialisten sollen einen Ausbildungsplan erläutern, der den Wünschen der Terrorabteilung entspricht. Dabei geht es in erster Linie um Waffenkunde, Geschoßwirkungen, Sprengtechniken und Schießübungen. Auch diese Anweisungen und ihre Präzisierungen in Gesprächen zwischen Voigt, Neiber, Plohmann, Mitarbeiter im Büro Neiber, und den beteiligten Mitarbeitern der Arbeitsgruppe des Ministers werden lediglich mündlich erteilt. Spätestens jetzt muß den Anwesenden klar sein, daß es hier um eine Sache von größter Tragweite geht.

Sie werden zu strengstem Stillschweigen verpflichtet und erfahren auch nicht, wen genau sie denn nun ausbilden sollen. Sie würden alles weitere vor Ort erfahren, nachdem sie die notwendigen logistischen und organisatorischen Vorbereitungen zur Umsetzung dieses Ausbildungsplans getroffen hätten.

Vor Ort, das ist natürlich Briesen, wohin die beiden dann auch gebracht werden. Vorher hat Wetzel bei der zuständigen Dienststelle die benötigten Waffen und Geräte in Empfang genommen, die im Forsthaus an der Flut untergebracht werden. Dort warten bereits Gerd Zaumseil und seine drei RAF-Azubis. Wetzel und Gaudig wundern sich ein wenig über die beiden Frauen und den Mann, die zumeist in Kampfanzügen der Nationalen Volksarmee stecken, akzentfreies Deutsch sprechen, sich mit ihren Vornamen vorstellen und ansonsten keinerlei Andeutungen über ihre Herkunft oder den Zweck ihrer Ausbildung machen. Doch die Trainer stellen, wie immer, keine Fragen, obwohl sie ebenfalls im Forsthaus an der Flut wohnen, dort mit ihren Schülern essen und die Abende für ein paar Stunden Konversation nutzen. Konspiration und Geheimhaltung ist ihnen so in Fleisch und Blut übergegangen, daß sie überhaupt keinen Gedanken daran verschwenden, wen sie hier im Töten unterrichten. Doch dafür werden sie nicht bezahlt, und ihren Gesprächspartnern Helmut Pohl, Adelheid Schulz und Inge Viett ist es ganz recht so.

Die Tagesabläufe sind unterschiedlich. Entweder setzen sich die RAF-Mitglieder nach dem Frühstück zum theoretischen Unterricht mit ihren Ausbildern zusammen, oder sie werden zu einem der NVA- oder Stasi-Schießplätze gefahren, auf denen die praktische Ausbildung durchgeführt wird.

Die Schulung, die insgesamt etwa vier Wochen dauert, ist umfassend: Waffenaufbau, Ballistik, Geschoßwirkungen, verschiedene Sprengstoffarten, Selbstlaborate, Zündmechanismen und Sprengwirkungen. Es wird über Hohlladungen gesprochen, und sogar die Möglichkeit einer Bombenzündung per Lichtschranke wird anhand eines Modells erläutert.

In der Praxis üben die drei Terroristen an den unterschiedlichsten Waffen. Unter anderem am Nato-Gewehr G 3 von Heckler und Koch, an der Standardpistole der Bundeswehr P 1, genannt Walter, an Pistolen und Revolvern der Marken Colt und Smith and Wesson, an einer MP und am Schnellfeuergewehr M 1. Das ganze Hexeneinmaleins des Terrorismus live und in Farbe. Angeblich glauben die Ausbilder, dies diene der Schulung von DDR-Bürgern für einen eventuellen Auslandseinsatz und ausschließlich zur Erkennung von Gefahrenquellen und der Abwehr solcher Gefahren durch mögliche Anschläge. Das wollen sie auch noch geglaubt haben, als sie den Auftrag bekommen, die Wirkung von panzerbrechenden Waffen auf einen Pkw zu testen und zu dokumentieren.

Ein fast schrottreifer Mercedes wird besorgt und vorerst im Forsthaus an der Flut deponiert. Dann werden die RAF-Mitglieder in Gebrauch und in der Wirkung einer sowjetischen Panzerfaust, Typ RPG 7, instruiert. Die praktische Ausbildung an dieser Waffe findet auf einem Schießplatz der Grenztruppen bei Neuruppien statt. Am ersten Tag werden lediglich mit Betonköpfen bestückte Übungsgranaten verwendet. Zuerst demonstriert Norbert Wetzel den nervösen und kettenrauchenden Stadtguerilleros die Funktionsweise der Waffe. Er feuert einige Male auf einen etwa 300 Meter entfernt stehenden Panzer. Anschließend dürfen die drei RAF-Azubis jeder zweibis dreimal auf den Panzer schießen. Wetzel und Gaudig, die beide bei der Übung anwesend sind, haben den Eindruck, daß die Schüler erheblichen Respekt, wenn nicht sogar Angst vor dieser Waffe haben. Aber es geht alles gut. Nach etwa fünf Stunden ist der erste Teil der praktischen Panzerfaustausbildung beendet. Die Teilnehmer müssen die Waffe reinigen und fahren dann gemeinsam zurück nach Briesen. Die Organisation des MfS ist perfekt, doch für die eigentliche Galavorstellung, das Scharfschießen auf den Mercedes, soll alles noch viel perfekter werden. Man will möglichst realitätsnah die Wirkung einer RPG 7-Granate auf ein Fahrzeug mit Insassen dokumentieren. Also nehmen sich die Stasi-Perfektionisten den Mercedes, es soll ausdrücklich ein ungepanzertes Fahrzeug sein, und staffieren ihn mit Puppen aus. Der Einfachheit halber nehmen sie Blaumänner, die mit Sägespänen ausgestopft werden. Dann wird darüber diskutiert, ob ein Versuchstier die ganze Sache nicht noch realistischer werden ließe – das Todesurteil für einen volkseigenen deutschen Schäferhund.

Als alle Vorbereitungen getroffen sind, wird der Stargast der Truppe eingeflogen: Extra zum Scharfschießen kommt Christian Klar, der Mann am Abzug der RAF. Schließlich läuft die geheime Kommandosache vor einem großen Bahnhof ab. Als es zur Übung unter Ernstfallbedingungen kommt, sind Günter Jäckel, Helmut Voigt und Gerd Zaumseil ebenfalls auf dem Schießplatz anwesend. Zunächst wird wieder auf einen Panzer gefeuert. Norbert Wetzel macht es vor, danach schießen Klar, Pohl, Viett und Schulz je einmal auf den Panzer.

Dann wird der Mercedes anvisiert. Er steht etwa 200 Meter von den Schützen entfernt. Sie sollen auf die hintere Tür zielen. Bereits die erste Granate trifft ihr Ziel: Die Hohlhaftladung durchschlägt den Mercedes. Alle Scheiben zerbersten, die Türen fliegen auf, die Puppen werden von den Sitzen gerissen. Der Schäferhund, der vor den Rücksitzen festgebunden worden war, hat den Plasmagasstrahl der Granate abbekommen und ist schwer verletzt. Die Ausbilder erschießen ihn.

182

Die Übung ist zur Zufriedenheit aller verlaufen. Doch Stasi-Offiziere sind penibel. Schließlich geht es laut Befehl von oben um die Dokumentation eines solchen Ereignisses. Also wird der Mercedes aus allen Positionen fotografiert, um die Sprengwirkung der Granate zu belegen. Dann bringt Hans-Dieter Gaudig mehrere Sprengladungen an, die den Mercedes in seine Einzelteile zerlegen. Nichts soll an den Beschuß mit einer Panzerfaust erinnern. Außerdem müssen die Blutspuren des getöteten Schäferhundes beseitigt werden. Die Einzelteile des Mercedes werden später zu einem Schrottplatz gebracht. Lediglich die Fotodokumentation blieb als Zeugnis für das makabre Schauspiel, das Stasi und RAF da inszeniert hatten.

Heidelberg, 15. September 1981: General Frederik Kroesen ist auf seinem allmorgendlichen Weg zu den Campell Barracks in Heidelberg, dem Sitz des Hauptquartiers der US-Streitkräfte in Mitteleuropa. Er sitzt in einem Mercedes, der von einem deutschen Polizeibeamten gesteuert wird. Außerdem befinden sich seine Frau, die an diesem Morgen einen Arzttermin wahrnehmen will, und sein Adjutant mit in dem Fahrzeug.

Es ist Viertel nach sieben, und der Wagen fährt über die Bundesstraße 37 am Neckar entlang in Richtung Karlstor. Hinter ihm fährt ein Plymouth mit zwei US-Militärpolizisten in Zivil. Als sie auf das Karlstor zufahren, springt die Ampel auf Rot. Die Fahrzeuge kommen zum Stehen. Kroesen blättert in seinen Akten, die er auf dem Schoß liegen hat.

Plötzlich erschüttert ein ohrenbetäubender Knall das Fahrzeug. Wenig später eine zweite Detonation, die Heckscheibe des Mercedes zerspringt. Ehe Kroesen begreifen kann, was passiert ist, herrscht wieder Stille. Die Militärpolizisten haben ihr Fahrzeug verlassen und sind in Deckung gegangen. Sie versuchen zu lokalisieren, woher der Angriff gekommen ist und merken, daß die Schüsse vom Schloßberg abgefeuert wurden. Dort, auf einer kleinen Lichtung von wenigen Metern Durchmesser, an dem steilen, von keinem Spaziergänger zu besteigenden Hang, versteckt Christian Klar gerade die RPG 7, mit der er die Granaten auf den General abgefeuert hat. Er läßt die Waffe, CB-Funkgeräte und das Iglu-Zelt, in dem er und seine Komplizen Helmut Pohl, Adelheid Schulz und Ingrid Jakobsmeier übernachtet haben, zurück. In Windeseile machen sich die Attentäter aus dem Staub. Nur das Gewehr, aus dem die zusätzlichen Schüsse abgefeuert wurden, nehmen sie mit. Ermittler stellen später fest, daß es die gleiche Waffe der Marke Heckler und Koch war, aus der vier Jahre zuvor beim Überfall auf die Kolonne Hanns Martin Schleyers geschossen worden war.

Als die Attentäter in ihrem bereitgestellten Wagen davonrasen, ahnen sie bereits, daß auch dieser Anschlag fehlgeschlagen ist. Der Fahrer des Mercedes mit Kroesen und seinen Begleitern ist inzwischen durchgestartet und ins Krankenhaus gerast. Doch der General ist nur leicht verletzt: ein paar Kratzer durch Splitter der Heckscheibe und blutende Trommelfelle durch die Druckwelle der Detonationen. Seine Mitfahrer kommen mit dem Schrecken davon.

Die Panzerung seines verhaßten, weil schlecht klimatisierten, neuen Dienstwagens, der ihm erst wenige Tage zuvor geradezu aufgedrängt werden mußte, hat ihm das Leben gerettet. Denn Christian Klar hatte hervorragend gezielt. Aus etwa 130 Meter Entfernung hatte bereits die erste Granate den Kofferraum getroffen und zerstört. Der zweite Schuß, innerhalb weniger Sekunden abgefeuert, traf den hinteren Holm des Seitenfensters, fiel von dort auf die Straße und riß ein tiefes Loch in den Asphalt. Der General und seine Begleiter hatten Glück und ein gepanzertes Auto. Das reichte in diesem Fall zum Überleben. Hätte das Geschoß eine der Scheiben durchschlagen, wären die vier Insassen durch die immense Hitzeentwicklung der Hohlladungsgranate eingeäschert worden.

Die RAF meldet sich mit ihrer bereits für das Vorjahr geplanten und den Fahndern bekannten Offensive gegen amerikanische Einrichtungen zurück. Erst zwei Wochen zuvor, am

31. August 1981, hatte ein Zufall ein Massaker unter den Bediensteten des US-Luftwaffenstützpunktes Ramstein verhindert. Um 7.20 Uhr waren auf dem Parkplatz des größten US-Luftwaffenstützpunktes in Europa 40 Kilogramm Sprengstoff in einem gestohlenen VW 411 mit amerikanischer Militärnummer detoniert. Zum Glück einige Minuten, bevor der größte Teil der Bediensteten seine Arbeit antrat. Trotzdem wurden noch in 100 Meter Entfernung Menschen und Autos durch die Luft geschleudert, 14 Menschen zum Teil schwer verletzt, an den Gebäuden entstand ein Sachschaden von über sieben Millionen Mark. Zu dem Anschlag bekannte sich das «Kommando Sigurd Debus» der Rote Armee Fraktion. Sigurd Debus war wenige Monate zuvor an den Folgen eines Hungerstreiks der RAF-Gefangenen gestorben, mit dem eine Zusammenlegung in größere Gruppen und die Anwendung der «Genfer Konvention für Kriegsgefangene» auf die Häftlinge der RAF erzwungen werden sollte.

Ramstein und Kroesen: das war die Offensive, die die Fahnder bereits in den Papieren hätten nachlesen können, die sie in Heidelberg-Rohrbach in einer konspirativen Wohnung der RAF gefunden hatten. Der kümmerliche Rest der Rote Armee Fraktion ließ sich auch dann nicht von seinen Plänen abbringen, wenn diese zum Teil bekannt waren. Die Bewachung Kroesens war zwar in den letzten Wochen verstärkt worden, er hatte einen gepanzerten Wagen bekommen, und es war in den Zeitungen über mögliche Anschläge auf US-Militärs spekuliert worden. Die Mittel allerdings, mit denen diese Attentate durchgeführt wurden, dürften einigermaßen überrascht haben, denn so schrecklich einfach ist die Handhabung einer Panzerfaust schließlich nicht. Die Silhouette eines Mercedes ist aus einer Entfernung von etwa 130 Metern etwa viermal kleiner als die eines Panzers. Doch Christian Klar hatte den Mercedes erstens getroffen und zweitens sogar noch die Kaltblütigkeit besessen, einen zweiten Schuß abzugeben. Die «Zeit» spekulierte damals, die Terroristen hätten dies wohl ausgiebig geübt, und das bestimmt nicht in westdeutschen Kiesgruben. Stimmt, eher schon auf ostdeutschen Schießplätzen.

Daß ein solches Übungsschießen stattgefunden hat, steht außer Zweifel. Strittig ist jedoch, ob die Panzerfaustausbildung der RAF-Kader nun vor oder nach dem Attentat auf General Kroesen stattgefunden hat. Haben sich die verantwortlichen Stasi-Offiziere einer Beihilfe zum versuchten Mord oder lediglich der Unterstützung einer terroristischen Vereinigung schuldig gemacht? Letztere wäre heute bereits verjährt.

Die Zeugen und Beteiligten Wetzel und Gaudig haben sich – angesichts dieses nicht eben kleinen Unterschieds – schließlich darauf geeinigt, daß die Ausbildung erst im Frühjahr 1982 stattgefunden hat. Die verantwortlichen Offiziere Jäckel, Neiber, Zaumseil, Plohmann und Dahl stimmen ihnen – wen wundert's – da gerne zu. Eher zu glauben ist jedoch Inge Viett. Ausgerechnet Inge Viett alias «Maria» ist sich ganz sicher, daß die Ausbildung bei ihren ehemaligen Genossen von der Stasi im Frühjahr 1981 stattgefunden habe, da es noch sehr kalt gewesen sei und Schnee gelegen hätte. Außerdem müsse es 1981 gewesen sein, da sie sich ein Jahr später definitiv im Nahen Osten aufgehalten und die Ausbildung auf jeden Fall vor ihrem Parisaufenthalt im August 1981 stattgefunden habe.

Auch andere ehemalige Mitarbeiter des MfS stützen diese Version eines früheren Zeitpunkts der Panzerfaustausbildung. So sagt ein ehemaliger Kraftfahrer des MfS im Februar 1991 aus, er habe das Übungsschießen mit der Panzerfaust beobachtet. Von einer Anhöhe aus sei einmal auf den Mercedes gefeuert worden. Diesen Schuß habe Georg abgegeben, so nannte sich Christian Klar bei den Genossen von der Stasi. Der Fahrer legt sich auch fest, was den Zeitpunkt dieser Übung angeht: Februar oder März 1981. Der Mann hat im Sommer 1981 geheiratet, und er ist sich absolut sicher, daß er zum Zeitpunkt des Panzerfaustschießens auf dem Artillerieschießplatz Rüthnick noch ledig war. Später habe er dann die Bilder vom Attentat auf Kroesen im Fernsehen gesehen und sich sofort an die

Übung mit Georg erinnert. Ein weiterer ehemaliger Stasi-Mit-arbeiter erinnert sich an ein denkwürdiges Gespräch, das er mit Terroristenbetreuer Gerd Zaumseil nach dem Anschlag auf General Kroesen geführt hat. «Zaumseil, du großer Terroristenführer», so habe er wörtlich zu ihm gesagt, «erst habt ihr die Leute ausgebildet, dann schießen sie daneben!» Zaumseil habe mit einem lakonischen «Was willst du machen?» geantwortet.

Der von April 1981 bis April 1982 alleinverantwortliche Artilleriemechaniker auf dem Schießplatz Rüthnick beobachtete das Panzerfaustschießen von einem Wachturm und später von einer Wartungshalle aus. Auch er ist sich sicher, daß die Übung im Frühjahr 1981 stattgefunden hat. Denn damals befand er sich noch nicht im Besitz eines Bussards, den er im Mai oder Juni 1981 auf dem Schießplatz fand und dann gesund pflegte. Er erinnert sich sehr genau an die Übung, weil er sich darüber ärgerte, daß ein völlig intaktes Auto zerstört wurde. So sehr, daß er es sogar seinen Eltern erzählte. Diese Geschichte bestätigte auch der Leiter des Artillerieschießplatzes, der sich ebenfalls an die RPG 7-Übung erinnert. Dann kann sie nur 1981 stattgefunden haben, denn der Schießplatzleiter wurde im Januar 1982 zum Grenzdienst versetzt.

Alle diese Aussagen lagen und liegen der Generalbundesanwaltschaft vor. Dennoch wurden die zuständigen Stasi-Offiziere wieder aus der Haft entlassen, obwohl genügend Hinweise vorliegen, daß die Panzerfaustübung 1981 stattgefunden hat – vor dem Anschlag auf US-General Frederik Kroesen. Ein Krankenhausbesuch in der ehemaligen DDR könnte den Ermittlern noch weiter auf die Sprünge helfen. Denn kurz vor der Ausbildung waren die Stasi-Probanden laut Aussage von Inge Viett in einer Klinik einer umfangreichen medizinischen Untersuchung unterzogen worden. Es könnte schon sein, daß dort noch das eine oder andere datierte Krankenblatt zu finden ist.

Was für einen Sinn hätte es auch machen sollen, den Anschlag auf General Kroesen 1982 noch einmal nachzustellen?

Die Wiederholung eines solchen Vorgangs, um Informationen darüber zu bekommen, wie ein vergleichbarer Anschlag auf die eigene Staatsführung verhindert werden kann? Wohl eher eine Schutzbehauptung. Denn wäre dies tatsächlich der Fall gewesen, kann man es nur als vollkommen unsinnig bezeichnen, für die Rekonstruktion des Anschlags einen ungepanzerten Mercedes zu benutzen. Denn schließlich wäre zu diesem Zeitpunkt erwiesen gewesen, daß die Panzerung des Wagens den Anschlag zum Scheitern gebracht hatte. Daß darüber hinaus hohe Vertreter der DDR-Gerontokratie in schwergewichtigen Limousinen schwedischer Bauart durch die Lande chauffiert wurden, sei hier nur am Rande erwähnt.

Des weiteren hatten die Terroristen 1981 bewiesen, daß sie mit einer Panzerfaust umgehen konnten. 1982 hätten sie dies dann wieder verlernt haben müssen, um ihren Ausbildern einen unbedarften Eindruck zu vermitteln. Christian Klar sah sich nach dem Bekanntwerden dieser Diskussion in der Öffentlichkeit genötigt, eine Erklärung abzugeben. Er «gestand», das Schießen mit einer Panzerfaust an der Schwarzwaldhochstraße geübt zu haben, bestritt jedoch vehement, zu diesem Zweck jemals in der ehemaligen DDR gewesen zu sein.

Die Beamten des BKA haben darauf verzichtet, den Schwarzwald umzugraben und nach alten Detonationskratern abzusuchen. Tatsache ist: Die RAF benötigte Hilfe und Platz, um mit dieser hochkomplexen, extrem lauten und gefährlichen Waffe zu trainieren. Und wo wäre dies besser möglich gewesen als hinter der Mauer, die die DDR umgab? Deshalb wurde 1981 zum Schlüsseljahr für die Ausgestaltung der RAF-Stasi-Connection. Der Staatssicherheitsdienst der DDR begann, die Rote Armee Fraktion zu instrumentalisieren und zu steuern.

In Westdeutschland lief zur Zeit des Anschlags die Friedensbewegung Sturm gegen die geplante Nachrüstung und den Nato-Doppelbeschluß. Und auf das Feindbild USA und Nato setzte auch die Rote Armee Fraktion. Der DDR konnte das angesichts der eskalierenden Hochrüstung von West und Ost

188

nur Recht sein. Die RAF in der Rolle des nützlichen Idioten der DDR-Führung? Alles spricht dafür.

Inge Viett spielt derweil ihre Rolle weiter. Sie nimmt zwar am Schießtraining der RAF teil, an den Anschlägen jedoch nicht. Da ist sie wieder im Jemen. Im August taucht sie in Paris auf. Ein Polizeibeamter hält sie in der Rue de Rennes an, weil sie ohne Helm auf einem Motorrad der Marke Yamaha entgegen der Einbahnstraßenregelung fährt. Inge Viett verliert die Nerven, sie flieht und versteckt sich in der Sackgasse Rue de la Chaise in einer Garageneinfahrt. Doch der Polizist folgt ihr. Er sucht die Garage nach der Flüchtigen ab. Inge Viett, die hinter einem Auto Deckung gesucht hatte, tritt plötzlich hervor und richtet ihren Colt auf den Beamten. Aus drei bis vier Metern Entfernung schießt sie ihm in den Hals. Schwerverletzt bricht der Polizist zusammen. Inge Viett kann entkommen.

Dieser Vorfall ereignet sich am 4. August 1981. Warum ist Inge Viett zu diesem Zeitpunkt in Paris? Vielleicht will sie Kontakte zu Palästinensern in der Seine-Metropole pflegen oder nutzen, vielleicht ist sie auf der Durchreise nach Belgien, um dort Henning Beer zu treffen. Denn der ist mittlerweile ebenfalls ausgestiegen und grübelt über eine ungewisse Zukunft nach. Vielleicht ist sie aber auch, wie sie selbst sagt, dort gewesen, um sich ein letztes Mal um die Belange des «2. Juni» zu kümmern. Um dieses Kapitel ihrer Vergangenheit abzuschließen. Vielleicht. Einige mögliche Antworten auf eine Frage.

In den Monaten vor dem Zwischenfall in Paris ist sie im Jemen und verschwindet auch wieder dorthin. Eine Freundin der Palästinenser, eine inoffizielle Mitarbeiterin der Stasi. Sie macht Kontakte, vermittelt, übt ein bißchen mit und zieht sich dann wieder zurück. Sie macht ihre Aufgabe gut, aber ihre obersten Chefs heißen nicht Klar oder Mohnhaupt. Ende 1981 hat die DDR ihr Interesse an den ideologischen Wegelagerern von der Rote Armee Fraktion noch nicht verloren. Man kann die RAF zwar nicht verstehen, aber gut gebrauchen. Die Frage ist nur, wie lange noch?

Der Countdown

Die Wirkung der Anschläge von Ramstein und Heidelberg in der Öffentlichkeit ist beträchtlich. Es ist wieder einmal ein Herbst der Gewalt, und das Wort von der Terrorwelle beherrscht die Schlagzeilen. Dennoch sind die Mitglieder der Rote Armee Fraktion nicht zufrieden. Sie wollen Tote. Die perverse Ideologie der übriggebliebenen Hardliner beginnt den Erfolg einer Aktion an der Zahl der Opfer zu messen, und in dieser Hinsicht waren Ramstein und Kroesen nicht nach dem Geschmack eines Christian Klar oder einer Brigitte Mohnhaupt.

Unmittelbar nach der Aktion trifft sich die Gruppe in Belgien. Dort wartet nach wie vor ein ungelöstes Problem: Für Henning Beer muß der Ausstieg aus dem bewaffneten Kampf organisiert werden. Wie alle Aussteiger vor ihm, wird er von den Diskussionen der Aktiven ausgeschlossen. Er hat seine Waffe längst abgegeben und vertreibt sich die reichlich vorhandene Freizeit vorwiegend mit Fotografieren. Die Rote Armee Fraktion hat eine Katze in dem Haus in Leuwen, die für Beer Fotomodell spielt. Ständig ist ein Mitglied der Gruppe bei ihm. Die RAF gibt acht auf unsichere Kantonisten. Als sich das Haus in Leuwen füllt und die Debatten über die zurückliegenden Anschläge beginnen, ist die Isolation von Henning Beer perfekt. Es werden nur noch Gespräche mit ihm geführt, die seine eigene Zukunft betreffen. Ansonsten darf er nicht einmal das Essen zusammen mit seinen früheren Genossen einnehmen, die ihn vor nicht allzu langer Zeit noch zum Nachfolger seines Bruders innerhalb der RAF machen wollten. Doch der Gruppendruck und der konspirative Zwang, unter dem die Terroristen seit Jahren leben, wirkt sich in solch gnadenlosen gruppendynamischen Prozessen auch gegenüber Mitkämpfern aus.

Eine endgültige Entscheidung über sein zukünftiges Exil wird erst im Frühjahr 1982 fallen, doch im Grunde wird er ahnen, wohin die Reise gehen soll. Immerhin ist er mit den Aktiven in der DDR gewesen, und er weiß auch, daß sich die anderen Aussteiger im Vorjahr auf den Weg ins sozialistische Kleinbürgertum gemacht haben.

Am 1. April 1982 reist er von Brüssel nach Kopenhagen. Dort besteigt er eine Maschine der DDR-Fluggesellschaft «Interflug», die ihn direkt nach Ost-Berlin bringt. Er ist wie immer mit gefälschten Papieren unterwegs. Am Flughafen Schönefeld soll er verabredungsgemäß als letzter das Flugzeug verlassen. Er ist so nervös, daß er am Zoll seinen falschen Paß zu Hilfe nehmen muß, um seine Identität auf den Einreiseformularen eintragen zu können. Dann ist die Nervenprüfung für diesen neunten Ex-Terroristen in der DDR vorbei. Am Zoll wartet bereits, unauffällig wie immer und in schwarzer Lederjacke, den Jungen beobachtend, Gerd Zaumseil. Er spricht Beer an. Die beiden verlassen das Flughafengebäude, und knapp eine Stunde später ist Henning Beer in dem mittlerweile wohlbekannten Ferienobjekt der Stasi in Briesen. Für Klar, Mohnhaupt und Schulz aber läuft der Countdown in Freiheit. Und es scheint so, als habe auch hier die Staatssicherheit bestimmt, wie schnell gezählt wird.

Die Neugier der MfS-Offiziere ist groß. Im Sinne einer Absicherung der Aussteigerexistenzen in der DDR werden die ehemaligen RAF-Mitglieder von der Staatssicherheit überwacht. Diese Maßnahmen reichen vom Einsatz inoffizieller Mitarbeiter in der Umgebung der Aussteiger bis zum unmittelbaren Lauschangriff, das heißt, bis zum Abhören der Telefone oder Verwanzen der Wohnungen. Das Ministerium für Staatssicherheit sammelt auf seine ihm eigene Art jede Information, die über die RAF und ihr Umfeld zu bekommen ist.

In den ersten beiden Jahren sind auch die Kontrollbesuche von Gerd Zaumseil noch sehr regelmäßig. Alle vier bis sechs Wochen taucht er bei den Aussteigern auf und unterhält sich mit ihnen über ihre persönliche Situation. Aber auch die Tatbeteiligungen der aufgenommenen Guerilleros sind für das MfS interessant. 1981 macht sich Gerd wieder einmal auf eine Rundreise durch die DDR. Dabei unterhält er sich mit allen über das, was ihnen in der Bundesrepublik vorgeworfen wird: über das, was sie selbst getan haben und über den Beitrag anderer zu den Aktionen. Werner Lotze erzählt Zaumseil bei dieser Gelegenheit haarklein, was er im Laufe seiner RAF-Mitgliedschaft alles verbrochen hat, bis hin zu dem Polizistenmord in Dortmund. Auch er, wie schon Silke Maier-Witt, kann sich des Eindrucks nicht erwehren, daß die Staatssicherheit über vieles genausogut, wenn nicht gar besser, Bescheid weiß als er selbst. Die Stasi ist im Besitz der entsprechenden westlichen Fahndungsbilder und Unterlagen und ist über die einzelnen Tatkomplexe und Tatbeteiligungen hervorragend im Bilde. Sie dürften diese Informationen nicht zuletzt den Stasi-Mitarbeiterinnen Inge Viett und der «Schönen Frau» zu verdanken haben.

Vor allem aber zeigt die Stasi ein eminentes Interesse an den internen logistischen Strukturen der RAF. Noch heute, zehn Jahre später, erinnern sich Betreuungsoffiziere, daß die aktiven RAF-Kader bei ihren Aufenthalten in der DDR auch über Depots der RAF gesprochen haben und nennen die Orte Frankfurt und Offenbach sowie Belgien und Frankreich. Es kommt sogar vor, daß die Aussteiger gezielt nach bestimmten Depots gefragt werden. So soll Silke Maier-Witt der Stasi Auskunft über die Lage eines solchen Erddepots in Holland geben. Sie geht davon aus, daß die weiterhin Aktiven danach gefragt haben, weil sie nicht mehr in der Lage sind, das Depot zu finden. Allerdings hört sie später nie wieder etwas von diesem Sachverhalt. Beantwortet hat sie dem MfS die Frage auf jeden Fall.

Das Verhältnis des Ministeriums für Staatssicherheit zu den Terroristen ändert sich aber ausgerechnet in dieser Zeit gründlich. Waren die noch aktiven Terroristen in der Phase der Aufrüstung Europas mit Atomwaffen und im Kampf gegen den

Nato-Doppelbeschluß nützliche Gehilfen im Kampf gegen die Nato gewesen, so hat sich 1982 die politische Lage zwischen der Bundesrepublik und der DDR entscheidend verändert. Die wirtschaftliche Situation der DDR nimmt zusehends dramatischere Formen an. Die Verantwortlichen in Politbüro und Ministerien wissen, daß die DDR finanziell vor dem Ruin steht und über kurz oder lang Konkurs anmelden muß.

In dieser Lage einer wachsenden Verschuldung streben die politisch Verantwortlichen eine Annäherung an die Bundesrepublik und eine mögliche Verbesserung der wirtschaftlichen Zusammenarbeit an. Es ist nicht mehr weit bis zum Milliardenkredit, den der bayerische Ministerpräsident Franz Josef Strauß über seine mittlerweile hinlänglich bekannten, exzellenten Kontakte zur DDR anbahnt.

Damit aber haben sich auch die politischen Rahmenbedingungen der RAF-Stasi-Connection in einigen Bereichen grundlegend geändert. So wie 1980 der Staatssicherheit Anschläge der RAF im Westen nicht in den Kram passen, weil sie die Wiederwahl Helmut Schmidts nicht gefährdet sehen wollen, so fügt sich die Offensive von 1981 gegen US-Einrichtungen perfekt ins tagespolitische Kalkül. 1982 hingegen können den Verantwortlichen um Minister Erich Mielke weitere Anschläge der Rote Armee Fraktion, noch dazu vorbereitet mit Hilfe und auf dem Boden der DDR, nur ungelegen kommen.

Denn wenn die Zusammenarbeit mit westdeutschen Terroristen zu diesem Zeitpunkt aufgeflogen wäre, hätte die DDR so manches gute Geschäft, das unter dem Eisernen Vorhang hindurch getätigt wurde, in den Schornstein der gutnachbarlichen Beziehungen schreiben können.

Aber der harte Kern der RAF schert sich wenig um die Veränderungen der politischen Großwetterlage: Er will weiterbomben. Da helfen selbst die Appelle von Günter Jäckel nichts, der 1991 bei seinen Vernehmungen angibt, die aktiven RAF-Kader gedrängt zu haben, angesichts der veränderten politischen Lage und dem beginnenden Ost-West-Dialog von

193

ihren gewaltsamen Aktionen abzulassen und ebenfalls über eine Abkehr vom bewaffneten Kampf nachzudenken. Außerdem will er Klar, Pohl, Schulz und Mohnhaupt sogar gedroht haben, das Ministerium für Staatssicherheit habe andere Mittel und Wege, die Rote Armee Fraktion von ihrem Morden abzuhalten, wenn sie sich nicht freiwillig an den politischen Realitäten orientiere.

Solche Behauptungen hatten in der Stasi-Hysterie nach der Wende kaum eine Chance, beachtet oder gar ernstgenommen zu werden. Schließlich hatten die Stasi-Offiziere die RAF lange Zeit materiell, logistisch und durch Ausbildung unterstützt. Es ist sogar wahrscheinlich, daß sie mit ihnen den Anschlag auf General Kroesen unter realitätsnahen Bedingungen trainiert haben. Da mußten Äußerungen, die vom Anti-Terror-Kampf der Staatssicherheit zeugen, zwangsläufig als Schutzbehauptungen und Stasi-Lügen abgetan werden. Doch das Ministerium für Staatssicherheit hat in erster Linie eine einzige, prinzipielle Handlungsrichtschnur: machterhaltenden Pragmatismus. Und da hinein passen auch solche Äußerungen. Die Rote Armee Fraktion war der Staatssicherheit und den politischen Interessen der DDR von einem bestimmten Zeitpunkt an auf Gedeih und Verderb ausgeliefert. Sie hat es entweder nicht bemerkt. Oder nicht wahrhaben wollen.

Das Ende der 77er-Generation

Die Dienste und das «Depot I»

Pilzsucher sind in aller Regel gemütliche Menschen mit Sinn für die Natur, Geschmack an gutem Essen und gemeinhin schwach entwickeltem kriminalistischem Ehrgeiz. Und sie sind nur sehr selten an Orten zu finden, an denen es nachweislich keine Pilze gibt.

Zwei etwas aus dem Rahmen fallende Exemplare dieser menschlichen Spezies läuten im Oktober 1982 das Ende der damaligen RAF ein. Diese beiden Pilzsucher sind angeblich österreichische Staatsbürger und arbeiten für ein Forschungsinstitut in der Nähe von Frankfurt.

Am 26. Oktober machen die beiden sich auf die Suche nach Pilzen. Und zwar in einem Wald in der Umgebung von Heusenstamm. Hier gibt es zwar keine Pilze, aber das ficht die beiden nicht an. Sie durchstreifen den Wald und intensivieren ihr hoffnungsloses Unterfangen, indem sie im Waldboden graben. Die einzigen Pilze, die man auf diese Art und Weise finden kann, sind Trüffel. In der Umgebung von Frankfurt eine eher seltene Art, besonders wenn man auch noch, für Pilzsucher völlig unüblich, in rund einem Meter Tiefe sucht.

Aber – o Wunder! – die beiden haben dennoch durchschlagenden Erfolg. Beim Graben im Wald finden sie ein Loch, das vor ihnen andere Menschen im Wald gebuddelt haben müssen. Diese Menschen wiederum haben dort allerdings keine Pilze versteckt, sondern Waffen, Geld, Papiere – so ziemlich alles, was jedes Fahnderherz höher schlagen läßt.

Die beiden kulinarischen Waldarbeiter haben das große Los aller Terroristenjäger gezogen. Sie entdecken das «Depot I» der Rote Armee Fraktion, für jeden Ermittler eine Art Büchse der Pandora.

Doch die Legende will es, daß die beiden Österreicher, völlig verdutzt und ratlos, ihren Fund erst einmal wieder eingraben und verstört nach Hause fahren, wo sie den ganzen Sachverhalt bei Korn und Muttern diskutieren. Denn in dem Erdloch befinden sich große Mengen Bargeld, und die beiden glücklichen Finder überlegen, ob sie ihren Fund behalten dürfen.

Wie die offizielle Legende weiter berichtet, lassen sich die beiden Österreicher – irritiert über die gewalttätigen Beigaben in diesem Pharaonengrab – dann doch überzeugen, ihren Fund der Polizei zu melden, nachdem sie eine Nacht darüber geschlafen haben.

Als sich Beamte des Bundeskriminalamts die Fundstelle im Wald zeigen lassen, trauen sie ihren Augen nicht. Der Inhalt übertrifft alles, was je im Zusammenhang mit der RAF gefunden wurde. Die Polizisten stellen eine Reihe von Waffen sicher, unter anderem das Schnellfeuergewehr von Heckler und Koch, das bei der Entführung des Arbeitgeberpräsidenten Hanns Martin Schleyer und beim Anschlag auf US-General Kroesen verwendet worden war. Außerdem finden sie weitere Waffen, die bei den Morden an Generalbundesanwalt Siegfried Buback und Bankier Jürgen Ponto 1977 benutzt wurden.

Darüber hinaus eine große Zahl gefälschter Personaldokumente und Bargeld – den Fahndern wird schnell klar, daß sie hier auf einen absolut überwältigenden Fund gestoßen sind. Doch die eigentliche Sensation erschließt sich ihnen erst einige Tage später. In dem sogenannten «Depot I» der RAF, später auch «Urdepot» genannt, finden sich Listen, die teils chiffriert, teils im Klartext geschrieben sind. Die unverschlüsselten Passagen beschreiben besondere Merkmale, wie zum Beispiel einen verkrüppelten Baum, an Orten, die nicht weit von anderen Depots entfernt sind. Eine Aufstellung von 15 weiteren Depots der Rote Armee Fraktion ist hier zusammengetragen worden. Die Logistik der gefürchtetsten Terrororganisation der Bundesrepublik liegt auf dem Präsentierteller vor den Ermittlern. Doch wer, in wessen Auftrag auch immer, diese Listen geschrieben hat: Er wollte es dem potentiellen Finder nicht allzuleicht machen.

Um in den direkten Nahbereich der Depots zu gelangen, müssen die Fahnder die nicht im Klartext verfaßten Passagen der Listen entschlüsseln. Diese Beschreibungen sind mit zwei verschiedenen Codes chiffriert. Im Bundeskriminalamt in Wiesbaden beginnt die fieberhafte Suche nach den Schlüsseln. Die Experten versuchen, hinter den Sinn der Zahlen- und Namenkombinationen zu kommen. Sie erkennen schnell, daß sie es mit zwei verschiedenen Codierungen zu tun haben. Für einen der beiden Codes benutzte die Rote Armee Fraktion die gruppeninternen Decknamen ihrer Mitglieder.

Die Fahnder finden Zeilen wie «Edith 1/4, Franz 3/3». Scheinbar wahllos aneinandergereihte Namen und Zahlen, doch die Ermittler wissen, wer sich hinter den Tarnnamen verbirgt; «Edith» steht für Adelheid Schulz und «Franz» für Christian Klar. Das Bild fügt sich zusammen. Man schreibt Vor- und Zunamen jeweils untereinander und nimmt die entsprechend bezeichneten Buchstaben aus der ersten beziehungsweise zweiten Zeile des Namens. Man geht chronologisch den verschlüsselten Text durch, reiht Buchstabe hinter Buchstabe, und dann hat man die Lösung.

Auf diese Art und Weise erhalten die Fahnder die Wegbeschreibung zu allen Depots der RAF schwarz auf weiß. Der zweite Code besteht aus einer langen Zahlenkolonne, und sie bereitet größere Probleme bei der Entschlüsselung. Doch auch hier kommen die Experten schnell zum Ziel. «Und über sich das ganze rote Establishment», lautet der Satz, anhand dessen Klar und Co. die Depotlisten chiffrierten. Wenn sie denn wirklich diejenigen gewesen sind, die die Listen verschlüsselt haben.

Als die Ergebnisse der Auswertung in Wiesbaden auf dem Tisch liegen, beginnt eine generalstabsmäßige Aktion, um der Konspiration ein für allemal ein Ende zu machen. Das Auffinden der Depots und die weiteren Schritte werden zur geheimen Kommando- und Chefsache erklärt. Es gilt absolute Nachrichtensperre, das weitere Vorgehen wird direkt mit Innenminister Friedrich Zimmermann und Generalbundesanwalt Kurt Rebmann abgestimmt. Es soll und darf diesmal nicht eine erneute Panne geben wie bei der Beschattung von Klar und Schulz durch den Hamburger Verfassungsschutz 1980 oder der blamablen Polizeileistung zwei Jahre zuvor, als Klar, Schulz und Stoll die Befreiung ihres Genossen Wisniewski aus der Haft planten und dabei sogar fotografiert wurden.

Der Innenminister verfügt, daß kein Wort über diese unglaubliche Entdeckung an die Öffentlichkeit gelangen darf. Alle Polizeikräfte inklusive der Spezialeinheit GSG 9 sollen sich auf die Beschattung des «Depots I» bei Heusenstamm konzentrieren. Bei einem eventuellen Auftauchen von RAF-Mitgliedern soll diesmal nicht erst beobachtet und beschattet, sondern sofort verhaftet werden.

Die Chancen stehen gut, denn die Ermittlungen haben ergeben, daß es sich um ein aktuelles, das heißt häufig benutztes Depot handeln muß. In den kommenden Tagen suchen und finden Polizisten in der gesamten Bundesrepublik weitere Depots, ohne daß die Öffentlichkeit davon erfährt.

Unterdessen haben sich rund um das RAF-Lager bei Heusenstamm Beamte im Wald eingegraben und beobachten Tag und Nacht das Depot und seine Umgebung. Zwei lange Wochen im Herbst 1982 vergehen, ohne daß auch nur das geringste passiert. Das kalte und regnerische Herbstwetter macht die Beamten des Greifkommandos mürbe, aber die Aktion wird nicht abgebrochen. Am 11. November ist es dann soweit. Vorsichtig nähern sich zwei Frauen durch den Wald der Stelle, an dem die eingegrabenen und getarnten Polizisten unter Sträuchern und Farnen lauern. Als sie sich unmittelbar vor dem Depot befinden, brechen die Spezialisten des Einsatzkommandos auf ein Zeichen hin aus ihren Verstecken hervor. Die beiden Frauen, die eine wasserdicht verpackte Maschinenpistole bei sich haben, um sie im Depot zu verstecken, haben keine Chance. Sie kommen nicht mehr dazu, ihre großkalibrigen Pistolen zu ziehen. Blitzschnell werden sie überwältigt, durchsucht und weggebracht.

Die Polizei hat Brigitte Mohnhaupt und Adelheid Schulz verhaftet, die Führungsriege der RAF-Antreiber ist gesprengt. Mit Brigitte Mohnhaupt verliert die Rote Armee Fraktion die Frau, die nach ihrer Haftentlassung auf Befehl Baaders und Ensslins die RAF neu organisiert, die die strategische und politische Führungsrolle innerhalb der Terrorgruppe reklamiert und besetzt. Sie ist es, die den Deutschen Herbst 1977 auf seinen blutigen Weg bringt. Sie hat gemeinsam mit den Palästinensern die Entführungen Schleyers und der Lufthansa-Maschine «Landshut» koordiniert. Mohnhaupt, Schulz und Klar – das politische und aktionistische Führungstrio nach Baader und Meinhof ist zerschlagen. Christian Klar befindet sich zwar weiterhin in Freiheit, aber er hat mit Mohnhaupt die Führerin und mit Schulz die langjährige Jugendfreundin und Geliebte an den gehaßten Staatsapparat verloren. Und dieser Staatsapparat agiert weiter, in diesem Falle mit brillanter Taktik. Die Festnahmen bei Heusenstamm sind kaum geheimzuhalten, und das liegt auch gar nicht in der Absicht der Einsatzleitung, die ihre Direktiven direkt von Zimmermann und Rebmann bekommt. Die Festnahme von Mohnhaupt und Schulz wird in der Presse bekanntgegeben und in großen Artikeln besprochen. Aber die Polizei geht noch weiter. Sie läßt die Depots, die sie in den vergangenen Wochen gefunden hat, ebenfalls an die Öffentlichkeit dringen. Die Zeitungen berichten über die lange Reihe der Erfolge, die jetzt auf einmal zu verzeichnen sind. Festnahmen und schwere Schläge gegen die Logistik der Rote Armee Fraktion bestimmen die Meldungen.

Das Ganze folgt einem genau kalkulierten Plan. Die Fahnder haben alle Depots bekanntgegeben, die im süd- und südwestdeutschen Raum liegen. Ebenso detailreich haben sie berichtet, was sich in den Depots an Waffen, Geld und Papieren befunden hat. Doch sie behalten ein As in der Hinterhand. Denn sie verschweigen, daß ihnen auch im Norden der Republik ein bedeutendes Depot der RAF in die Hände gefallen ist. Die Terroristen nennen es «Daphne», ein Erdversteck im Sachsenwald östlich von Hamburg.

Die Jagdsaison wird ein weiteres Mal eröffnet, für das Mobile Einsatzkommando Hamburg und das Sondereinsatzkommando Eutin beginnt das Spiel erneut. Genau wie ihre Kollegen in Heusenstamm wissen sie nicht, auf wen sie warten oder wie lange sie warten müssen. Überhaupt ist die Wahrscheinlichkeit, daß ein weiteres Mitglied der RAF an einem Depot auftaucht, eher gering. Man muß damit rechnen, daß die Meldungen in der Presse die übrigen Gruppenmitglieder so verschreckt haben, daß sie sich erst einmal in sichere Verstecke zurückziehen, um über ihr weiteres Vorgehen zu beraten. Die Polizisten im Sachsenwald warten trotzdem. Sie rechnen mit allen Möglichkeiten. Immerhin laufen mit Werner Lotze, Silke Maier-Witt oder Ralf Friedrich und Christian Klar noch genügend hochgefährliche Mitglieder der RAF frei herum. So glauben die Beamten zumindest, die nicht wissen können, daß der größte Teil der von ihnen gesuchten Terroristen längst an der sozialistischen Arbeitsfront der DDR im Einsatz ist. Sie können sich überhaupt nicht vorstellen, welcher Schock es für Christian Klar war, von der Verhaftung seiner engsten Genossinnen zu erfahren. Er weiß nur zu gut, daß die RAF jetzt nur noch ein winziges Häuflein von einem halben Dutzend Kämpfern ist, von denen lediglich er und Helmut Pohl zur alten und im Untergrund erfahrenen Garde der Aktivisten von 1977 gehören. Zudem sind sie durch den Verlust ihrer Depots entscheidend geschwächt. Es fehlt an allem, vor allem aber an Geld und Papieren. Und das führt dazu, daß den Fahndern das Glück treu bleibt.

Wo sich Christian Klar in den Wochen vor den dramatischen Monaten Oktober und November aufgehalten hat – keiner weiß es.

Brigitte Mohnhaupt ist noch wenige Monate vor ihrer Festnahme gemeinsam mit der wieder zum harten Kern der RAF gestoßenen Christa Eckes in Ost-Berlin gewesen, wo beide an einer Schießausbildung mit Nato-Gewehren teilnahmen. Doch besonders eng scheint der Kontakt zur DDR nicht mehr gewesen zu sein. Das ist auch nicht weiter verwunderlich, denn die Personen, die für diese Kontakte verantwortlich sind, machen sich in Zukunft sehr rar: Inge Viett setzt sich nach dem Mordversuch in Paris wieder in den Jemen ab. Und auch die «Schöne Frau» siedelt 1982 endgültig und ohne jegliches Aufheben in die Bundesrepublik über, bricht alle Kontakte in den Nahen Osten und zum terroristischen Umfeld ab. Angeblich hat die Stasi der Rest-RAF ins Gewissen geredet, ebenfalls mit dem Terror aufzuhören, andernfalls man andere Saiten aufziehen werde. Die Hardliner haben abgelehnt. Daß Inge Viett angesichts so wenig Einsicht für die RAF nichts mehr tun kann, liegt doch eigentlich auf der Hand. Jetzt sitzen Brigitte Mohnhaupt und Adelheid Schulz im Gefängnis.

All dies muß Christian Klar bewußt sein und durch den Kopf gehen, als er sich am Morgen des 16. November 1982 auf den Weg zum Depot «Daphne» macht. Er hat nur noch eine Karte, und er muß sie spielen. Er legt seinen Ledergürtel mit einem 45er Colt Automatic an, darüber zieht er zur Tarnung einen blauen Jogginganzug. Außerdem nimmt er ein Fernglas und eine Blumenschaufel zum Graben mit und macht sich auf den Weg in den Sachsenwald. Doch diesmal haben die Ermittler die besseren Karten. Sie warten seit Tagen in Erdlöchern unter den Tannen rund um das Depot. Auch an allen Zufahrtswegen zu dem Waldstück lauern versteckte Posten, die jeden Verdächtigen melden, der sich dem Depotgelände nähert.

Christian Klar, der den deutschen Behörden seit sechs Jahren immer wieder entwischt ist, wird längst beobachtet, als er sich gegen Mittag vorsichtig dem RAF-Depot nähert. Zielstrebig, aber im Zickzackkurs, arbeitet er sich an das Erdlager heran. Die Beamten registrieren jeden seiner Schritte und warten auf den richtigen Augenblick zum Zuschlagen. Man hat ihn sicher noch nicht zweifelsfrei identifiziert. Zu oft haben die Terroristen ihr Aussehen und ihren Habitus gewechselt, als daß sich die Polizisten auf ihre Fahndungsfotos noch verlassen würden. Doch in den süddeutschen Depots hat man relativ neue Bilder der gesuchten Terroristen gefunden, die für Falschpapiere gedacht waren. Es waren auch Fotos von Christian Klar darunter.

Einige Mitglieder des Greiftrupps der Polizei mögen ahnen, daß sich ihnen da im Jogginganzug jemand nähert, der zur Legende unter den Terroristen geworden ist. Der Killer aus gutem Hause. Christian Klar geht unmittelbar an den versteckten Fahndern vorbei auf das Depot zu. Die Polizisten halten den Atem an, warten auf den entscheidenden Befehl aus ihren Walkie-Talkies, die so leise gestellt sind, daß lediglich ein Flüstern aus ihnen dringen wird, wenn es soweit ist.

Christian Klar schaut sich noch einmal um, bevor er zu graben beginnt. In diesem Moment springen die Polizisten aus ihren Löchern und umringen ihn mit gezogenen Waffen. Der Mann, den die Richter später wegen neunfachen Mordes und elffachen Mordversuchs verurteilen, reagiert ganz anders, als seine Jäger dies erwarten. «Nicht schießen!» schreit Klar und wirft sich mit ausgebreiteten Armen auf die Erde. Kein Versuch zu fliehen, kein Versuch, seine Waffe zu ziehen – nur Resignation und bedingungslose Kapitulation. Die Zeitungen werden später spekulieren, ob er seine Verhaftung mit Absicht herbeigeführt hat. Christian Klar hat sich dazu nie geäußert.

Die Polizisten im Sachsenwald trauen dem Braten nicht. Sie stürzen sich auf Klar, halten ihn am Boden nieder, drehen seine Arme auf den Rücken und drücken sein Gesicht in den nassen Waldboden. In Windeseile wird Christian Klar total entkleidet und durchsucht, dann wickelt man ihn in eine Wolldecke und wartet auf den Abtransport. Mittlerweile ist ihnen anhand der

Papiere, die Klar bei sich hat, endgültig aufgegangen, wen sie da vor sich haben. Klar zeigt auch im folgenden keine Reaktion. Weder beschimpft er die Polizisten als Bullenschweine noch schlägt er nach ihnen, als sie ihm Handschellen anlegen. Nicht einmal die zur Faust geballte erhobene Hand bestätigt das Bild des Bürgers vom Bürgerschreck.

Christian Klar hat in den meisten Fällen den Henker der RAF gespielt, er war durch nichts von den Zielen, den Ideen, den Methoden der Rote Armee Fraktion abzubringen. Er war sicherlich der gefährlichste Aktionist der Terrorgruppe mit den brutalsten Ideen. Doch die letzten Monate scheinen ihn gebrochen zu haben. Als er mit dem Hubschrauber schwerbewacht zur Bundesanwaltschaft nach Karlsruhe gebracht wird, ist das Ende der Rote Armee Fraktion gekommen. Mit Klar geht nach sechs Jahren blutiger Untergrundarbeit einer der letzten aus der Gruppe von 1977 auf seinen lebenslänglichen Weg hinter Stammheimer Mauern. Das Trauma der ersten Generation um Baader und Meinhof, der Hochsicherheitstrakt von Stammheim, in dem selbst Plastikblumen welken, wie die Presse damals schrieb, hat auch ihre Nachfolger eingeholt. Die gewalttätigen Revoluzzer aus dem Bürgertum hatten ihren Kampf gehabt – mit einer Anzahl von Toten, die die ganze Sinnlosigkeit des Unterfangens zeigten. Mit Opfern hüben wie drüben. Bei denen, die nicht lernen konnten, mit dem Staat zu leben, und bei denen, die nicht lernten, mit dem Terrorismus umzugehen.

Die Rote Armee Fraktion ist im Herbst 1982 so gut wie am Ende. Generalbundesanwalt Kurt Rebmann warnt zwar, es sei jetzt mit Racheakten der noch in Freiheit lebenden Terroristen zu rechnen, doch er geht von völlig falschen Voraussetzungen aus. Mittlerweile halten sich neun ehemalige Mitglieder der RAF in der DDR auf. Drei Mitglieder des absoluten Führungskaders sind soeben verhaftet worden. Inge Viett wird nach getaner Arbeit, und als sie erkennt, daß sie bei den Übriggebliebenen keine Einflußmöglichkeiten mehr hat, den anderen in die DDR folgen. Aus der 77er-Gruppe sind Boock, Wisniewski, Wagner, Heißler, Hofmann, Speitel, Folkerts, Schneider und Wackernagel im Gefängnis. Getötet wurden Elisabeth von Dyck, Willy-Peter Stoll, Michael Knoll, Wolfgang Beer und Juliane Plambeck.

Die Ermittler in der Bundesrepublik können es nicht wissen, aber der Herbst 1982 ist der Todesstoß für die RAF-Generation von 1977. Diejenigen, die im anderen Teil Deutschlands saßen, wußten es. Die obersten Strategen des Ministeriums für Staatssicherheit konnten sich an den Fingern einer Hand abzählen, wie viele von den bekannten RAF-Terroristen noch auf freiem Fuß waren und eventuell wieder in der DDR auftauchen würden. Es waren noch Helmut Pohl und Christa Eckes, die Veteranen der ersten Stunde, und Ingrid Jakobsmeier, die erst kurz zuvor zum harten Kern der RAF gestoßen war. Damit war die RAF-Stasi-Connection zwar noch nicht beendet, aber es gab nicht mehr viele Personen, die in dieser Verbindung noch eine Rolle spielen konnten.

Der Staatssicherheit der DDR konnte diese Entwicklung nicht ungelegen kommen. Man hatte ja angedroht, Mittel und Wege zu finden, den terroristischen Aktionismus der RAF-Kader durch Ausstieg oder andere Maßnahmen zu beenden. Ausgestiegen waren Mohnhaupt, Schulz und jetzt auch Klar. Wenn auch nicht freiwillig. Sie waren weder über Rasterfahndung, Straßensperren oder Schießereien gestolpert, sondern über zwei zufällige Pilzsucher. Oder waren diese Pilzsucher gar nicht so zufällig? Noch nie wurde diese Frage in der Öffentlichkeit gestellt. Doch selbst im BKA begannen, als sich der Sturm etwas gelegt hatte, die Diskussionen, wer bei diesem grandiosen Fahndungserfolg wohl die Fäden im Hintergrund gezogen haben könnte. Die Indizien, die Anlaß geben, an der Legende von den Pilzsuchern zu zweifeln, sind vielfältig.

Es beginnt mit der Tatsache, daß sich dort, wo die beiden Herren gesucht haben, normalerweise niemand hinverirrt.

Und ausgerechnet dort waren nun überhaupt keine Pilze zu finden. Doch dabei bleibt es nicht. Mittlerweile, nachdem sich die Zweifel an der offiziellen Version mehren, sind die angeblichen Österreicher angeblich auch nicht mehr greifbar. Oder andersherum: das Bundeskriminalamt weiß angeblich nicht, wo sie stecken.

Die beiden Österreicher finden ein Depot, nein, sie finden *das* Depot der Rote Armee Fraktion, machen eine Aussage vor der Staatsanwaltschaft, kassieren eine mehr als üppige Belohnung und verschwinden dann von der Bildfläche. Kein Verbrechen, aber zumindest mehr als ungewöhnlich. Noch ungewöhnlicher jedoch ist die Existenz der Depotlisten überhaupt. Die Mitglieder der Rote Armee Fraktion waren oder sind Profis. Nicht nur Profis der Gewalt, sondern auch Profis der Tarnung und der Konspiration. Und niemand, der sich in solch einem Umfeld bewegt, käme ernsthaft auf die Idee, seine gesamte logistische Struktur zusammenzuschreiben und dann auch noch alle Beschreibungen an *einem* Ort aufzubewahren. Das wäre programmierter Selbstmord. Zufall wäre dann nur, wann und durch wen die Logistik auffliegt.

Die ausgestiegenen Terroristen in der DDR erfahren natürlich von den Vorgängen in der Bundesrepublik. Zumal Gerd Zaumseil wieder einmal eine Rundreise durch die DDR macht und alle Aussteiger besucht. Er wärmt wieder die Verratstheorie auf und fragt, wer von den Verhafteten über die Aussteiger Bescheid wisse. Eine mehr als scheinheilige Frage, da er selbst am besten weiß, daß die Verhafteten enge Kontakte zur DDR pflegten und über die Aussteiger informiert waren.

Vielleicht ist es aber wiederum eine Reise, die nur den Sinn hat, Verwirrung zu stiften. Die Aussteiger diskutieren auch untereinander das Phänomen dieser Depotlisten und sind sich einig, daß es solche Listen nie gegeben hat und daß sie auch keinen Sinn gemacht hätten.

Das BKA wiederum meint, die Listen seien von Sigrid Sternebeck geschrieben. Sie hätte also deren Existenz und vielleicht auch ihren Aufbewahrungsort kennen müssen. Wenn Sigrid Sternebeck diese Listen wirklich geschrieben hat, in wessen Auftrag hat sie es dann getan? Viele Ungereimtheiten um den Herbst der RAF 1982.

Niemand in der RAF wußte über alle Depots Bescheid. In der Regel gingen diejenigen zu einem Depot, die es angelegt hatten. Manchmal nahmen sie auch einen anderen Genossen mit, oder die Anleger eines Depots erklärten den anderen, wo es zu finden sei.

Es wäre eine plausible Erklärung, daß Sigrid Sternebeck diese Listen im Auftrag der anderen Gruppenmitglieder vor dem Ausstieg der acht Genossen in der DDR geschrieben hat. Dies wäre dann zwar ein Verstoß gegen die Konspiration, der aber aus der Not heraus entstanden sein könnte, daß mit den acht Aussteigern auch viel Wissen um die Logistik der RAF in Richtung Osten verschwand. Dagegen spricht allerdings die Tatsache, daß die Aussteiger behaupten, es habe solche Listen nie gegeben. Außerdem hätten die übrigen Aktiven ja weiterhin die Gelegenheit gehabt, über das MfS an die Aussteiger heranzutreten, wenn sie das eine oder andere Depot nicht mehr gefunden hätten. Dies soll im Falle eines Depots in Holland ja auch geschehen sein.

Eine weitere Variante aber wäre, daß diese Listen im Auftrag des MfS geschrieben worden sind. Die Stasi bespitzelte jeden, egal ob ausgestiegener oder noch aktiver Terrorist. Man setzte Wanzen und V-Leute ein, und es existieren Aussagen von Stasi-Offizieren, die belegen, daß auch über Depots gesprochen worden ist. Dabei fällt auch ausdrücklich der Hinweis auf den Raum Frankfurt/Offenbach. Zudem verfügte die Stasi über hervorragende Informanten. Besonders in der Person von Inge Viett.

Wenn die Stasi diese Listen von Sigrid Sternebeck hätte erstellen lassen, müßte zumindest sie selbst dies wissen. Daß sie es auch heute nicht preisgibt, wäre dann allerdings verwunderlich.

Vieles spricht für die zweite Variante. Das stichhaltigste Argument gegen eine «Vollversammlung» der RAF, in der das Wissen über die Logistik zusammengetragen worden sein könnte, ist, daß Christian Klar allem Anschein nach nichts von einer solchen Liste wußte. Wenn doch, hätte er nicht zum Depot «Daphne» gehen dürfen, denn dann hätte er wissen müssen, daß die Behörden nicht nur die Depots in Süddeutschland und im Westen der Republik kannten, sondern alle wichtigen Verstecke der RAF. Daß er trotzdem das Depot aufgesucht hat, scheint zu bestätigen, daß er von der Existenz einer solchen Liste keine Ahnung hatte. Das Argument, er habe seine Festnahme provozieren wollen, ist wenig einleuchtend, da ihm im Falle der Erschöpfung oder der Resignation weiterhin der Weg in die DDR offengestanden hätte.

Ist das Ministerium für Staatssicherheit einmal im Besitz einer solchen Liste und sieht es die Notwendigkeit, die RAF zu schwächen, weil sie der realen Tagespolitik und der Annäherung zwischen Ost und West im Wege steht, dürfte es für diesen Spitzelapparat eine der leichtesten Aufgaben gewesen sein, die Liste im betreffenden Depot zu hinterlegen und dann zwei fingierte Pilzsucher auf den Weg zu schicken, die den westdeutschen Behörden alles auf dem Silberteller präsentieren. Glaubt man Jäckel und Voigt, dann war ein solcher Anlaß in den veränderten Beziehungen zwischen DDR und Bundesrepublik durchaus gegeben.

Offiziell aber wird an der Legende mit den Pilzsuchern festgehalten. Das Bundeskriminalamt unternimmt derzeit nichts, um den Sachverhalt aufzuklären. Nach den Vorfällen im Herbst 1982, als sich immer mehr Ermittlerstirnen runzelten, hatten die Wiesbadener eine Anfrage an die Geheimdienstler vom Bundesnachrichtendienst in Pullach gerichtet, um zu erfahren, ob sie eventuell ihre Finger im Spiel gehabt hätten. Doch die Antwort des BND war wie immer nichtssagend und vor allen Dingen abschlägig. Auf der anderen Seite waren die Agenten des BND gerade hinter der in die Bundesrepublik zurückgekehrten RAF-Kennerin und Stasi-Mitarbeiterin «Schöne Frau» hergewesen, auch dies allerdings angeblich erfolglos.

Alles in allem eine Anhäufung mysteriöser Umstände und Ungereimtheiten im Zusammenhang mit den Ereignissen des Herbsts 1982. Die Widersprüche in den angeblichen Tatsachen sind nicht zu übersehen. Welche der beiden angebotenen Varianten der Wahrheit letztendlich am nächsten kommt, ist bis heute nicht hieb- und stichfest zu klären.

Die These von der Stasi-Herkunft der Depotlisten und der Steuerung ihres Auffindens erscheint nach allen Recherchen jedoch am wahrscheinlichsten. Es würde in die Ereigniskette seit dem Beginn der RAF-Stasi-Connection passen. Vielleicht wollte man im Herbst 1982 lediglich ihre Logistik zerstören, um angesichts der veränderten politischen Situation weitere Aktionen zu verhindern. In diesem Fall wären die Verhaftungen das Ergebnis hervorragender kriminalistischer Arbeit gewesen. Und dies hätte man auf seiten der Staatssicherheit zumindest einkalkuliert und gerne hingenommen. Schmerzlich waren sie ohnehin nur für die Verhafteten selbst.

Christian Klar hatte immer vor den Kontakten mit der DDR gewarnt. Er traute keinem Geheimdienst, auch nicht der realsozialistischen Staatssicherheit. Hinter Stahlbeton und Stacheldraht kann er sich jetzt vielleicht einen Reim auf seine richtige Einschätzung machen.

Der Ausstieg von Inge Viett

Nach den Verhaftungen von Brigitte Mohnhaupt, Adelheid Schulz und Christian Klar herrscht bei den bundesdeutschen Sicherheitsbehörden und in der Öffentlichkeit eine gedämpfte Euphorie. Allgemein werden die Festnahmen in Verbindung mit der Aufdeckung der Depot-Strukturen der Rote Armee

Fraktion als schwerer Schlag für die RAF bewertet. Daß dies sogar noch untertrieben ist, können die Fahnder nicht wissen. Die Gefangenen der RAF schweigen eisern zu den Tatvorwürfen, die ihnen von der Generalbundesanwaltschaft vorgehalten werden. Und ebenso eisern schweigen sie über das Schicksal ihrer ausgestiegenen Genossen, die sich in der DDR aufhalten. Erst 1988 äußern sich inhaftierte RAF-Mitglieder in einem Beitrag in der Zeitschrift «Konkret» zu der Tatsache, daß acht ehemalige Mitkämpfer aus der Gruppe ausgestiegen sind, und daß man für sie ein Exil organisiert habe, das ein neues Leben und eine neue Perspektive geboten habe. Das ist der erste vage Hinweis auf ein großangelegtes Aussteigerprogramm, und er hätte zumindest bei den Behörden dazu führen müssen, daß man zwei und zwei zusammenzählt. Denn immerhin lagen ihnen zu diesem Zeitpunkt bereits eindeutige Hinweise auf den Verbleib von Silke Maier-Witt, Susanne Albrecht und Inge Viett in der DDR vor.

Doch im Herbst 1982 äußerte sich keiner der Gefangenen zu der katastrophalen Situation der RAF nach den Verhaftungen und dem Ausstieg der mittlerweile neun neuen DDR-Bürger. Von seiten der DDR und der Palästinenser werden die bundesdeutschen Behörden systematisch an der Nase herumgeführt, das heißt, gezielt mit Falschinformationen eingedeckt. Mit schöner Regelmäßigkeit erhält der Bundesnachrichtendienst Informationen von Personen aus dem Kreis der PFLP, daß sich gesuchte RAF-Mitglieder in Ländern des Nahen Ostens, speziell Syrien und Libanon, aufhalten. Keine dieser Meldungen ist wahr. Und da die Palästinenser über den tatsächlichen Verbleib der Ex-Terroristen informiert waren, muß es sich um gezielte Desinformationen gehandelt haben, in die auch der Staatssicherheitsdienst der DDR einbezogen war. Ein MfS-Betreuer äußert sich einmal gegenüber Susanne Albrecht, man habe dafür Sorge getragen, daß es so aussehe, als lebe sie in Damaskus. Der Bundesnachrichtendienst glaubt diese Falschmeldungen und begründet dies damit, daß die Hinweise aus dem Nahen Osten die Zahl der Meldungen aus der DDR immer bei weitem überstiegen habe.

Es ist nicht nachzuweisen, ob der Bundesnachrichtendienst den Desinformationen tatsächlich aufgesessen ist, oder ob es sich dabei lediglich um eine Schutzargumentation handelt. Es hat 1982 zumindest eine Person in der Bundesrepublik gegeben, die über den Altersruhesitz DDR informiert war. Es ist die schon oft angesprochene «Schöne Frau». Mit diesem Namen wurde sie von ihren Kontaktpersonen in der RAF bezeichnet. Bei ihren Treffen mit Mitarbeitern der DDR-Staatssicherheit trug sie einen anderen Namen, weil eben jeder inoffizielle Stasi-Agent unter einer solchen Tarnidentität geführt wurde. Als sie 1982 in die Bundesrepublik zurückkehrt, nimmt sie wieder ihren bürgerlichen Namen an, unter dem sie schon früher hier gelebt hat. Die Frage drängt sich auf, warum die «Schöne Frau» das Risiko einer Rückkehr in die Bundesrepublik eingehen konnte. Sie wußte, daß die bundesdeutschen Nachrichtendienste und die Polizeibehörden über ihren Lebensweg und ihre Nahtstellenfunktion bei den Palästinensern genauestens informiert waren. Gleichzeitig hätte ihr als Stasi-Mitarbeiterin das vergleichsweise sichere Exil im Arbeiter-und-Bauernstaat offengestanden. Dennoch kehrt sie trotz der Doppelbelastung als Stasi-IM und genaue Kennerin terroristischer Zusammenhänge in die Bundesrepublik zurück. Sie beginnt ein neues bürgerliches Leben unter ihrem alten Namen und widmet sich der Kindererziehung. Sie erscheint nur in einem einzigen Pressebericht, und das in einem völlig falschen Zusammenhang. Ansonsten nimmt niemand auch nur die geringste Notiz von ihr. Bis auf die bundesdeutschen Nachrichtendienste, und die – so sagen sie – können ihr das umfangreiche Wissen nicht entlocken, so daß man sie schließlich in Ruhe läßt. Zweifel müssen an dieser Stelle einfach erlaubt sein.

Nach dem turbulenten Herbst 1982 kehrt Grabesstille an der Terrorismusfront ein. Die RAF-Stasi-Connection kocht auf kleinster Flamme weiter. Helmut Pohl, Ingrid Jakobsmeier und Christa Eckes reisen weiter sporadisch in die DDR, wo Helmut Pohl immer noch versucht, die vermeintlichen Waffenbrüder von der Stasi mit seinem theoretischen Konzept von der westeuropäischen Einheitsfront gegen den US-Imperialismus zu überzeugen. Doch der Kontakt gestaltet sich zunehmend schwieriger. Man haut sich gegenseitig politische Phrasen um die Ohren, die beim jeweiligen Partner auf tiefes Unverständnis stoßen. Der kleinste gemeinsame Nenner ist der gemeinsame Gegner mit dem mittlerweile inhaltsleeren Namen Imperialismus. Das war es, und dabei bleibt es. Die Tatsache, daß die Bundesrepublik fast zwei Jahre lang von weiteren Anschlägen verschont bleibt, zeigt, daß Pohl keine umfangreiche materielle oder sonstige Unterstützung erhält. Die Neuorganisation der Rote Armee Fraktion, verbunden mit der Rekrutierung neuer Kommandomitglieder, nimmt sicherlich sehr viel mehr Zeit in Anspruch, als Helmut Pohl sich das vorgestellt hat. Auf die Idee, daß seine Verhandlungspartner ein doppeltes Spiel spielen könnten und daß sie die RAF nur ihren politischen Bedürfnissen entsprechend nutzen wollen, scheint Pohl nicht zu kommen. 1990 erklärt er in der Rückschau, man sei sich wohl oft gegenseitig unerträglich vorgekommen. Dennoch halten die Kontakte noch eine Weile an.

Inge Viett, die lange die Rolle des Mentors der RAF-Stasi-Connection zur Zufriedenheit, aber sicher nicht zum Wohle aller Beteiligten gespielt hat, tritt in dieser Form nicht mehr auf. Nach dem Zwischenfall in Paris, wo sie im August 1981 einen französischen Polizeibeamten niederschoß, der sie anhalten und kontrollieren wollte, setzt sie sich erneut in die Volksrepublik Jemen ab. Dort wird sie weiter Kontakt zu ihrer Genossin, der «Schönen Frau», gehabt haben. Ob Inge Viett über deren Pläne zur Rückübersiedlung in die Bundesrepublik informiert war, ist zu bezweifeln. Die überzeugte Kommunistin Inge Viett hätte sich die dabei entstehenden Komplikationen ausmalen können und sicherlich damals schon Fragen gestellt, die bis heute von niemandem gestellt worden sind. Inge Viett wählt den für sie logischen und konsequenten Weg: Sie sieht keine Chance mehr, auf Helmut Pohl oder die Nachrücker im Kommandobereich der RAF Einfluß auszuüben. Ein Ausstieg dieser wenigen Unbeirrten ist ausgeschlossen. Für sie bleiben Terror und Gewalt einziges Mittel im Kampf gegen die vermeintlichen Kriegstreiber USA und Nato. Doch ihre Kräfte reichen dazu bei weitem nicht mehr aus. Inge Vietts Kontakte zu den Überresten der Rote Armee Fraktion können in dieser Zeit nur noch sporadischer Natur gewesen sein, wenn es sie überhaupt noch gegeben hat. In dieser Situation zieht sie einen Schlußstrich unter ihre Doppelrolle als Stasi-Mitarbeiterin und RAF-Terroristin.

Am 17. April 1983 rückt eine neue Mieterin in das Appartement 402 in der Prohliser Allee 31 in Dresden ein. Es ist der typische Jammer-Plattenbau einer DDR-Trabantenstadt. Die neue Bewohnerin trägt sich in das unvermeidliche Hausbuch ein. Ihr Name ist Eva-Maria Sommer, geboren am 15. Januar 1947 in Harden in Holland. Eine beinahe schon arrogante Schlamperei der Staatssicherheit: Die Stadt Harden ist auf keiner niederländischen Karte zu finden. Und Eva-Maria Sommer ist eine Falschidentität. Als letzte von zehn ehemaligen RAF-Mitgliedern hat Inge Viett im April 1983 ein neues Leben im Arbeiter-und-Bauern-Paradies DDR begonnen.

Ihre Genossen von der Staatssicherheit haben auch bei ihr für einen mehr oder minder reibungslosen Start in den terroristischen Ruhestand gesorgt. Inge Viett kann kurz darauf eine Arbeit beim Volkseigenen Graphischen Großbetrieb «Völkerfreundschaft» beginnen und sich in den sozialistischen Einheitstrott integrieren. Arbeit, Freundin, Gewerkschaft und Schießklub, bald unterscheidet auch sie sich nichts mehr von den übrigen DDR-Bürgern um sie herum. Nur ein paar Kleinigkeiten: Sie fährt Lada statt Trabi, bekommt sofort eine Wohnung und wartet nicht Jahre auf einen Handwerker, sondern nur Tage auf gleich drei dieser im Sozialismus eher seltenen Spezies.

212

Die Nachbarn wundern sich und schweigen, und Inge Viett sieht verständlicherweise keinen übergroßen Erklärungsbedarf. Halb entschuldigend sagt sie, es seien ihre Genossen, die da zum sozialistischen Kampf gegen Schimmelpilz und Rohrbruch anträten. Mit den Genossen hatte sie zweifelsohne recht, nur wußten die Nachbarn nicht, wie es gemeint war. Inge Viett absolviert in ihrem Betrieb eine Ausbildung zur Reprofotografin und sucht sich per Zeitungsannonce eine Freizeit- und Liebespartnerin. Sie geht ruhigen Zeiten entgegen und engagiert sich tatkräftig für den Aufbau des Sozialismus. Bei ihr kann man wirklich davon sprechen, daß sie lediglich den Platz gewechselt hat, an dem sie für ihre ideologische Überzeugung arbeitet. Als Bindeglied zwischen RAF und Stasi hat sie ausgedient. Sie hat ihre Schuldigkeit getan, und das sicherlich zur vollen Zufriedenheit der Staatssicherheit.

Das MfS verdankte ihr Einblicke in die personelle und logistische Struktur der westdeutschen Terrorszene, von denen die bundesdeutschen Ermittler nur träumen konnten. Inge Viett war höchstwahrscheinlich immer mehr Kommunistin und Stasi-Mitarbeiterin als überzeugte Terroristin. Sie galt immer als eine der eigenwilligsten Persönlichkeiten innerhalb der terroristischen Szene. Wie eigenwillig sie war, konnten ihre ehemaligen oder auch nur vorgeblichen Genossen der «Bewegung 2. Juni» oder der Rote Armee Fraktion nie einschätzen. Im Rückblick erscheint Inge Viett eher als ein Trojanisches Pferd der Stasi, das aus dem Rennen genommen wird, als die Situation bis auf ganz wenige Ausnahmen bereinigt scheint.

Die Aufregung nach dem Herbst 1982 ist auch in der DDR vorbei. Die Nebelkerzen des Gerd Zaumseil, der noch einmal die fixe Idee von der Unterwanderung der RAF durch BND und CIA aufwärmte, sind verraucht. Dennoch wird jedes Risiko ausgeschaltet. Die übrigen Aussteiger erfahren nichts von der Übersiedlung der Inge Viett. Sie nimmt ebenso wie Henning Beer an keinem der jährlichen Veteranentreffen in Briesen teil. Die beiden Nachzügler werden konsequent von den anderen abgeschirmt. Stasi-Offizier Helmut Voigt sagte 1991 in einem Interview, erst als Henning Beer und Inge Viett in die DDR gekommen seien, habe die DDR richtig spannende und bedeutende Informationen über die Interna der RAF bekommen. Zumindest was Inge Viett betrifft, ist dies zweifelsohne richtig, nur der Zeitpunkt ist falsch. Sie muß die Stasi lange vor ihrem endgültigen Wechsel in die DDR mit entsprechenden Informationen gefüttert haben. Das ist sicherlich auch der wahre Grund, warum sie keinerlei Kontakt zu ihren ehemaligen Genossen haben durfte, die viele für die Staatssicherheit unangenehme Fragen hätten stellen können.

Für fast alle Mitglieder der Rote Armee Fraktion war der Weg in die Illegalität und in den Terror ein Akt der Auflehnung gegen die bürgerliche Gesellschaft und deren Doppelmoral, die sie im Elternhaus, an der Schule und in ihrem sozialen Umfeld erlebten. Es war der totale Bruch mit den Wertvorstellungen der Elterngeneration und der Versuch, mit brutaler Arroganz die eigenen Ideen schießend und bombend in die Realität umzusetzen. Der Schritt vom Bürgerkind zum Bürgerschreck mit der Waffe in der Hand und einem ganzen Staat gegen sich, ist für kaum jemanden emotional oder logisch nachzuvollziehen. Fanatischer Gerechtigkeitssinn, grenzenlose Ohnmachtsgefühle gegenüber den bestehenden Verhältnissen und die Umkehrreaktion in blinde Gewalt – alle Erklärungsansätze von Psychologen, Soziologen oder Politologen bleiben letztlich hilflos angesichts dieser Lebenswege.

Was die Gestaltung ihres Lebens anging, vollzogen die Aussteiger aus der RAF einen erneuten Salto, aber diesmal rückwärts. Sie waren Mitte der siebziger Jahre abgesprungen aus einem ihrer Meinung nach selbstgerechten kapitalistischen Bürgertrott, um Anfang der achtziger Jahre dann selbst in einem kleinbürgerlichen sozialistischen Bürgertrott zu landen.

Die ehemaligen Staatsfeinde der Bundesrepublik entwickelten einen beachtlichen Ehrgeiz, als es darum ging, sich möglichst schnell und reibungslos in die neue Umgebung zu integrieren. Susanne Albrecht beispielsweise besann sich auf ihre Sprachfertigkeiten in Englisch und ging nach ihrer Übersiedlung an die Fremdsprachenabteilung der Ingenieurhochschule Cottbus. Sie bewährte sich und wurde bald in der Ausbildung von Studenten im Fach Englisch mit der Spezialisierung auf Bauwesen eingesetzt. Sie zeigte das, was man gemeinhin als Karriereambitionen bezeichnet. Bereits 1981 schrieb sie sich für ein externes Studium an der Karl-Marx-Akademie in Leipzig ein. Sie wollte Diplomlehrer für englische Sprache werden. Als sie diesen Studiengang mit dem Prädikat «Gut» abschloß, durfte sie an der Ingenieurhochschule eigenständig Seminargruppen leiten. Sozialistische Gesellschaften verlangen sozialistisches Engagement. Und Susanne Albrecht setzte sich auch in ihrer Freizeit ein. So trieb sie in ihrem Wohngebiet mit Kindergruppen Sport. Der Weg zurück ins Bürgertum, den die DDR anbot, vollzog sich bei den meisten Mitgliedern der Gruppe mit unglaublicher Geschwindigkeit.

1982 lernte Susanne Albrecht alias Ingrid Jäger in Cottbus den promovierten Diplomphysiker Claus Becker kennen, der ebenfalls an der Ingenieurhochschule im Fachbereich Physik arbeitete. Am 4. November 1983 heirateten die beiden. Susanne Albrecht mußte sich wieder einmal, aber diesmal abschließend, an einen neuen Namen gewöhnen. Ihrem Mann erzählte sie lediglich, daß sie aus der Bundesrepublik in die DDR übergesiedelt sei, und zwar wegen politisch-ideologischer Differenzen zur Politik der Bundesrepublik. Sie erwarte sich von der sozialistischen Gesellschaft der DDR eine bessere Umsetzung und Realisierung ihrer eigenen Ideen. Mehr durfte Susanne Albrecht ihrem Ehemann nicht verraten. Die Stasi hatte ihr dringend geraten, ihre Vergangenheit als Terroristin der Rote Armee Fraktion auch ihm gegenüber zu verschweigen. Auch später erhielt sie keine Genehmigung, sich ihm zu offenbaren. Er dürfte sich allerdings seine Gedanken gemacht haben, denn Susanne Albrecht wurde von Nachbarn nach Westaufenthalten identifiziert und fand eines Tages in ihrem Briefkasten einen Zettel mit der Aufschrift: «Wie kann man mit einer solchen Vergangenheit leben?» Das Ministerium für Staatssicherheit sah sich natürlich sofort veranlaßt, für eine Umsiedlung des Ehepaars Becker, das mittlerweile einen Sohn hatte, der während eines längeren Arbeitsaufenthaltes 1984 in Leipzig geboren wurde, zu sorgen. Susanne Becker hatte ihrem Mann den Zettel gezeigt, nachdem sie bereits vorher das MfS informiert hatte. Sie informierte ihren Mann auch jetzt nicht über ihre Vergangenheit, sondern erklärte ganz allgemein, sie habe in der Bundesrepublik in der linken Szene gelebt und daher auch Ärger mit der westdeutschen Polizei gehabt. Das Ministerium für Staatssicherheit dachte sich eine noch bessere Geschichte aus. Es definierte den anonymen Brief als den Beginn eines infamen Erpressungsversuches durch einen westdeutschen Geheimdienst. Immerhin sei Claus Becker durch seine wissenschaftliche Tätigkeit ein lohnendes Ziel für die Nachrichtendienste des Feindes jenseits der Mauer. Claus Becker mußte diese Erklärungen und die Tatsache, daß Susanne Becker aus ihrem Wohnort Köthen verschwand, wohl oder übel akzeptieren. Es wurde beschlossen, daß Claus Becker weiterhin an der Ingenieurhochschule arbeiten, während Susanne Becker, geborene Jäger, geborene Albrecht, samt Sohn durch einen Umzug nach Berlin-Wandlitz von der Bildfläche verschwinden sollte. An der Cottbusser Ingenieurhochschule wurde sie entschuldigt: Eine Krankheit ihres Sohnes mache seine Pflege zu Hause notwendig.

Für Susanne Becker begann erneut eine schwierige Zeit. Sie wohnte in Wandlitz, bis sie eine Wohnung in der Rosenbecker Straße in Berlin erhielt. Ihr Mann wechselte 1987 ans Zentrale Institut für Kernforschung Rossendorf und zog nach Dresden. Susanne Becker und ihr Sohn sahen ihn nur an den Wochenenden. 1988 gingen dann beide in die Sowjetunion, da Claus Becker von seinem Institut an eine Forschungseinrichtung in Dubna nahe Moskau delegiert wurde.

Susanne Becker war die dritte ehemalige RAF-Terroristin, deren frühere Existenz bekannt wurde und deren falsche Identität in der DDR aufflog. Auch Inge Viett wurde identifiziert, nachdem eine Bekannte ihrer Freundin von einem Aufenthalt in der Bundesrepublik zurückgekehrt war. Eine Narbe am Finger wurde ihr zum Verhängnis. Als die Bekannte sie auf diese Narbe ansprach, die auf den Fahndungsplakaten unter den besonderen Merkmalen aufgeführt war, wurde Inge Viett blaß, fand keine Antwort. Die Westreisende machte die Geliebte der Inge Viett darauf aufmerksam, daß sie mit einer gesuchten mutmaßlichen Terroristin zusammenlebe. Damit war auch die neue Existenz der Inge Viett alias Eva-Maria Sommer zusammengebrochen. Das Ministerium für Staatssicherheit reagierte auch in diesem Fall sofort. Unter der Identität Eva-Maria Schnell, geboren in Moskau, siedelte Inge Viett nach Magdeburg um, wo sie bis zur Wende lebte und arbeitete.

Alle diese Hinweise auf die Exil-Terroristen in der DDR waren den bundesdeutschen Sicherheitsbehörden bekannt. Auch im Fall Inge Viett bat das Bundeskriminalamt den Bundesnachrichtendienst um Amtshilfe. Hier war die Hinweislage besonders detailliert. Den Fahndern wurde der Alias-Name Eva-Maria Sommer, der Wohnort im Dresdner Stadtteil Prohlis und ihre Arbeitsstelle im Graphischen Großdruckbetrieb «Völkerfreundschaft» genannt. In jedem anderen Fall auf westdeutschem Gebiet hätten die Ermittler bei derartig eindeutigen Hinweisen nur auf eine einzige Art reagieren können: hinfahren, nachschauen, festnehmen. Da sich der Aufenthaltsort in der DDR befand, gestaltete sich das Procedere natürlich ungleich schwieriger. Und wie nicht anders zu erwarten, versagte der Bundesnachrichtendienst in gewohnter Manier, nur machte er sich diesmal noch ein wenig lächerlicher als sonst. Die Pullacher Geheimdienstprofis konfrontierten die Kriminalisten in Wiesbaden in ihrer Antwort mit den bahnbrechenden Erkenntnissen, es gebe den besagten Dresdner Stadtteil Prohlis. Auch der Graphische Großdruckbetrieb «Völkerfreundschaft» sei durchaus existent. Nur eine Eva-Maria Sommer habe man im Dresdner Telefonbuch nicht finden können. Ihre Existenz könne also nicht bestätigt werden. Den Beamten im Bundeskriminalamt stockte der Atem ob soviel ermittlerischer Kompetenz auf seiten der Pullacher. Die Ergebnisse grenzten an einen Affront. Es ist später niemand mehr auf den Gedanken gekommen, den Bundesnachrichtendienst bei der Suche nach Terroristen in der DDR um Hilfe zu bitten. Offiziell glaubte der BND nach wie vor an die Falschmeldungen über den Aufenthalt der gesuchten Terroristen in Ländern des Nahen Ostens. Wenn diese Leichtgläubigkeit nicht nur Fassade war, wenn sie es aus anderen Quellen nicht längst besser wußten, aber nicht daran rühren wollten, dann hatten Stasi und PFLP ganze Verwirrungsarbeit geleistet.

Der Kampf geht weiter?

Nach dem «Ausstieg» von Inge Viett im April 1983 bleiben nur noch drei aktive RAF-Mitglieder übrig, die gelegentliche Kontakte zum Staatssicherheitsdienst der DDR pflegen: Helmut Pohl, Ingrid Jakobsmeier und Christa Eckes. Pohl hatte schon die Gruppe um Baader, Ensslin und Meinhof durch Autodiebstähle unterstützt. Später schloß er sich dann ihren Nachfolgern an. Am 25. September 1979 hatte Pohl seine zweite Haftstrafe von fünf Jahren verbüßt und war danach sofort wieder zu den Illegalen gestoßen. Ab 1980 fanden die bundesdeutschen Fahnder keine Spur mehr von ihm.

Christa Eckes gehörte genau wie Helmut Pohl schon lange zur Szene. Sie hatte früher im Rechtsanwaltbüro Groenewold gearbeitet, ehe sie sich entschloß, in den Untergrund zu gehen. Ingrid Jakobsmeier war die ständige Begleiterin von Helmut Pohl und über ihn Anfang der achtziger Jahre zur Kerntruppe der RAF gestoßen.

Für die Rote Armee Fraktion ist es nach den Verlusten durch
die Verhaftungen 1982 überlebensnotwendig geworden, neue
Kommandomitglieder zu rekrutieren. Das geschieht in aller
Regel, indem bewährte Unterstützer, die in der Legalität leben, aber durch die Überlassung von Wohnungen oder die
Übergabe von Pässen ihre Zuverlässigkeit bewiesen haben,
von den Illegalen gefragt werden, ob sie bereit seien für den
bewaffneten Kampf im Untergrund.

Mit dieser Aufgabe beschäftigen sich Pohl und seine übriggebliebenen Mitkämpfer 1983 und in der ersten Hälfte des darauffolgenden Jahres. Doch die bundesdeutschen Ermittlungsbehörden bekommen davon nichts mit. Keine Anschläge, aber
auch keine Hinweise auf irgendwelche logistischen Tätigkeiten
der Rote Armee Fraktion. Es werden keine Banküberfälle ge-
meldet und keine konspirativen Wohnungen entdeckt. Die
Rote Armee Fraktion versucht, sich zu regenerieren. Ein Zufall soll diese Situation für Fahnder und Terroristen grundlegend verändern.

Für die Polizeibeamten in der Einsatzzentrale der Rhein-
Main-Metropole Frankfurt gehören eingehende Hilferufe unter der Notrufnummer 110 zur täglichen Routine. Verkehrsun-
fälle, Ehestreitigkeiten oder Auseinandersetzungen im Bahn-
hofsviertel: der Dienst in Frankfurt hält für jeden Geschmack
die richtige Aufregung bereit. Am 2. Juli 1984, gegen 22 Uhr,
erreicht die Beamten die Meldung eines sechzigjährigen Malermeisters. Er erklärt aufgeregt, in der Wohnung über ihm sei
geschossen worden. Nicht gerade alltäglich, für die noch
Schlimmeres gewohnten Polizisten dennoch kein Grund für
einen Großeinsatz. Der Malermeister gibt an, er habe gerade
die Tagesschau im Fernsehen verfolgt, als er in der Wohnung
über sich ein Geräusch gehört habe wie von einem umstürzen-
den Stuhl. Einige Augenblicke später habe eine Frau an seiner
Wohnungstür geklingelt und ihm erklärt, sie kümmere sich um
die Katzen in der Wohnung über ihm. Jetzt sei ihr eine Schale
Wasser umgekippt, und sie wolle sich vergewissern, daß es

nicht durch seine Decke tropfe. Die Beamten in der Einsatzzentrale notieren sich die Geschichte und hoffen, der Mann
möge nun endlich zur Sache kommen. Der Malermeister erzählt weiter, er habe in seiner Wohnung nachgesehen, aber
keine Wasserschäden entdecken können. Die Dame sei daraufhin unverrichteter Dinge wieder abgezogen. Aber ihm sei die
ganze Sache spanisch vorgekommen. Er untersucht das betref-
fende Zimmer erneut und findet in seinem Linoleumboden ein
Projektil und über ihm in der Decke ein kleines Loch. Grund
genug, die Polizei zu alarmieren.

Die Beamten in der Einsatzzentrale notieren sich seine
Adresse: Bergerstraße 344, zweite Etage. Kurz darauf werden
sieben Streifenbeamte auf den Weg geschickt, um den Grund
für die vermeintliche Schießerei herauszufinden. Gegen
22.15 Uhr stürmen die Polizisten die Dreizimmerwohnung in
der dritten Etage, nachdem ihnen niemand öffnet. Das Zimmer, in das sie hineinplatzen, ist leer. Die Polizisten, die nicht
im entferntesten ahnen, was sie erwartet, stutzen einen Augenblick, dann erscheint im Türrahmen einer kleinen Kammer ein
Mann. Dann noch einer und noch einer, und schließlich kommen noch drei Frauen heraus. Die Polizisten sind völlig verdutzt. Glücklicherweise kommt es von seiten der überraschten
Wohnungsinhaber angesichts der sieben bewaffneten Polizisten zu keinerlei gewalttätiger Betriebsamkeit.

Die Beamten des Einsatzkommandos haben immer noch
keine Ahnung, was sie nun machen sollen. Sie haben nicht einmal genügend Handschellen dabei, um sechs Verdächtige ding-
fest zu machen. Die drei Männer und die Frauen müssen sich
auf den Boden legen und werden durchsucht, dann wenden sich
die Beamten der Wohnung zu. Langsam, aber sicher gehen ihnen die Augen über, und sie ahnen, daß sie hier mitnichten in
einen Partystreit hineingeplatzt sind. Die dubiose Wohnge-
meinschaft hat in ihrer Unterkunft sechs Pistolen mit über 200
Schuß Munition und eine sowjetische Handgranate herumlie-
gen. Außerdem finden die Beamten Personalpapiere, Führer-

scheine, Pläne von Flugplätzen und Nato-Einrichtungen sowie rund 20 000 Mark Bargeld in verschiedenen Währungen.

Den Polizisten wird langsam mulmig, und sie sorgen dafür, daß die sechs auf schnellstem Wege zur Überprüfung ihrer Identität weggebracht werden. An diesem 2. Juli hat die Polizei durch die Aufmerksamkeit und das Mißtrauen eines Malermeisters Helmut Pohl, Ingrid Jakobsmeier, Christa Eckes, Barbara Ernst, Stefan Frey und Ernst-Volker Staub verhaftet. Mitten in ihrer Regenerationsphase hat sich die Rote Armee Fraktion erneut um sechs Mitglieder dezimiert. Und dieses Mal durch einen selbstverschuldeten, fahrlässigen Fehler. Der Schuß, der die Beamten auf ihre Spur brachte, hatte sich versehentlich beim Reinigen der Waffen gelöst, und die Nachfrage beim Mieter eine Etage tiefer die ganze Polizeiaktion erst ausgelöst. Neben den wohlbekannten Terrorsenioren wie Pohl und Eckes ist es der Polizei durch Zufall gelungen, erstmals auch neue Mitglieder des RAF-Nachwuchses in flagranti zu erwischen. Stefan Frey ist erst 24 Jahre alt, als er verhaftet wird, Barbara Ernst und Ernst-Volker Staub sind 29.

Doch neben einer erneuten, rüden Dezimierung des RAF-Mitgliederbestandes bringt die Aktion in der Bergerstraße noch viel mehr zutage. Die Ermittler finden nicht mehr und nicht weniger als 8400 schriftliche Unterlagen der Rote Armee Fraktion, quasi das gesamte Archiv der Terrororganisation. Unter anderem stellen die Beamten ein sogenanntes «Aktionspapier» sicher. Dieses Papier ist nicht von den Illegalen geschrieben worden, sondern von den sogenannten «Militanten» der RAF. Diese «Militanten» machen nicht nur politische Arbeit, sondern verüben auch Anschläge, um die Illegalen auch auf diesem Weg zu unterstützen. Ausgehend vom Strategiepapier aus dem Mai 1982, hat man eine weitere Ebene zwischen dem aktiven Kader und den sogenannten «Legalen», also den Unterstützern und Sympathisanten, etabliert. Es sind diese «Militanten», die in dieser Phase das Heft in die Hand

221

genommen haben. Und mit Frey, Ernst und Staub gehen den Fahndern Teile dieser Gruppe ins Netz. Das «Aktionspapier» ist an die Illegalen der RAF gerichtet. In ihm beschreiben die militanten Unterstützer, wie sie sich die Umsetzung des Konzepts «Guerilla, Widerstand und antiimperialistische Front» in die Realität des Terrors vorstellen. Es ist eine «Gebrauchsanweisung» für das «Mai-Papier» aus dem Jahre 1982, das unter den Augen der Staatssicherheit der DDR entstanden war. Die Rote Armee Fraktion will eine erneute Offensive gegen den Staat auf zwei Ebenen. Wieder einmal sollen die bewaffneten Kämpfer gemeinsam mit den Gefangenen der RAF ihren Angriff gegen den Unterdrückungsapparat der Bundesrepublik vortragen: die Guerilla durch eine erneute Offensive, sprich Anschlagskette, gegen den Militärapparat von Bundeswehr und Nato, die Gefangenen durch einen erneuten Hungerstreik zur Verbesserung ihrer Haftbedingungen.

Die Verfasser des Pamphlets geben sich erneut der Illusion hin, die Herrschenden auf diesem Weg «in ihre endgültige Niederlage kippen» zu können. Dieses Konzept steht inhaltlich voll auf der ideologischen Linie von Helmut Pohl. Nur seine Umsetzung hat er sich wohl etwas anders vorgestellt. Die vermeintliche Entscheidungsschlacht wird er wohl bestenfalls verbal an der Seite seiner Genossen in den Hochsicherheitstrakten führen müssen.

Die Aktion in der Bergerstraße ist für die Ermittlungsbehörden ein Pyrrhuss-Sieg. Sie haben sechs RAF-Mitglieder abgeräumt, alte wie junge. Die Rote Armee Fraktion von 1977 und den Folgejahren ist damit endgültig tot. Außerdem haben sie umfangreiche Erkenntnisse über Strategie und Planung der Gruppe aus ihren Funden ziehen können. Sie wissen jetzt, daß die RAF ihre Neuorganisation betreibt und schon wieder an eine Offensive denken kann. Doch auf der anderen Seite reißt die Verbindung zu denen ab, die als Nachfolger die blutige Perversion der Rote Armee Fraktion fortsetzen wollen. Die RAF von Buback, Ponto und Schleyer existiert nicht mehr. Und doch ist es nicht gelungen, den Faden endgültig zu kappen. Gekappt ist lediglich der Erkenntnisfaden der Ermittlungsbehörden. In der Bergerstraße werden rund tausend Namen von führenden Repräsentanten aus Politik, Wirtschaft und Militär gefunden. Unter anderem auch die Namen des Vorstandsvorsitzenden der Maschinen- und Turbinenunion, Ernst Zimmermann, und des Siemens-Managers Karl Heinz Beckurts. Zwei Jahre später sind beide tot. Erschossen und in die Luft gesprengt von der Rote Armee Fraktion. Über die Identität der Täter gibt es nicht mehr als vage Vermutungen.

Ein halbes Jahr nach den Verhaftungen in der Bergerstraße geschieht das, womit nach der rein arithmetischen Analyse der Verhaftungen der letzten Jahre nicht zu rechnen war: Die Rote Armee Fraktion versucht, das Aktionspapier vom Juli 1984 in die Tat umzusetzen. Im Dezember gibt Brigitte Mohnhaupt in einer Erklärung vor Gericht den Startschuß. Es ist der 61. Verhandlungstag im Verfahren gegen sie und Christian Klar. Die Erklärung gipfelt in dem lakonischen Satz: «Wir gehen also heute, jetzt in den Hungerstreik.» Wieder einmal geht es um die gemeinsame Front von Gefangenen und Widerstand, um den Kampf um Zusammenlegung im Knast und den Kampf gegen das imperialistische System draußen. Es ist der neunte Hungerstreik der Inhaftierten der Rote Armee Fraktion, an dem sich 39 Gefangene beteiligen.

Die Antwort der im Untergrund lebenden RAF-Aktivisten läßt nicht lange auf sich warten: Am 18. Dezember 1984 versucht ein «Kommando Jan Raspe» der RAF, die Nato-Schule in Oberammergau mit 25 Kilogramm Sprengstoff in die Luft zu jagen. Die Täter hatten den Sprengstoff in einem Audi 80 deponiert, den sie am frühen Morgen vor dem Lehrgebäude abstellen. Ein mit US-Marineuniform und Truppenausweis ausgestatteter Täter fährt den Wagen auf das Gelände der Schule. Doch einem aufmerksamen Offizier fällt auf, daß der Mann das

Militärgelände gleich wieder verläßt und von einem anderen wartenden Wagen aufgenommen wird. Man läßt die Schule räumen und den Audi von Sprengstoffexperten untersuchen. Erneut ist es lediglich Zufall, daß es kein blutiges Drama gibt. Die Experten öffnen den Wagen erst am Nachmittag. Die 25 Kilogramm Sprengstoff sind nicht detoniert, weil der Zeitzünder versagte. Andernfalls wäre die Nato-Schule um halb zehn in der Früh in die Luft geflogen.

Den bundesdeutschen Ermittlungsbehörden war bekannt, daß die Nato-Schule in Oberammergau eines der potentiellen Ziele der Rote Armee Fraktion war. Unter den Notizen in der konspirativen Wohnung Bergerstraße hatten die Beamten auch einen Ausspähungsbericht über dieses Objekt gefunden.

Die RAF kündigt in ihrem Selbstbezichtigungsschreiben an, den Kampf im Rahmen des internationalen Klassenkampfes weiterführen zu wollen. Drei Wochen später sollen die Sicherheitsbehörden wissen, was damit gemeint war. Bei Agence France Press in Paris geht ein gemeinsames Positionspapier der Rote Armee Fraktion und der französischen Terrororganisation Action Directe ein. In einer deutschen und einer französischen Version erklären die beiden Terrorgruppen ihre gemeinsame Ausrichtung auf die imperialistischen Zentren und Metropolen und ihren Willen, den gemeinsamen Kampf zu eröffnen. Die einheitliche Terrorfront der westeuropäischen Guerilla – die Idee von Helmut Pohl und Wolfgang Beer nimmt Gestalt an.

Dem Anschlag auf die Nato-Schule in Oberammergau folgt eine Serie von 71 Brand- und Sprengstoffanschlägen, die überwiegend von militanten Unterstützern verübt werden. Anfang 1985 holen RAF und Action Directe dann zu einem blutigen Doppelschlag aus. Am 25. Januar erschießt das «Kommando Elisabeth von Dyck» der Action Directe den französischen General René Audran, einen Direktor des französischen Verteidigungsministeriums, vor seinem Haus bei Paris. Das Kommando ist benannt nach einem RAF-Mitglied, das bei seiner

Verhaftung in Nürnberg 1979 von der Polizei erschossen wurde. Eine Woche später, am 1. Februar 1985, erschießt das «Kommando Patsy O'Hara» der Rote Armee Fraktion den MTU-Manager Ernst Zimmermann in seinem Haus in Gauting. Eine Hinrichtung durch einen Schuß in den Hinterkopf. Die Attentäter hatten ihr Opfer vorher gefesselt. Die deutschen Terroristen benutzen den Namen eines irischen Terroristen, der während eines Hungerstreiks 1981 ums Leben gekommen war.

Nach diesen beiden Morden ist klar: Die Rote Armee Fraktion ist fest entschlossen, ihr neues Konzept brutale Wirklichkeit werden zu lassen. Doch wer ist diese Rote Armee Fraktion? Die Täter von Gauting hinterlassen keine Fingerabdrücke oder sonstige verwertbare Spuren. Die Ermittler können sich nur nach den Tagen eines Christian Klar zurücksehnen, der Bekennerschreiben oder gefälschte Autokennzeichen demonstrativ mit seinem Daumenabdruck versah.

Vage Hinweise aus der Bevölkerung bringen die Polizei bei den späteren Anschlägen auf die Spuren von wenigen Verdächtigen. Sie heißen unter anderem Werner Lotze oder Sigrid Sternebeck. Doch die tragen längst Kinder durch sozialistische Kleinstädte statt Maschinenpistolen durch kapitalistische Metropolen.

Mit den Verhaftungen in der Frankfurter Bergerstraße im Juli 1984 sind die letzten drei Terroristen in westdeutschen Gefängnissen gelandet, die nachweislich Kontakt zum Staatssicherheitsdienst der DDR gepflegt haben. Pohl, Jakobsmeier und Eckes sind noch bis kurz vor ihren Festnahmen auf dem Gebiet der Deutschen Demokratischen Republik gewesen. Mit ihrer Festnahme bricht nach allen vorliegenden Erkenntnissen der aktive Teil der RAF-Stasi-Connection zusammen. Nachdem die Rote Armee Fraktion 1985 den einfachen US-Soldaten Edward Pimental ermordet, nur um in den Besitz seiner «US Armed Forces Identification Card» zu kommen, macht Gerd Zaumseil den Aussteigern, die in der DDR leben, eine definitive Mitteilung: Mit dieser Aktion und den vorangegangenen

Anschlägen habe sich die RAF so weit jenseits aller Regeln des antiimperialistischen Kampfes im Interesse der DDR gestellt, daß niemand mehr die Gelegenheit zu einem Ausstieg aus der RAF durch Aufnahme in der DDR erhalten werde. Diese Chance hätten die weiterhin aktiven Mitglieder der Rote Armee Fraktion endgültig verspielt.

Es darf allerdings bezweifelt werden, daß die Stasi überhaupt noch entsprechende Kontakte zu den Nachfolgern von Klar oder Pohl hatte. Inge Viett, die im Auftrag der Stasi für den Ausstieg der aktiven Terroristen zu sorgen hatte, ist längst selber ausgestiegen und hat keine Verbindung mehr zum Kommandobereich der RAF. Die inoffizielle Stasi-Mitarbeiterin «Schöne Frau» lebt seit 1982 unter den wachsamen Augen der Nachrichtendienste in einer westdeutschen Großstadt, und die RAF-Protagonisten der unseligen Terror-Connection bevölkern seit 1978 westdeutsche Gefängnisse. Die Fäden zwischen Stasi und RAF sind gekappt.

Die offizielle Politik der DDR gegenüber dem Klassenfeind im Westen hat sich ohnehin längst entscheidend geändert. Auf informeller Ebene werden die Kontakte intensiviert, um Möglichkeiten einer Annäherung und Zusammenarbeit auszuloten. Diese Kursänderung ist aus der Not geboren. Aus dem scheinbar nicht zu bewältigenden wirtschaftlichen Dilemma, in dem sich die DDR befindet. Der verstorbene bayerische Ministerpräsident Franz Josef Strauß schreibt in seinen Erinnerungen, er habe erstmals im Spätsommer 1982 von den Wünschen der DDR nach wirtschaftlicher Unterstützung erfahren, um zahlungsfähig zu bleiben. Die DDR war im Gegenzug bereit, Zugeständnisse im Bereich der Reiseerleichterungen und der Grenzsicherung zu machen. Diese Kontakte laufen parallel zu der RAF-Stasi-Connection, die mit der Verhaftung von Mohnhaupt, Schulz und Klar im November 1982 den entscheidenden Schlag erhält. Im Oktober 1982 erfolgt in Bonn die Wende. Die sozial-liberale Koalition unter Helmut Schmidt wird von einer CDU/CSU/FDP-Regierung abgelöst. Mit einem Schlag steigt der Einfluß des großen Bayern Strauß mit seinen, wie heute bekannt ist, hervorragenden DDR-Kontakten. Er bezeichnet die Koalitionsverhandlungen nach den Wahlen vom März 1983 als Initialzündung für den sogenannten Milliardenkredit, der 1983 auf den Weg gebracht wird. Die vorbereitenden, fast konspirativen Sondierungsgespräche führt Franz Josef Strauß mit Alexander Schalck-Golodkowski, der grauen Eminenz der DDR-Wirtschaft. Schalck verhandelt mit dem Mandat Erich Honeckers, doch er ist als Stasi-Oberst auch einer der engsten Vertrauten Erich Mielkes. Es gibt keine Beweise dafür, daß Schalck-Golodkowski über die Operativvorgänge «Stern I» und «Stern II», unter denen die Betreuung und Beherbergung der RAF-Terroristen im Ministerium für Staatssicherheit geführt wurden, informiert war. Tatsache ist, daß, während Strauß und Schalck ihre Geheimverhandlungen führen, Pohl, Jakobsmeier und Eckes weiterhin in die DDR reisen und auch wieder heraus. Es entspricht aber ebenso den Tatsachen, daß Terroristen und Geheimdienstler sich immer weniger zu sagen haben. Die RAF-Stasi-Connection ist auf einem steil abfallenden Ast. Der inhaftierte Helmut Pohl beschreibt die Situation als verfahren. Man habe sich nichts mehr zu sagen gehabt. Die RAF hatte von der DDR nichts mehr zu erwarten, und umgekehrt war dies genauso.

Am 24. Juli 1983 kommt es zum ersten offiziellen Treffen zwischen Franz Josef Strauß und Erich Honecker. Im darauffolgenden Jahr gewährt die Bundesrepublik der DDR einen weiteren milliardenschweren Kredit. Die Zeiten haben sich geändert.

Und keiner fragt nach

Jede offene Rechnung wird irgendwann bezahlt. Die Rechnung, die die Polit-Gerontokraten um Erich Honecker und Erich Mielke bei ihrem Volk offenstehen haben, wird Ende der achtziger Jahre zu lang. Der SED- und Stasi-Staat bricht unter lautem Getöse zusammen. Der Rest ist eitel Vereinigungsgeschichte, die Feierlichkeiten verursachen so manchem einen Kater, an dem er bis heute laboriert. Die friedliche Revolution der Millionen wird für zehn DDR-Bürger zum persönlichen GAU.

Gerd Zaumseil macht 1989 seine letzte Rundreise von Susanne Albrecht alias Ingrid Becker bis Inge Viett alias Eva-Maria Schnell. Er verabschiedet sich. Man könne nun leider nichts mehr für sie tun, habe aber alle Akten über die entsprechenden Terroristenvorgänge vernichtet. Die zehn ehemaligen RAF-Mitglieder warten einfach ab, was die Zukunft ihnen bringen wird. Sie sind sich darüber im klaren, daß ihre Verhaftung nur eine Frage der Zeit ist, doch für eine erneute Flucht fehlen die Energie und der Wille. Fast zehn Jahre real existierender Sozialismus haben aus gefährlichen Terroristen biedere Bürger gemacht. Sie wissen, daß der Staat, gegen den sie vor Jahren blutig gekämpft haben, sie wieder einholen und seine Rechnung präsentieren wird. Und diesmal sind die Fahnder schnell. Ganz so unsinnig, wie sie immer gesagt haben, können ihnen die Meldungen über RAF-Mitglieder, die in die DDR abgetaucht sind, nicht erschienen sein. Als von Revolution noch keine Rede war, wurde in Abstimmung mit dem Bonner Justizministerium auf offiziellem Weg über die ständige Vertretung der DDR in Bonn und das westdeutsche Pendant in Ost-Berlin nachgefragt. Die Antwort der DDR war vorhersehbar: Keine Terroristen in der DDR zu finden. Man gab sich zufrieden.

Doch am 14. Februar 1990 finden sich die Beamten des Wiesbadener Bundeskriminalamts beim Zentralen Kriminalamt in Ost-Berlin ein. Mitgebracht haben sie die Hinweise auf

Susanne Albrecht und Silke Maier-Witt. Die Zeiten haben sich erneut geändert. Mittlerweile treffen sie in Ost-Berlin auf Kriminalisten, denen in den Vereinigungswirren die Felle wegzuschwimmen drohen. Sie sehen ihre Chance, sich zu beweisen, und die westdeutschen Kollegen ernten mit ihrem Hilfeersuchen zwar Unglauben, treffen aber auf verschärfte Kooperationsbereitschaft. Im März 1990 richtet das BKA ein offizielles «Fahndungsmithilfeersuchen» an das Zentrale Kriminalamt. Die Terroristenfahndung wird zur Geheimsache in der neudeutschen Fahndungsunion. Das ganze Unternehmen gestaltet sich viel simpler als ursprünglich vermutet. Die Staatssicherheit war ein bürokratischer Apparat. Gerd Zaumseil hatte zwar versichert, alle verräterischen Akten seien vernichtet, aber dazu gab es einfach viel zu viele Akten. Zum Beispiel Einbürgerungsanträge im Zentralen Aufnahmeheim Röntgental und Melderegister bei den Kreispolizeiämtern. Die Exil-Terroristen hatten alle ähnlich gestrickte Lebensläufe. Geboren im westeuropäischen Ausland, Eltern zumeist verstorben, Einbürgerungszeitraum Ende 1980, Einbürgerungsgrund: politische Differenzen mit dem kapitalistischen Westdeutschland. Das Raster war einfach, der Erfolg ist bekannt. Innerhalb von zwei Wochen räumen die Fahnder die Exil-Fraktion der RAF-Terroristen ab. Die Reaktion von Politik und Öffentlichkeit ist eine schwerverdauliche Mischung aus Jubel und Entrüstung, und der echte Hammer, die aktive Stasi-Hilfe für West-Terroristen, kommt erst ein Jahr später über das vereinigte Deutschland.

Doch Jubel und Entrüstung haben sich erstaunlich schnell gelegt. Und das scheint den Fahndern, den Politikern und den Nachrichtendiensten gerade recht zu sein. Irgendwie will es so richtig genau eigentlich keiner wissen. Das Wie nicht und schon gar nicht das Warum. Man begnügt sich mit der Feststellung, das Reich des bösen Honecker sei eben zu jeder Schandtat fähig gewesen, also auch zur Terroristenunterstützung. Unbeantwortet bleibt die Frage, wie über all die Jahre ein kleiner

Grenzverkehr von international gesuchten Terroristen von hüben nach drüben möglich war, ohne daß die aufgeblasenen Ap-
parate der westlichen Geheimdienste auch nur den leisesten
Wind davon bekommen haben sollen. Auch die Frage, ob sie
vielleicht doch etwas wußten und das Arrangement eigentlich
ganz in Ordnung fanden, weil es eine Kontrolle der RAF er-
möglichte, wird weder gestellt noch beantwortet. Man macht
den Verhafteten den Prozeß und regt sich höchstens je nach
politischem Standpunkt über die Höhe oder die Tiefe des Straf-
maßes auf.

Die Veröffentlichung der aktiven RAF-Unterstützung durch
uns im Fernsehmagazin «Monitor» brachte die Ermittler und
den Generalbundesanwalt Alexander von Stahl in Handlungs-
zwang und uns an den Rand einer Anklage. Mittlerweile sind
die daraufhin verhafteten Stasi-Offiziere der Abteilung XXII
mit Generalleutnant Gerhard Neiber an der Spitze wieder auf
freiem Fuß. Die Beweislast hat für eine Fortdauer der Haft
nicht ausgereicht. Die Beschuldigten hatten ja auch Zeit genug,
ihre Aussagen abzusprechen und sich gemeinsam auf 1982 –
nicht 1981 – als Zeitpunkt des ominösen Trainings an der Panzerfaust festzulegen, um somit der Anklage wegen aktiver Beteiligung an dem Kroesen-Attentat zu entgehen. Man glaubt,
so etwas wie Aufatmen in den Fluren zu spüren. Der Zwang zur
Nachfrage fällt weg, die Angst vor Antworten auf Fragen, die
man gar nicht gestellt hat, weicht Routine. Man sucht halt weitere Zeugen. Und die Frau, die über das Zustandekommen,
das Möglichwerden und die Hintergründe der RAF-Stasi-Connection am besten Bescheid weiß, gibt dazu nur spärlich Auskunft. Die Stasi-Informantin Inge Viett gibt lediglich an, Harry
Dahl im Frühjahr 1978 auf dem Schönefelder Flughafen begegnet zu sein und dort ausführlich mit ihm gesprochen zu haben.
Dort habe sie mit ihm vereinbart, zu einem späteren Zeitpunkt
am Grenzübergang Friedrichstraße ungehindert passieren zu
können, mit Till Meyer im Schlepptau – der angebliche Beginn
ihrer Kontakte zur Stasi, die einen verwunderlich rasenden

Verlauf nahmen, da Harry Dahl sie schon wenige Wochen später höchstpersönlich aus Prager Untersuchungshaft befreite. Es muß Gründe dafür geben, daß Inge Viett nicht mehr über die Hintergründe ihrer Stasi-Verbindungen aussagt, denn gerade das ist ein Themenbereich, für den man sie nicht so ohne weiteres strafrechtlich belangen kann.

Den Beginn der Stasi-Kontakte von Inge Viett erst auf Frühjahr 1978 zu datieren, macht wenig Sinn. Leider ist der damalige stellvertretende Minister für Staatssicherheit und Chef der Abteilung XXII, Bruno Beater, verstorben. Er hätte Auskunft geben können.

Bei näherer Betrachtung fällt auf, daß Inge Viett über hervorragende Kenntnisse der Justizvollzugsanstalt Berlin-Moabit verfügte. Sowohl bei ihrem eigenen Ausbruch 1976 aus der Lehrter Straße als auch bei ihrer Gefangenenbefreiung 1978 nutzte sie kaltblütig die Sicherheitslücken in den Strafanstalten, die eine sogenannte Sicherheitsstudie in beiden Fällen gerade unmittelbar vorher festgestellt hatte. Man könnte meinen, Inge Viett habe diese Berichte gekannt und für die Ausbrüche genutzt. Nimmt man diese Vorgänge und kombiniert sie mit der Tatsache, daß Till Meyer bereits wenige Wochen später unter mysteriösen Umständen in Bulgarien wieder festgenommen wird, während Inge Viett weiterreisen darf und in Prag von Harry Dahl abgeholt wird, dann drängt sich die These auf, daß die Befreiung Till Meyers – daß sie womöglich den Falschen befreit hat, ist ausgesprochenes Pech – Teil einer von langer Hand eingefädelten Legende der Inge Viett ist. Eine Legende, die dazu diente, ihre Kontakte zur Staatssicherheit innerhalb der westdeutschen Terrorszene zu legitimieren. Gegenüber ihren Genossen von der «Bewegung 2. Juni», vor allem aber gegenüber ihren zukünftigen Genossen von der Rote Armee Fraktion. Daß bereits Mitte der siebziger Jahre der DDR-übliche Deckname «Maria» in Verbindung mit Inge Viett auftaucht, ist nur ein Beleg mehr für diese These. Daß auch westdeutsche Geheimdienste mehrfach versucht haben, über die «Bewegung

2. Juni» an den Kommandobereich der RAF heranzukommen, stützt diese Annahme noch zusätzlich. Westdeutsche Staatsschützer hatten es immer für einfacher gehalten, die «Bewegung 2. Juni» zu unterwandern, als dasselbe mit der RAF zu versuchen. Sie hofften dann, über den «2. Juni» und seine Kontakte an den Kommandobereich der RAF heranzukommen. Die bundesrepublikanischen Verfassungsschützer versuchten diesen Plan über den Umweg der Kontakte des «2. Juni» nach Italien in die Tat umzusetzen. Ohne Erfolg. Die Staatssicherheit der DDR verfolgte genau dasselbe Konzept. Nur über die Person Inge Viett war der Stasi ein ungleich brillanterer Erfolg beschieden. Die Bedenken des Christian Klar gegen eine Zusammenarbeit mit der Staatssicherheit waren augenscheinlich lediglich grundsätzlicher Natur. Mit Geheimdiensten arbeitet man als Guerilla eben nicht zusammen. Andere Sorgen hatte er wohl nicht.

Schnittstelle dieses sorgsam eingefädelten Plans sind die Palästinenser. Bei der PFLP trifft sich wirklich alles. Ein Tummelplatz für Geheimdienste und die RAF mittendrin. Die hervorragenden Beziehungen der Inge Viett zu den Palästinensern sind der RAF bekannt, die ja selbst ähnliche Beziehungen pflegt. Was die RAF vielleicht nicht weiß, ist die Tatsache, daß sie sich im Jemen geradezu in der Mitte eines nachrichtendienstlichen Spinnennetzes befindet. Inge Viett arbeitet für die RAF und für die Stasi. Bei den Palästinensern wird sie als dazugehörig betrachtet. Dann ist da noch die oft zitierte «Schöne Frau». Sie ist verheiratet mit einem hochrangigen Palästinenser, kennt die Genossen von der RAF – und arbeitet für die Stasi. Und dann gibt es da noch eine weitere deutsche Frau im Nahen Osten, die wir hier der Einfachheit halber «Marianne Berg» nennen wollen – auch sie im Besitz erstklassiger Einblicke. Auch liiert mit einem Palästinenser – und der arbeitet wiederum mit den bundesdeutschen Nachrichtendiensten zusammen. So kommen die westlichen Fahnder zu ihrem überwältigenden Erfolg, als sie in der konspirativen Wohnung in der Rue Flatters gleich fünf Terroristinnen verhaften können.

Man muß sich jetzt nur an ein paar Fingern abzählen, was die bundesdeutschen Nachrichtendienste sonst noch alles gewußt haben können. Was Informationen über die RAF anging, war der Nahe Osten scheinbar eine Art nachrichtendienstlicher Selbstbedienungsladen. Im nachhinein erscheint die Leichtgläubigkeit des Bundesnachrichtendienstes in bezug auf gesteuerte Falschmeldungen über den Aufenthalt von Terroristen im Nahen Osten, die längst in der DDR sitzen, als kaum zu glaubende Naivität.

Am Anfang der Kontakte zwischen Stasi, PFLP und RAF sind die westdeutschen Terroristen, die immer davon geträumt haben, von internationalen Partnern ernst genommen zu werden, gut zu gebrauchen. Die DDR schöpft das Wissen der RAF über die Palästinenser ab. Und umgekehrt. Das einzige, was die RAF in dieser Pseudo-Partnerschaft wirklich schöpfen kann, ist ein bißchen Ruhe vor den westdeutschen Fahndern, ein bißchen Unterstützung und viel Hoffnung auf einen ehrenvollen Grabstein auf dem Schlachtfeld des internationalen antiimperialistischen Kampfes.

1980 mit der Entdeckung der Wohnung in der Pariser Rue Flatters wird der RAF zum erstenmal die Gegenrechnung für ihren Ehrgeiz in puncto internationale Kontakte präsentiert. Das Wissen fließt aus dem Nahen Osten zurück in den Westen. Das ist auch die Zeit, in der die «Schöne Frau» ihre Lust am bürgerlichen Leben in der kapitalistischen Bundesrepublik wiederfindet und prompt einen Mitarbeiter des Bundesnachrichtendienstes kennenlernt, der gerne an ihrem Wissen teilhaben möchte. Angeblich soll sie beharrlich geschwiegen haben. Aber aus purer Menschenfreundlichkeit werden die bundesdeutschen Fahnder sie nach ihrer endgültigen Rückkehr nicht in Ruhe gelassen haben. Viele wissen viel über die Verbindungen der Rote Armee Fraktion zu Palästinensern und Offizieren der DDR-Staatssicherheit. Und die meisten, die etwas wissen, arbeiten für den einen oder anderen Geheimdienst. Ein gefährliches Pflaster für die RAF, wie für die DDR. Es sei denn, die

Geheimdienste lassen sich gegenseitig kollegial an ihrem Wissen teilhaben und nur die Öffentlichkeit außen vor. Das ist in mehr als einem anderen Fall passiert. Dann wäre das ganze Spiel nur noch für die RAF wirklich gefährlich. Und die Entwicklung hat ja auch gezeigt, daß keiner aus der 77er-Gruppe die RAF-Stasi-Connection in wirklicher Freiheit überstanden hat. Warum das alles so gekommen sein könnte, dafür ließen sich viele Erklärungen finden.

Der entscheidende Tip für das Auffinden der konspirativen Wohnung in Paris, der zur Verhaftung von fünf mutmaßlichen Terroristinnen führte, kam von einem Palästinenser, der sich in dem geheimdienstlichen Spinnennetz Nahost aufhielt und auskannte. Wenn man dazu einige grundlegende Überlegungen anstellt, dann erhärtet sich die These, daß die geheimdienstliche Unkenntnis von den terroristischen Zusammenhängen zwischen PFLP, Stasi und Rote Armee Fraktion eigentlich nur eine Schutzbehauptung sein kann. Wer die Adresse einer konspirativen Wohnung erfährt und weitergeben kann, der ist in die logistischen Zusammenhänge der Terrororganisation sehr gut eingeweiht. Die Lage von Wohnungen oder Depots wird verständlicherweise wie ein Staatsgeheimnis gehütet, da die Existenz der Gruppenmitglieder von diesen logistischen Strukturen abhängt. Wer also in der Lage ist, eine der bedeutendsten konspirativen Wohnungen im damaligen Hauptstützpunkt Paris hochgehen zu lassen, der weiß mit Sicherheit noch mehr über die illegalen Aktivitäten oder Schlupflöcher der Rote Armee Fraktion. Und wenn dieser Jemand, der mit den bundesdeutschen Nachrichtendiensten oder einem davon zusammenarbeitet, eine Wohnung verrät, in der sich Terroristen aufhalten, warum sollte er dann nicht auch seine anderen Kenntnisse den bundesdeutschen Sicherheitsbehörden offenbaren? Eine Frage, auf die man beim Bundesnachrichtendienst in Pullach auch heute nur verstörtes bis erschrecktes Schulterzucken erntet.

Als Sieglinde Hofmann 1980 in dieser von Inge Viett angemieteten Pariser Wohnung verhaftet wird, schreibt sie kurz darauf in der Haft einen für die Aktiven bestimmten Kassiber, in dem sie eine verschlüsselte Warnung ausspricht. Zumindest das Bundeskriminalamt interessiert sich bis heute für die Bedeutung dieser Nachricht. «Zora KL. Br. → Fehler» oder übersetzt «Inge Viett DDR → Fehler».

Einer der deutlichsten Hinweise auf die Tatsache, daß die Verbindung der RAF über Inge Viett zum sozialistischen Bruderstaat bei einigen aus der Gruppe Mißtrauen erweckte. Sieglinde Hofmann ist mit der Aufgabe betraut, die vier ehemaligen Mitglieder der «Bewegung 2. Juni», die sich mit ihr in der Rue Flatters aufhalten, auf ihren Ausstieg vorzubereiten, da die RAF sie nicht in ihren Kader übernehmen will. Es ist also wahrscheinlich, daß Sieglinde Hofmann in dieser Zeit auch Kontakt zu Inge Viett pflegt, die einen möglichen Ausstieg in der DDR für die RAF-Mitglieder sondiert. Paris ist in dieser Zeit nicht nur ein Hauptunterschlupf der Rote Armee Fraktion, die dort mehrere Wohnungen besitzt, sondern auch eine der europäischen Basen der Palästinenser. Die Achse Ost-Berlin–Aden–Paris ist eine der Kontaktschienen, auf denen die Kommunikation zwischen den einzelnen beteiligten Parteien dieser Terror-Connection abläuft. Also ist es nur logisch, daß Sieglinde Hofmann als Ausstiegsbeauftragte für die Frauen vom «2. Juni» während dieser Zeit in diese Kommunikationsstrukturen eingebunden ist. Vielleicht bekommt sie Wind von der doppelbödigen Kommunikation und warnt deshalb ihre Genossen, nachdem sie durch einen Tip aus deutsch-palästinensischen Kreisen im Gefängnis gelandet ist.

Stasi-Offiziere haben zu Protokoll gegeben, daß die «Bewegung 2. Juni» als Observationsobjekt in den Überlegungen der Abteilung XXII sehr früh keine Rolle mehr gespielt habe. Ab 1980 existiert diese Gruppe überhaupt nicht mehr. Inge Viett hat den vorgeblich reibungslosen Wechsel in die RAF geschafft, unter den Augen und sicherlich auch mit Billigung des Staatssicherheitsdienstes. Juliane Plambeck, die den Zusammenschluß der beiden deutschen Terrororganisationen vor-

235

nehmlich und mit Energie betrieben hat, stirbt wenig später bei einem Autounfall während der Vorbereitungen auf den Kroesen-Anschlag. Dieses Attentat paßt den Ostberliner Terrorstrategen im Jahr 1980 überhaupt nicht ins übergeordnete politische Konzept. Die Bundestagswahlen stehen vor der Tür, und die beiden Erichs an der Spitze von Politbüro und MfS wollen die Wahlen nicht durch eine neue Offensive der RAF – der ersten seit 1977 auf dem Boden der Bundesrepublik – gefährdet sehen. Sie haben die besten Voraussetzungen, um korrigierend einzugreifen. Ausstiegsverhandlungen ziehen sich hin, Anschlagsvorbereitungen werden durch Verhaftungen und einen wohl zufälligen Unfall behindert, und kurz vor den Wahlen erscheint der aktive Kommandokern der RAF völlig entnervt zur ideologisch-körperlichen Kur im Terroristenparadies Briesen. Besser kann es für die Staatssicherheit überhaupt nicht laufen. Aber wie gesagt, niemand fragt heute nach diesen Zusammenhängen.

Keiner fragt auch, warum die «Schöne Frau» ausgerechnet im Jahr der Verhaftungen in der Rue Flatters zum erstenmal wieder in der Bundesrepublik auftaucht, obwohl sie schon seit längerer Zeit über ihr mühseliges Leben in den Lagern der Palästinenser jammert. Die Palästinenser verdächtigen sie sehr pauschal des Doppelspiels, beäugen die Deutsche mit den guten Beziehungen sehr mißtrauisch. Die Staatssicherheit der DDR verdächtigt sie, eine Kontaktfrau des Bundesamtes für Verfassungsschutz zu sein. Nur der Bundesnachrichtendienst verdächtigt sie angeblich ausschließlich, eine in den Nahen Osten verschlagene Hausfrau zu sein. Aber auf Hausfrauen setzt man keine Agenten an, die dann von dieser Hausfrau auch noch eiskalt abserviert werden. Nachfragen ist zwecklos, man erntet nur grenzenloses Unwissen. Dieses Unwissen ist nicht glaubwürdig. Der Werdegang der «Schönen Frau», die sich seit Ende der sechziger Jahre in der linken Szene der Bundesrepublik bewegt, ihre Heirat mit einem hochrangigen Palästinenser und ihre Aufenthaltsorte sind dem bundesdeutschen Geheimdienst bekannt. Dennoch reist sie unbehelligt ein und aus. Der Bundesnachrichtendienst hat bereits damals exzellente Kontakte zum israelischen Geheimdienst Mossad, dessen vorrangiges Aufklärungsziel immer der palästinensische Terrorismus gewesen ist. Die Kontakte zu diesem wohl effektivsten Geheimdienst der westlichen Welt gehen soweit, daß Mossad-Agenten bei Verhören von Palästinensern in bundesdeutschen Gefängnissen anwesend sein dürfen. Als dies herauskommt, gibt es einen Skandal, der Präsident des Bundesnachrichtendienstes muß beinahe seinen Hut nehmen. Der Präsident heißt damals Klaus Kinkel, und nach seiner kurzen Amtszeit in Pullach beginnt der Karriereknick bis an die Spitze des Bundesjustizministeriums.

Aber wie gesagt, man hat aus dem Bereich der nahöstlichen Geheimdienste und der RAF-PFLP-Stasi-Connection trotz all dieser hervorragenden Kontakte angeblich nie etwas erfahren. Höchstens mal einen kleinen Tip über eine Wohnung in Paris erhalten.

1980 ist alles nach bestem politischem Gusto der DDR-Staatssicherheit gelaufen. Keine Anschläge, die Aussteiger sind gut untergebracht, und im Westen schlafen alle den Schlaf der Gerechten. Das kommende Jahr beginnt ruhig, doch im August passiert eine Panne. Wieder einmal hält sich Inge Viett auf einer ihrer Reisen zwischen der DDR, dem Nahen Osten und Westeuropa in Paris auf. Ein Zufall will es, daß sie während einer Motorradfahrt durch die Stadt von einem Polizisten angehalten wird. Inge Viett, die Top-Terroristin, flüchtet und verliert, als sie gestellt wird, die Nerven. Sie zieht ihre Waffe und schießt auf den Polizisten, der schwerverletzt zusammenbricht. Doch man identifiziert sie anhand von Zeugenaussagen. Zum erstenmal erscheint ein Mitglied der RAF-Stasi-Connection wegen eines bestimmten Verbrechens namentlich in der Fahndung. Inge Viett verläßt daraufhin Europa und zieht sich erneut für längere Zeit zu ihren Freunden in den Nahen Osten zurück. Dort ist mittlerweile auch wieder die wohlbekannte «Schöne Frau», die im Vorjahr der Bundesrepublik anscheinend nur einen vorbereitenden und sondierenden Besuch abgestattet hat. Was sie mit wem sondiert und vorbereitet hat, weiß wiederum angeblich keiner, aber es will auch keiner wissen, Nachfrage unerwünscht. Heute kann man von Kennern der Szene die Auskunft bekommen, es habe unglaubliche Schwierigkeiten bereitet, die Kinder der «Schönen Frau» aus dem Nahen Osten loszueisen und in die Bundesrepublik zu holen. Kunststück. Angesichts der politischen, kulturellen und religiösen Besonderheiten eines arabischen Landes kann ein solches Unterfangen der «Schönen Frau» unmöglich ohne massive Unterstützung von außen gelungen sein. Wer kann diese Unterstützung gewährt haben, wenn nicht offizielle oder geheimdienstliche Kreise des Landes, in das sie zurückkehren wollte? Dies war die Bundesrepublik. Wenn sie geholfen hat, zu welchem Preis? Auch hier: Nachfrage unerwünscht.

Die Anschläge des Jahres 1981 auf den US-Militärflughafen Ramstein und General Frederik Kroesen zeigen, daß der unbeirrbare Wille des aktiven Rests der RAF vorherrscht, das Konzept vom antiimperialistischen Kampf gegen USA und Nato in die Tat umzusetzen. Es gibt nur zwei mögliche Alternativen: Entweder die DDR weiß von diesen Plänen und heißt sie angesichts der politischen Diskussion um Nato-Doppelbeschluß und Nachrüstung gut, dann wäre verständlich, warum sie Klar, Schulz und Pohl die entsprechende Ausbildung an Sprengstoffen und Waffen bis hin zur Panzerfaust zukommen läßt. Oder aber die DDR verliert zu diesem Zeitpunkt ein wenig die Kontrolle über die mißtrauisch gewordene Rote Armee Fraktion und wird nicht mehr in die Anschlagsplanungen eingeweiht. Dann wäre es unter Umständen plausibel, daß sie den Anschlag mit der Panzerfaust im Frühjahr 1982 noch einmal nachstellen läßt, um weitere Informationen über das Vorgehen der RAF und neues Vertrauen in den Nutzen der RAF-Stasi-Connection zu erlangen. Es ist bereits ausführlich beschrieben worden, warum die erste Version durchaus die wahrscheinlichere ist. Die Staatssicherheit war keine Organisation, die

Terroristen half, weil sie Spaß am Terror hatte. Das Handeln des Ministeriums für Staatssicherheit war immer bestimmt von praktischen politischen Erwägungen. Man hat sich von den Kontakten zur Rote Armee Fraktion etwas versprochen. Informationen über die Palästinenser, Informationen über das Sicherheitssystem der Bundesrepublik, über die von der RAF ausgespähten Politiker und über die kriminellen Methoden der Terrorgruppe selbst. Daneben war es eines der offensichtlichen Ziele der Stasi, diese Terrorgruppe nach den eigenen politischen Maßgaben zu steuern. Inge Viett wird eingesetzt, um Informationen über die Berliner und die westdeutsche Terrorszene zu bekommen, über Personen, Strukturen und ideologische Ausrichtung. Später erhält sie den Auftrag, aktive Terroristen zum Ausstieg zu bewegen und ihnen die Möglichkeit eines DDR-Exils aufzuzeigen und die in der DDR befindlichen Mitglieder der Rote Armee Fraktion zu überwachen. Daß die Stasi in der Lage war, zur Steuerung oder zur Informationsbeschaffung die entsprechenden hochkarätigen Leute zu rekrutieren und zu instrumentalisieren, zeigt nicht nur die Person Inge Viett, sondern auch die «Schöne Frau». Die angebliche Top-Terroristin und die angebliche Hausfrau haben ein und denselben überaus realen Hintergrund: ihre Stasi-Mitarbeit.

Die politischen Rahmenbedingungen für die RAF-Stasi-Connection ändern sich Ende der siebziger und Anfang der achtziger Jahre. Die zunehmend bedrohlicher werdende wirtschaftliche Lage der DDR zwingt die Verantwortlichen in Stasi und Politbüro auf den Weg der Annäherung gegenüber der Bundesrepublik. Und es ist sehr wahrscheinlich, daß dies im Ministerium für Staatssicherheit eher erkannt wurde als im Politbüro oder im Planwirtschaftsimperium des Günter Mittag. Auf seiten der Bundesrepublik findet die DDR nach der Bonner Wende geradezu ideale Bedingungen vor. Geschäftssinn gepaart mit dem unbefangenen Hang eines Franz Josef Strauß zur Geheimdiplomatie und Neben-Außenpolitik, bieten die Grundvoraussetzungen für vorsichtige Kontakte hin in Richtung wirtschaftlicher

Zusammenarbeit, die nach der Wende schnell in den erst als skandalös empfundenen, dann aber lauthals gefeierten Milliardenkredit münden. Die Verantwortlichen der RAF-Stasi-Connection müssen bald erkannt haben, welche permanente Gefahr für diese Politik, die der Stasi-Oberst Alexander Schalck-Golodkowski maßgeblich mitgestaltet, der Terroristen-Grenzverkehr beinhaltet. Ein Aufdecken der RAF-Stasi-Connection in dieser Zeit würde nicht nur die DDR, sondern auch die in der Bundesrepublik für eine Politik des Milliardenkredits stehenden Politiker aufs äußerte diskreditieren.

Die Verantwortlichen der Stasi-Abteilung XXII sind sich der politischen Tragweite ihrer Operationen auf dem Gebiet des Terrorismus sehr bewußt. Der spätere Leiter der Abteilung XXII, Oberst Horst Franz, hat gemeinsam mit zwei weiteren MfS-Offizieren eine als «Forschungsarbeit» deklarierte Abhandlung über die Arbeit und Ausrichtung der sogenannten Terrorismusbekämpfung innerhalb der Staatssicherheit geschrieben. Darin heißt es zum Thema operative Zusammenarbeit mit terroristischen Organisationen: «Diese politisch-operative Aufgabe hat höchste politische Brisanz und muß höchsten Anforderungen an die Konspiration und Geheimhaltung genügen. Zweifelsohne ist im Falle des Nachweises der Zusammenarbeit des MfS mit terroristischen Kräften des Operationsgebietes mit großangelegten politischen Kampagnen gegen die sozialistischen Länder generell und gegen die DDR speziell zu rechnen.» Eine großangelegte politische Kampagne gegen die DDR ist das letzte, was der Arbeiter-und-Bauern-Staat sich 1982 leisten kann. Die DDR muß in erster Linie ihre Zahlungsfähigkeit sicherstellen und die Grundversorgung ihrer Bevölkerung gewährleisten. Und bei den politisch Verantwortlichen hat sich die Erkenntnis durchgesetzt, daß dies nur mit Hilfe des Westens, speziell der Bundesrepublik, zu erreichen ist. Das heißt nun nicht, daß die DDR gewillt wäre, ihren gesamten Einfluß auf den westdeutschen Terrorismus aufzugeben, um sich ganz dem Thema wirtschaftlicher Annäherung oder plumper Geldbeschaffung zu widmen. Doch es besteht der durchaus nachzuvollziehende Wille, diesen Einfluß in Richtung einer Entspannung der terroristischen Aktivitäten zu nutzen. Einer späteren erneuten Nutzung dieses terroristischen Gewaltpotentials der Rote Armee Fraktion steht diese Einstellung nicht entgegen. Deshalb hat die DDR ihren Kontakt zur RAF auch nach den Verhaftungen der Hauptprotagonisten Klar, Mohnhaupt und Schulz im November 1982 nicht abreißen lassen, sondern den übriggebliebenen RAF-Mitgliedern um Helmut Pohl weitere Aufenthalte in der DDR gestattet, wenn auch die Kommunikation von Mal zu Mal schwieriger wurde.

Die Verhaftungen im Jahr 1982 stellen eines der mysteriösesten Kapitel im Zusammenhang mit der RAF der achtziger Jahre dar. Sie werden ermöglicht durch die Entdeckung des wichtigsten Depots der RAF in der Nähe von Heusenstamm bei Frankfurt. Diese an sich wenig sensationelle Tatsache erhält ihr Gewicht durch die Listen über weitere Geheimverstecke der RAF, die in diesem «Urdepot» gefunden und dann entschlüsselt werden. Die gesamte Logistik der Rote Armee Fraktion in der Bundesrepublik wird auf einen Schlag zerstört. Durch zwei dubiose österreichische Pilzsucher, die heute angeblich nicht mehr aufzufinden sind. Niemand hat bis jetzt die Frage gestellt, wie eine Terrororganisation die Regeln der Konspiration derart verletzen kann, indem sie ihre gesamte Depotkette zusammenschreibt und die Unterlagen zentral in einem der Depots hinterlegt. Niemand in der RAF kannte alle Depots. Die Informationen müssen also zeitraubend zusammengetragen werden, um sie dann von einer Person aufschreiben zu lassen. Das könnte eigentlich nur die RAF selbst bewerkstelligen. Doch dagegen wiederum spricht die Tatsache, daß Christian Klar von dieser Liste ganz offensichtlich nichts wußte, sonst hätte er sich niemals nach den Verhaftungen von Schulz und Mohnhaupt im Sachsenwald sehen lassen, um dort verhaftet zu werden. Da er ahnungslos in die Falle der Polizei geht, bleibt als einziger logischer Schluß, daß die Staatssicherheit der DDR oder einer ihrer

Spitzel innerhalb der RAF für die Existenz und das Auffinden der Depotliste verantwortlich zeichnet. Daß die DDR alle verfügbaren Informationen über die Logistik der RAF sammelte – durch Befragungen der Aussteiger, durch den Einsatz von Wanzen und durch die Horchdienste ihrer inoffiziellen Mitarbeiter –, muß als erwiesen gelten. Bei entsprechendem Einsatz und Aufwand und bei der Mitarbeit der entsprechenden RAF-Mitglieder konnte die Stasi diese mühselige Kleinarbeit leisten und die Depotlisten erstellen. Das Auffinden der Depots und die Verhaftung der Führungstroika der RAF hat Ende 1982 wochenlang die Presse beschäftigt, die etwas voreilig das Ende der RAF feierte.

Die Ermittler des Bundeskriminalamts und die Generalbundesanwaltschaft versuchen gar nicht erst, in ihren Befragungen der RAF-Aussteiger die Rätsel dieser Depotlisten aufzuklären. Wo ansonsten nach jedem Briefumschlag gefragt wird, den ein RAF-Mitglied beschriftet hat, findet eine stringente Beleuchtung dieser ganz offensichtlich unglaubwürdigen Geschehnisse um zwei in einem Meter Tiefe nach Pilzen grabende Österreicher nicht statt. Man will es offensichtlich nicht wissen. Oder weiß man es längst? Besser gefragt: Wußte man es längst? Sigrid Sternebeck soll laut BKA die Depotlisten geschrieben haben. Man könnte sie fragen, wann und warum sie dies tat. Aber man zieht es offensichtlich vor, dies nicht zu tun.

Nachdem die Rote Armee Fraktion 1977 eine blutige Spur und einen tiefen politischen Riß durch die Bundesrepublik gezogen hat, ist die Gruppe, die für den Deutschen Herbst verantwortlich war, in den Folgejahren ungebremst in ihr eigenes Verderben gerannt. Doch dies hatte sie weder Kommissar Zufall noch dem Scharfsinn bundesdeutscher Kiminalisten zu verdanken. Das Verhängnis der RAF war ihre eigene Verblendung, gepaart mit einem heute kaum mehr nachzuvollziehenden politischen Größenwahn. Der Traum von der großen internationalen Front gegen den Imperialismus, nach 1977 schien er sich zu verwirklichen. Es gelang der RAF, über die Palästinenser den Kontakt zu einem Staat herzustellen, der zur Unterstützung der Guerilla im Westen bereit war. Nicht bereit aber war die DDR, die wirren Kämpfer der Rote Armee Fraktion als gleichberechtigte Partner zu akzeptieren. Das theoretische Ziel von Erich Mielke und seiner Stasi-Abteilung XXII war zwar auch die Verhinderung jeglicher Terroranschläge gegen die DDR, vor allem aber die Steuerung der Terrorgruppen für die ureigensten politischen Interessen. Nur wenn die RAF nützlich war, wenn sie Informationen gab über ihre anderen Partner in Nahost und Europa, und wenn sie bereit war, sich den politischen Maßgaben der Staatssicherheit unterzuordnen, dann war sie ein brauchbarer Partner der DDR. Doch Klar, Schulz und Mohnhaupt wollten nie die blutige Eingreifreserve der Staatssicherheit sein. Dazu waren sie zu sehr Individualisten und zu sehr von ihrem haßgeprägten Sendungsbewußtsein bestimmt. Der harte Kern wollte immer als bombende Avantgarde einer vermeintlichen Bewegung die Welt höchstselbst verändern. Und das ging irgendwann nicht mehr ohne die Stasi, aber mit ihr erst recht nicht. 1982 wurde der Fanatismus der RAF, der sich tagespolitischen Rahmenbedingungen nicht unterordnen ließ, für das politische Interesse der DDR regelrecht gefährlich. Da hat man die größenwahnsinnigen Revolutionäre eiskalt abserviert.

Daß es zu Verhaftungen kommen würde, nachdem die Depots der RAF gefunden waren, konnte der DDR in jeder Hinsicht egal sein. Bis heute fragen nicht einmal die Terroristen nach, was ihnen da zwischen 1980 und 1982 eigentlich passiert ist. Die RAF wollte den Weg in die internationalen staatlichen Zusammenhänge. Als sie es geschafft hatte, wurde sie von diesen Zusammenhängen abhängig und schließlich in ihnen zerrieben. Einige der Aussteiger hatten es geahnt, wie ihre Aussagen heute zeigen. Doch auch hier wird von seiten der Ermittler nicht nachgefragt. Man scheint sich mit den fadenscheinigen Erklärungen der RAF-Aussteiger und der verantwortlichen Stasi-Offiziere zufriedenzugeben. Und letztere sehen keinen

Erklärungsbedarf, solange sie den Eindruck haben, unbehelligt ihrer Wege ziehen zu können.

Einer der RAF-Aussteiger gab zu Protokoll, er habe Anfang der achtziger Jahre Angst gehabt, zwischen den Geheimdiensten zerrieben zu werden. Zwischen welchen denn? Bisher ist immer nur von der Krake Stasi die Rede gewesen. Oder liegt vielleicht hier der eigentliche Grund für die Tatsache, daß keiner keinem so richtig weh tun will? Es hat sie gegeben, die unheilige Allianz zwischen Palästinensern, DDR und Rote Armee Fraktion. Und zwischen wem noch? Das ist die letzte entscheidende und am meisten unerwünschte Nachfrage. Susanne Albrecht sprach von den Lebenslügen der RAF. Die RAF-Stasi-Connection erweitert diese Liste einmal mehr. Und keiner fragt nach.

Chronik der Ereignisse

1976

7. Juli Die Mitglieder der «Bewegung 2. Juni» Inge Viett, Juliane Plambeck, Gabriele Rollnick und das RAF-Mitglied Monika Berberich fliehen aus der Berliner Frauenhaftanstalt Lehrter Straße.
Kurz vor der Flucht hatten Berliner Sicherheitsbehörden dem Senat ein Papier vorgelegt, in dem Schwachstellen Berliner Haftanstalten offengelegt worden waren. Justizsenator Hermann Oxfort nahm wegen der Flucht seinen Hut.

1977

8. Februar Brigitte Mohnhaupt wird aus der Haft entlassen. Sie taucht wieder ab mit dem Auftrag der inhaftierten Kader, die RAF neu zu organisieren.

7. April Das RAF-«Kommando Ulrike Meinhof» ermordet in Karlsruhe Generalbundesanwalt Siegfried Buback und seinen Fahrer Wolfgang Goebel, Justizhauptmeister Georg Wurster stirbt wenige Tage später. Fahrer des Motorrades sind Stefan Wisniewski und Günter Sonnenberg. Christian Klar steuert das Fluchtauto.

30. Juli Ein RAF-Kommando ermordet in Oberursel den Sprecher der Dresdner Bank, Jürgen Ponto. Christian Klar eröffnet das Feuer auf Ponto, dann schießt auch Brigitte Mohnhaupt. Susanne Albrecht hatte durch ihre Bekanntschaft zu Ponto den Attentätern den problemlosen Zutritt in Pontos Haus ermöglicht. Fahrer des Fluchtautos: Peter Jürgen Boock.

25. August Die RAF verübt einen «Raketenwerfer-Anschlag» auf das Gebäude der Bundesanwaltschaft in Karlsruhe. Der Anschlag mißlingt, weil die Anlage nicht zündet.

5. September Das RAF-«Kommando Siegfried Hausner» entführt in Köln-Braunsfeld Arbeitgeberpräsident Hanns Martin Schleyer. Die Kommando-Mitglieder Peter Jürgen Boock, Sieglinde Hofmann, Christian Klar, Brigitte Mohnhaupt und Stefan Wisniewski ermorden Schleyers Fahrer und drei Sicherheitsbeamte.

16. September Hanns Martin Schleyer wird von seinen Bewachern aus dem Erftstädter «Volksgefängnis» nach Den Haag gebracht.

22. September In Utrecht stellen drei Polizeibeamte Knut Folkerts und Elisabeth von Dyck. Folkerts erschießt einen Polizisten, verletzt zwei weitere schwer und wird verhaftet. Elisabeth von Dyck kann entkommen.

29. September Der Bundestag verabschiedet ein «Kontaktsperregesetz», das die Isolation von RAF-Gefangenen ermöglicht. Diese Isolation wurde ohne gesetzliche Grundlage bereits seit dem 5. September betrieben.

13. Oktober Die Lufthansa-Maschine «Landshut» wird auf dem Flug von Mallorca nach Frankfurt entführt. Das «Kommando Martyr Halimeh» verlangt wie das «Kommando Siegfried Hausner» die Freilassung von elf inhaftierten RAF-Mitgliedern. Die Kommandos sind koordiniert: Brigitte Mohnhaupt und Peter Jürgen Boock sind kurze Zeit nach der Entführung Schleyers nach Bagdad geflogen, um die Entführung der «Landshut» mit den Palästinensern abzusprechen. Dort hält sich auch eine weitere Deutsche mit dem Decknamen «Schöne Frau» auf, die Kontakt zu den RAF-Mitgliedern hat.

18. Oktober Die «Landshut» wird von einem GSG 9-Kommando auf dem Flughafen von Mogadischu gestürmt. Alle Geiseln werden befreit, drei der vier Entführer erschossen.

18. Oktober Baader, Ensslin und Raspe verüben Selbstmord in Stammheim.

19. Oktober Angelika Speitel ruft im Stuttgarter dpa-Büro an und teilt die Ermordung Hanns Martin Schleyers mit.

19. Oktober Die vier Bewacher Schleyers stellen den grünen

Audi 100 mit der Leiche des Arbeitgeberpräsidenten in Mühlhausen in der Rue Charles Péguy ab. Bis zu seinem Tod waren bei Schleyer Christian Klar, Stefan Wisniewski, Angelika Speitel und Willy-Peter Stoll.

10. November Festnahme von Christoph Wackernagel und Gert Schneider in Amsterdam nach einem Schußwechsel mit der Polizei. Schneider und Wackernagel werden schwer verletzt.

1978

Frühjahr Rückkehr von RAF-Mitgliedern nach Europa und Aufbau neuer Strukturen in Paris.

Angeblich erster Kontakt von Inge Viett mit Harry Dahl, Leiter der Abteilung XXII/Terrorismusbekämpfung, auf dem Flughafen Schönefeld. Sie bekommt von ihm die Zusage, an einem von ihr nicht näher bezeichneten Tag den Grenzübergang Friedrichstraße ohne Probleme passieren zu dürfen. Nachdem Inge Viett ihre Waffe entladen hat, darf sie unbehelligt weiterreisen.

11. Mai Brigitte Mohnhaupt, Peter Jürgen Boock, Sieglinde Hofmann und Rolf Clemens Wagner werden in Jugoslawien verhaftet.

11. Mai Stefan Wisniewski wird am Pariser Flughafen Orly verhaftet. Bei ihm werden Pläne für die Befreiung eines Häftlings aus der Haftanstalt Berlin-Moabit gefunden.

27. Mai Befreiung des Mitgliedes der «Bewegung 2. Juni», Till Meyer, aus der Haftanstalt Berlin-Moabit.

27. Mai Inge Viett, Till Meyer und zwei weitere Mitglieder des «2. Juni» passieren den Grenzübergang Friedrichstraße und reisen weiter nach Bulgarien.

21. Juni Ein Zielfahndungskommando des BKA verhaftet in Bulgarien Till Meyer, Gudrun Stürmer, Angelika Goder und Gabriele Rollnick. Inge Viett, Regina Nicolai und Ingrid Siepmann hingegen werden nicht verhaftet und begeben sich nach Prag. Dort werden sie festgenommen und wenig später auf Wunsch von Inge Viett von Harry Dahl aus dem Gefängnis geholt und in die DDR gebracht.

28. Juni–12. Juli Gespräche von Inge Viett mit Vertretern des MfS in einem konspirativen Objekt der Staatssicherheit.

12. Juli Viett, Siepmann und Nicolai fliegen nach Bagdad aus.

6. September Willy-Peter Stoll wird bei seiner Festnahme in einem Düsseldorfer Restaurant erschossen.

24. September In einem Wald bei Dortmund kommt es zur Schießerei zwischen den RAF-Mitgliedern Werner Lotze, Michael Knoll, Angelika Speitel und zwei Polizeibeamten, die die drei bei einem Übungsschießen überrascht hatten. Michael Knoll wird getötet, Werner Lotze erschießt einen Polizisten, und Angelika Speitel wird verhaftet. Lotze kann fliehen.

1. November Die RAF-Mitglieder Rolf Heißler und Adelheid Schulz erschießen in Kerkrade (Holland) zwei niederländische Zollbeamte und verletzen einen weiteren schwer. Die Täter und Ralf Friedrich, der die beiden abholen sollte, können entkommen.

17. November Die jugoslawische Regierung gibt dem Druck der PFLP nach und läßt die RAF-Aktivisten Boock, Mohnhaupt, Hofmann und Wagner in ein Land ihrer Wahl ausreisen.
Bereits vorher ist beinahe die gesamte Gruppe nach Aden / Süd-Jemen geflogen. Wieder treffen RAF-Mitglieder mit der Deutschen zusammen, die den Decknamen «Schöne Frau» trägt.

1979

Frühjahr Rückkehr der Gruppe nach Europa.

19. März RAF-Überfall auf die Bank für Gemeinwirtschaft in Darmstadt. Täter: Christian Klar, Adelheid Schulz, Elisabeth von Dyck, Werner Lotze.

17. April RAF-Überfall auf die Schmidt-Bank in Nürnberg. Täter: Elisabeth von Dyck, Werner Lotze, Adelheid Schulz, Rolf Heißler.

4. Mai Elisabeth von Dyck wird von der Polizei beim Versuch der Festnahme in einer konspirativen Wohnung in Nürnberg erschossen.

9. Juni RAF-Mitglied Rolf Heißler wird in der Frankfurter Textorstraße durch einen Schuß der Polizei schwer verletzt und festgenommen.

25. Juni Das RAF-«Kommando Andreas Baader» verübt einen Sprengstoffanschlag auf den Nato-Oberbefehlshaber General Alexander Haig.

19. November RAF-Überfall auf eine Filiale der Schweizer Volksbank in Zürich. Bei der Flucht wird eine Passantin erschossen, zwei Polizeibeamte sowie eine weitere Passantin werden schwer verletzt. Täter: Christian Klar, Peter Jürgen Boock, Henning Beer und Rolf Clemens Wagner. Wagner wird in Zürich verhaftet.

1980

Frühjahr Teile der «Bewegung 2. Juni» schließen sich der RAF an. Inge Viett verhandelt mit Vertretern des MfS über den Ausstieg von acht RAF-Kämpfern.

5. Mai Die von Inge Viett für den «2. Juni» angemietete konspirative Wohnung in der Pariser Rue Flatters fliegt auf. Sieglinde Hofmann, Ingrid Barabaß, Karin Kamp-Münnichow, Karola Magg und Regina Nicolai werden verhaftet.

Nach ihrer Verhaftung und vor dem Tod von Juliane Plambeck schreibt Sieglinde Hofmann einen Kassiber an Henning Beer und Ekkehard von Seckendorff, in dem sie vor Inge Viett und deren Kontakten zur DDR warnt.

25. Juli Juliane Plambeck und Wolfgang Beer kommen bei einem Verkehrsunfall bei Bietigheim ums Leben. Die bereits angelaufenen Anschlagsvorbereitungen auf den US-General Kroesen werden abgebrochen.

Juli/August Die acht RAF-Aussteiger machen sich auf ihren Weg ins DDR-Exil.

19. September Christian Klar, Helmut Pohl, Adelheid Schulz, Henning Beer und Inge Viett reisen in die DDR ein und führen im Forsthaus an der Flut in Briesen Gespräche mit Vertretern des MfS. Anfang Oktober kehrt die Gruppe wieder zurück.

Oktober/November Inge Viett fliegt in den Jemen und will dort ihre Freundin, die «Schöne Frau», treffen. Die jedoch ist zu diesem Zeitpunkt nicht im Jemen, sondern in der Bundesrepublik. Nach etwa sechs Wochen verläßt Inge Viett das Palästinenserlager wieder.

1981

22. Januar Das RAF-Mitglied Peter Jürgen Boock wird in Hamburg verhaftet.

Frühjahr Mehrere Aufenthalte von RAF-Kadern zwecks Verhandlungen und Ausbildung in der DDR. Wahrscheinlich Ausbildung der RAF an einer Panzerfaust RPG 7 durch das MfS zur Vorbereitung des Attentats auf US-General Kroesen.

4. August Inge Viett schießt bei einer Verkehrskontrolle in Paris auf einen Polizisten und verletzt ihn lebensgefährlich.

31. August Das RAF-«Kommando Sigurd Debus» verübt einen Bombenanschlag auf das Hauptquartier der US-Luftstreitkräfte Europa in Ramstein. 14 Menschen werden schwer verletzt.

15. September Das RAF-«Kommando Gudrun Ensslin» verübt mit einer Panzerfaust RPG 7 einen Anschlag auf US-General Frederik Kroesen. Der Anschlag mißlingt. Täter: Christian Klar, Adelheid Schulz, Helmut Pohl und Ingrid Jakobsmeier. Henning Beer, der an den Anschlagsvorbereitungen noch beteiligt war, ist kurz zuvor aus der RAF ausgestiegen und mit Brigitte Mohnhaupt nach Leuwen/Belgien gegangen.

Oktober/November RAF-Aktivisten reisen zu einer Nachbesprechung des Kroesen-Attentats in die DDR.

1982

1. April Henning Beer steigt aus und geht ins DDR-Exil.

Mai Erscheinen der RAF-Schrift «Guerilla, Widerstand und antiimperialistische Front» (Mai-Papier). Dieses letzte Strategiepapier der RAF wurde schon viel früher von Helmut Pohl und Wolfgang Beer geschrieben und erst im Mai 1982 veröffentlicht.

26. Oktober «Pilzsucher» entdecken das «Depot I» der RAF in einem Wald bei Heusenstamm, südlich von Frankfurt.

11. November Brigitte Mohnhaupt und Adelheid Schulz werden
am «Depot I» verhaftet.

16. November Christian Klar wird am Depot «Daphne» im Sachsenwald bei Hamburg festgenommen.

1984

2. Juli In der Frankfurter Bergerstraße verhaftet die Polizei Helmut Pohl, Christa Eckes, Ingrid Jakobsmeier, Stefan Frey,
Barbara Ernst und Ernst-Volker Staub. Die Beamten finden
ein «Aktionspapier» der «Militanten», gerichtet an die Kom-
mandoebene der RAF.

1990

Juni Verhaftung der zehn RAF-Aussteiger in der DDR: Susanne
Albrecht (6.6. in Berlin), Inge Viett (12.6. in Magdeburg),
Werner Lotze und Christine Dümlein (14.6. in Senftenberg),
Ekkehard von Seckendorff-Gudent und Monika Helbing
(14.6. in Frankfurt/Oder), Sigrid Sternebeck und Baptist
Ralf Friedrich (15.6. in Schwedt), Silke Maier-Witt und Hen-
ning Beer (18.6. in Neubrandenburg).

Register

Abbas, Abu 95
Akache, Zohair Youssif 39, 42
Albrecht, Susanne («Rolan»)
    34f, 44ff, 49, 52, 62f, 71, 85,
    93ff, 101, 103f, 112, 117,
    119, 123, 127, 129, 131, 140,
    143, 154, 164, 169, 209,
    215ff, 229, 244
Audran, Réné 224

Baader, Andreas 9, 28ff, 32,
    35, 38, 42ff, 65, 67, 71, 93,
    96, 99, 124, 199, 218
Bachmann, Josef 29
Barabaß, Ingrid 146
Barre, Siad 43
Baumann, Jürgen 80
Baumann, Michael
    («Bommi») 68, 79
Beater, Bruno 73, 231
Becker, Claus 77, 164, 215f
Becker, Ingrid 228
Becker, Nicolas 78
Becker, Susanne s. Albrecht,
    Susanne
Becker, Verena 30, 68
Beckurts, Karl Heinz 122, 223
Beer, Henning («Mini», «Gu-
    stav») 104, 112f, 132ff, 138,
    141, 146, 148ff, 154,

160ff, 167, 170, 172ff, 189ff,
    213f
Beer, Wolfgang 97, 112, 125f,
    142ff, 149ff, 167, 172, 204,
    224
Berberich, Monika 70
Beyer, Sylvia s. Maier-Witt,
    Silke
Boock, Peter Jürgen 26, 34f,
    37, 39, 45, 48ff, 66, 88, 97,
    99f, 102, 129ff, 141, 160,
    204
Brändle, Reinhold 25
Buback, Siegfried 30, 46, 57,
    69, 196, 223

Carlos s. Ramirez Sanchez, Il-
    jitsch
Christians, Friedrich Wilhelm
    88
Cossiga, Francesco 40
Croissant, Klaus 62, 109

Dahl, Harry 72, 77, 82f, 186,
    230f
Damm, Generalmajor 83
de Jong, Dirk 88ff
Debus, Sigurd 185
Dellwo, Karl-Heinz 30
Diestel, Peter Michael 7